房地产项目开发
税收基础实务

武 亮　王晓东　编著

中国税务出版社

图书在版编目（CIP）数据

房地产项目开发税收基础实务/武亮，王晓东编著．--北京：
中国税务出版社，2020.9（2021.4重印）
ISBN 978-7-5678-1003-7

Ⅰ.①房… Ⅱ.①武…②王… Ⅲ.①房地产税-税收管理-
中国-干部培训-教材 Ⅳ.①F812.423

中国版本图书馆 CIP 数据核字（2020）第 157283 号

版权所有·侵权必究

书　　　名：	房地产项目开发税收基础实务
作　　　者：	武　亮　王晓东　编著
责任编辑：	范竹青　王振波
责任校对：	姚浩晴
技术设计：	刘冬珂
出　　　版：	中国税务出版社
	北京市丰台区广安路9号国投财富广场1号楼11层
	邮政编码：100055
	http://www.taxation.cn
	E-mail: swcb@taxation.cn
	发行中心电话：(010) 83362083/85/86
	传真：(010) 83362047/48/49
印　　　刷：	北京天宇星印刷厂
规　　　格：	787 毫米×1092 毫米　1/16
印　　　张：	25.75
字　　　数：	369000 字
版　　　次：	2020 年 9 月第 1 版　2021 年 4 月第 3 次印刷
书　　　号：	ISBN 978-7-5678-1003-7
定　　　价：	78.00 元

如有印装错误　本社负责调换

自 序

房地产税收实务的"一线解读"

房地产行业税收问题,是公认的最具挑战性的行业税收问题之一。无论是税务部门还是房地产开发企业,对于房地产税收的实务处理都高度关注,并时有纷争。对于这一点,自2006年开始从事房地产行业税收服务与管理的我们深有体会。

房地产行业税收业务的综合性、复杂性,有其客观原因:

其一,产业链条长。房地产行业上下游,涉及金融、建材、建筑、家装、物业等多个相关产业,税收处理关联度很高。

其二,业务环节多。房地产开发涵盖取得土地、开发建设、预售签约、竣工交付等多个业务环节,内外业务关系十分复杂。

其三,涉及税种全。增值税、企业所得税、土地增值税等现行多个税种在房地产行业都会遇到,管理难度大、遵从成本高。

其四,政策调整快。近年来房地产行业一直是宏观调控的重点。特别是营改增后,税收政策业务更新快、新老问题交织。

其五,跨区域经营。房地产企业跨区域经营是常态,而实践中由于区域之间税收执行口径不尽一致,给征纳双方均带来困扰。

作为基层税务人员,我们深切体会到纳税人对税收确定性的高度关注,也直面处理过很多复杂棘手的事项,在多年的房地产税收工作实践中,我们一直在思考:

如何使房地产税收遵从变得标准简明、路径清晰、操作性强?

如何为房地产行业的征纳互动建立一个共同的逻辑模式和语

境平台？

可否找到一个解决方案，让纳税人、基层税务人员不畏难基础实务，不困惑难点症结，不遗漏税收风险？

国家税务总局无锡市税务局在房地产行业税收工作中开展过多项探索，例如，2003年在全国率先对房地产行业集中征管，2009年提出"环节管理"理念，2014年编制土地增值税清算审核模板，2019年发布房地产行业税收工作手册、遵从指引等，对以上工作的全程参与，使我们积累了丰富的行业管理经验。国税、地税征管体制改革后，我们感到税收业务的融合为提升税收治理水平提供了最好的平台与载体，为房地产行业实施全税种联动管理、综合服务，建立跨界式、系统性、全流程的税收管理和服务新体系提供了条件。

为了全面而深入地研究房地产行业税收，也为了能更广泛地交流分享多年积累的经验，我们尝试根据房地产项目开发的特点和内在规律，精准提炼出最关键的涉税环节，全面梳理出每个环节的主要涉税事项、涉及税种，并通过典型案例，辅以政策依据，作出风险提示、提出防控建议；对于共性的行业税收问题，特别是营改增后出现的新政策落地、多税种协调等许多新情况、新问题，通过本书给出"一线解读"。如今，这一愿望终于得以实现。

本书将房地产项目开发分为取得国有土地使用权、项目公司登记设立、开发建设、预售签约、竣工交付、土地增值税清算、项目公司注销七个环节，共收录了101个典型案例，覆盖了项目开发过程中的涉税基础事项，并归集了截至2019年12月31日的138个行业税收文件和37部法律法规（详见封底二维码增值服务内容。书中涉及的地方性政策文件经作者核实，均有效）。本书致力于：

全面阐述基础业务。整理归纳了各个税种基础知识点，便于准备和初涉房地产行业的税企人员了解掌握相关税收政策。

努力解读行业难题。侧重从政策落地的角度对难点和争议问题给出"一线解读",为税务干部、企业财税人员提供参考。

尽力消除税收风险。将行业税收风险写得明白、点得透彻,分别从税、企防控的角度拿出具体措施,让遵从不再模糊、执行不再含糊。

在编写过程中,我们始终坚持"源于实践,服务实践"的原则,所选的案例都是真实案例,目的就是尽可能还原真实的交易场景,尽可能给出具有确定性的可行答案。我们还邀请全国税务系统五星税务培训师、国家税务总局税务干部学院(长沙)副教授刘慧平审阅全书,进一步提升了此书的参考价值。

由于本书涉及内容较多,加之作者理论水平、实践经验有限,书中难免有疏漏之处,敬请读者批评指正。

武 亮 王晓东

2020 年 6 月

目 录

第一章 房地产行业概述

第一节 房地产开发主体 ………………………………… 3
一、房地产行业的定义 …………………………………… 3
二、房地产开发企业的设立条件 ………………………… 4
三、房地产开发企业资质等级 …………………………… 4
四、房地产行业相关概念 ………………………………… 5

第二节 房地产开发一般流程 …………………………… 10
一、项目可行性研究和决策 ……………………………… 11
二、项目前期准备 ………………………………………… 12
三、工程建设 ……………………………………………… 15
四、项目预售 ……………………………………………… 15
五、竣工验收交付使用 …………………………………… 15

第三节 房地产开发特定事项 …………………………… 17
一、建设用地规划许可证申领 …………………………… 17
二、建设工程规划许可证申领 …………………………… 17
三、建筑工程施工许可证申领 …………………………… 18
四、竣工验收的要求 ……………………………………… 18
五、竣工验收备案的要求 ………………………………… 19
六、商品房预售条件 ……………………………………… 20

七、办理首次登记条件 ………………………………………… 20
八、人防设施建设要求 ………………………………………… 21

第二章　取得国有土地使用权

第一节　主要涉税事项及税种 …………………………………… 25
　　一、涉税事项 ………………………………………………… 25
　　二、涉及税种 ………………………………………………… 26

第二节　竞得土地后自行开发受让土地 ………………………… 27
　　一、印花税 …………………………………………………… 27
　　二、契税 ……………………………………………………… 30
　　三、城镇土地使用税 ………………………………………… 35

第三节　设立项目公司开发受让土地 …………………………… 38
　　一、产权转移书据印花税 …………………………………… 38
　　二、增值税 …………………………………………………… 40
　　三、土地增值税 ……………………………………………… 43
　　四、企业所得税 ……………………………………………… 47
　　五、增值税专用发票开具 …………………………………… 50
　　六、设立项目公司规定 ……………………………………… 52

第三章　项目公司登记设立

第一节　主要涉税事项及税种 …………………………………… 57
　　一、涉税事项 ………………………………………………… 57
　　二、涉及税种 ………………………………………………… 58

第二节　印花税 …… 59
　　一、营业账簿印花税 …… 59
　　二、产权转移书据印花税 …… 62
　　三、财产租赁合同印花税 …… 66

第三节　房产税 …… 68
　　一、案例描述 …… 68
　　二、风险提示 …… 68
　　三、防控建议 …… 69
　　四、税款计算 …… 69
　　五、财务核算 …… 70

第四节　城镇土地使用税 …… 72
　　一、案例描述 …… 72
　　二、风险提示 …… 72
　　三、防控建议 …… 73
　　四、税款计算 …… 73
　　五、财务核算 …… 73

第五节　契税 …… 74
　　一、案例描述 …… 74
　　二、风险提示 …… 74
　　三、防控建议 …… 75
　　四、税款计算 …… 75
　　五、财务核算 …… 75

第六节　个人所得税 …… 76
　　一、案例描述 …… 76
　　二、风险提示 …… 76
　　三、防控建议 …… 80

四、税款计算 ………………………………………………… 80
　　五、财务核算 ………………………………………………… 81

第七节　企业所得税 ……………………………………………… 83
　　一、案例描述 ………………………………………………… 83
　　二、风险提示 ………………………………………………… 83
　　三、防控建议 ………………………………………………… 84

第八节　取得票据要符合规定 …………………………………… 86
　　一、风险提示 ………………………………………………… 86
　　二、防控建议 ………………………………………………… 86

第九节　按规定办理增值税一般纳税人登记 …………………… 88
　　一、风险提示 ………………………………………………… 88
　　二、防控建议 ………………………………………………… 90

第十节　首次申领增值税发票的相关规定 ……………………… 91
　　一、风险提示 ………………………………………………… 91
　　二、防控建议 ………………………………………………… 92

第四章　开发建设

第一节　主要涉税事项及税种 …………………………………… 95
　　一、涉税事项 ………………………………………………… 95
　　二、涉及税种 ………………………………………………… 96

第二节　印花税 …………………………………………………… 97
　　一、案例描述 ………………………………………………… 97
　　二、风险提示 ………………………………………………… 97

三、防控建议 …………………………………………… 98
　　四、税款计算 …………………………………………… 99
　　五、财务核算 …………………………………………… 99

第三节　城镇土地使用税 ………………………………………… 100
　　一、案例描述 …………………………………………… 100
　　二、风险提示 …………………………………………… 100
　　三、防控建议 …………………………………………… 100
　　四、税款计算 …………………………………………… 101
　　五、财务核算 …………………………………………… 101

第四节　增值税 …………………………………………………… 102
　　一、施工现场水电费的处理要符合规定 ……………… 102
　　二、取得增值税扣税凭证应符合规定 ………………… 104
　　三、企业集团内单位（含企业集团）之间的资金无偿
　　　　借贷行为，免征增值税 …………………………… 106
　　四、增值税会计处理 …………………………………… 107

第五节　契税 ……………………………………………………… 117
　　一、案例描述 …………………………………………… 117
　　二、风险提示 …………………………………………… 117
　　三、防控建议 …………………………………………… 117
　　四、税款计算 …………………………………………… 118
　　五、财务核算 …………………………………………… 118

第六节　环境保护税 ……………………………………………… 119
　　一、案例描述 …………………………………………… 119
　　二、风险提示 …………………………………………… 120
　　三、防控建议 …………………………………………… 121

四、税款计算 ·· 121
　　五、财务核算 ·· 122

第七节　企业所得税 ·· 124
　　一、计税成本对象的确定应符合规定 ···················· 124
　　二、计税成本支出内容的归集应规范 ···················· 125
　　三、计税成本核算应符合一般程序 ······················· 126
　　四、开发产品应按制造成本法进行计量与核算 ········ 128
　　五、特定成本应按规定方法进行分配 ···················· 129
　　六、财务核算 ·· 130

第八节　土地增值税 ·· 135
　　一、确定清算单位 ··· 135
　　二、合理归集收入、成本、费用 ·························· 136
　　三、明确核算对象 ··· 136
　　四、取得凭证要符合规定 ···································· 137

第九节　开发建设环节留存备查资料 ·························· 139
　　一、风险提示 ·· 139
　　二、防控建议 ·· 139

第五章　预售签约

第一节　主要涉税事项及税种 ··································· 143
　　一、涉税事项 ·· 143
　　二、涉及税种 ·· 144

第二节　房产税 ·· 145
　　一、案例描述 ·· 145

二、风险提示 ··· 145
　　三、防控建议 ··· 147
　　四、税款计算 ··· 147
　　五、财务核算 ··· 148

第三节　印花税 ··· 149
　　一、案例描述 ··· 149
　　二、风险提示 ··· 149
　　三、防控建议 ··· 150
　　四、税款计算 ··· 150
　　五、财务核算 ··· 151

第四节　增值税 ··· 152
　　一、收到预收款应按规定开具增值税发票 ··········· 152
　　二、收到预收款时应预缴增值税 ······················· 153
　　三、提前确认纳税义务发生不预缴增值税存在涉税风险 ········ 156

第五节　城市维护建设税及教育费附加 ····················· 159
　　一、案例描述 ··· 159
　　二、风险提示 ··· 160
　　三、防控建议 ··· 160
　　四、税款计算 ··· 161
　　五、财务核算 ··· 161

第六节　土地增值税 ··· 162
　　一、案例描述 ··· 162
　　二、风险提示 ··· 162
　　三、防控建议 ··· 163
　　四、税款计算 ··· 164

五、财务核算 ·· 164

第七节　企业所得税 ·· 166
　　一、按规定确认销售收入的实现 ·· 166
　　二、销售未完工开发产品应计算预计毛利额 ·· 169

第八节　个人所得税 ·· 176
　　一、案例描述 ·· 176
　　二、风险提示 ·· 176
　　三、防控建议 ·· 177
　　四、税款计算 ·· 177
　　五、财务核算 ·· 177

第六章　竣工交付

第一节　主要涉税事项及税种 ··· 181
　　一、涉税事项 ·· 181
　　二、涉及税种 ·· 182

第二节　增值税 ··· 183
　　一、按规定确认纳税义务发生时间 ·· 183
　　二、按规定扣除土地价款、计算当期应纳税额 ·· 186
　　三、准确划分不得抵扣的进项税额 ·· 191
　　四、选择简易计税方法计税应符合的条件 ·· 195
　　五、选择简易计税方法计税的要准确计算销售额 ······································ 197
　　六、购进农产品进项税扣除应符合规定 ·· 199
　　七、出租自行开发的房地产项目应按规定缴纳增值税 ·································· 202
　　八、关联交易的处理应符合规定 ·· 205

九、出售无产权车位的处理……………………………………… 207
　　十、视同销售、混合销售业务的处理…………………………… 209
　　十一、其他提示事项……………………………………………… 211
　　十二、财务核算…………………………………………………… 214

第三节　城镇土地使用税………………………………………………… 218
　　一、案例描述……………………………………………………… 218
　　二、风险提示……………………………………………………… 219
　　三、防控建议……………………………………………………… 219
　　四、税款计算……………………………………………………… 219
　　五、财务核算……………………………………………………… 221

第四节　房产税…………………………………………………………… 222
　　一、案例描述……………………………………………………… 222
　　二、风险提示……………………………………………………… 222
　　三、防控建议……………………………………………………… 223
　　四、税款计算……………………………………………………… 224
　　五、财务核算……………………………………………………… 224

第五节　土地增值税……………………………………………………… 226
　　一、案例描述……………………………………………………… 226
　　二、风险提示……………………………………………………… 226
　　三、防控建议……………………………………………………… 229
　　四、税款计算……………………………………………………… 229
　　五、财务核算……………………………………………………… 230

第六节　企业所得税……………………………………………………… 231
　　一、完工产品应及时计算其实际毛利额………………………… 231
　　二、视同销售应按规定处理……………………………………… 235

三、财政性资金的处理应符合规定…………………………………… 236

四、企业与其关联方之间的业务往来，应符合独立
交易原则…………………………………………………………… 238

五、成本、费用的扣除应符合规定………………………………… 244

六、企业所得税其他注意事项……………………………………… 264

七、财务核算………………………………………………………… 268

第七节 本环节需留存备查的资料……………………………………… 273

第七章 土地增值税清算

第一节 主要涉税事项及税种……………………………………………… 277

一、土地增值税清算………………………………………………… 277

二、企业所得税退税………………………………………………… 277

三、尾盘销售申报…………………………………………………… 278

四、主要涉及税种…………………………………………………… 278

第二节 土地增值税……………………………………………………… 279

一、基本规定………………………………………………………… 279

二、清算条件………………………………………………………… 284

三、清算单位………………………………………………………… 287

四、清算应提供的资料……………………………………………… 291

五、房地产转让收入………………………………………………… 294

六、土地增值额的扣除项目………………………………………… 303

七、核定征收………………………………………………………… 336

八、土地增值税清算后补缴税款的滞纳金问题…………………… 340

九、按规定做好尾盘销售申报……………………………………… 340

第三节　企业所得税 …… 343
　一、案例描述 …… 343
　二、风险提示 …… 344
　三、防控建议 …… 347

第四节　财务核算 …… 348

第八章　项目公司注销

第一节　增值税 …… 353
　一、资产处置 …… 353
　二、留抵进项税额的处理 …… 353
　三、预缴税款留存的处理 …… 354
　四、发票的处理 …… 354

第二节　城市维护建设税及教育费附加 …… 355
　一、风险提示 …… 355
　二、防控建议 …… 355

第三节　土地增值税 …… 356
　一、准确核算已售面积 …… 356
　二、公建配套项目移交或出售情况 …… 356

第四节　印花税 …… 358
　一、风险提示 …… 358
　二、防控建议 …… 358

第五节　企业所得税 …… 359
　一、注销当年度的企业所得税申报 …… 359

二、剩余开发产品处置时计税成本的确认 ································· 359
　　三、资产、负债的清算处置 ··· 360
　　四、清算税金及附加 ·· 360
　　五、清算费用 ·· 360
　　六、清算弥补以前年度亏损 ··· 361
　　七、清算后剩余财产分配 ··· 361

第六节　个人所得税 ·· 362
　　一、支付补偿金涉及个人所得税 ·· 362
　　二、自然人股东涉及股息、红利个人所得税 ····························· 362

第七节　综合案例 ·· 364
　　一、案例描述 ·· 364
　　二、产权转移书据印花税 ··· 365
　　三、增值税 ··· 366
　　四、城市维护建设税及教育费附加、地方教育附加 ·················· 367
　　五、土地增值税 ·· 367

附录　房地产行业税收政策

附录1　房地产行业主要税种税率 ··· 373
附录2　本书涉及税收政策文件目录 ·· 379
附录3　本书涉及房地产行业相关法律法规目录 ······························ 389

后记

第一章

房地产行业概述

第一节　房地产开发主体

一、房地产行业的定义

房地产行业是进行房地产投资、开发、经营、管理、服务的行业，属于第三产业，是具有基础性、先导性、带动性和风险性的产业。房地产业主要包括房地产开发经营、物业管理、房地产中介服务、房地产租赁经营和其他房地产业。

房地产开发经营，是指房地产开发企业进行的房屋、基础设施建设等开发，以及转让房地产开发项目或者销售房屋等活动。

房地产开发企业是房地产开发经营的主体，是指以营利为目的，从事房地产开发和经营的企业，也称为房地产开发商；根据法律法规规定，房地产开发企业必须具备相关资质等级并承揽相应范围的业务。

物业管理，是指物业服务企业按照合同约定，对房屋及配套的设施设备和相关场地进行维修、养护、管理，维护环境卫生和相关秩序的活动。

房地产中介服务，是指房地产咨询、房地产价格评估、房地产经纪等活动。

房地产租赁经营，是指各类单位和居民住户的营利性房地产租赁活动，以及房地产管理部门和企事业单位、机关提供的非营利性租赁服务，包括体育场地租赁服务。

二、房地产开发企业的设立条件

根据《中华人民共和国城市房地产管理法》(以下简称《房地产管理法》)、《城市房地产开发经营管理条例》关于房地产开发企业设立条件的规定,房地产开发企业一般应具备以下条件:

(1) 有符合登记规范的名称和组织机构;
(2) 有适应房地产开发经营需要的固定的办公用房;
(3) 注册资本在100万元以上;
(4) 有4名以上持有资格证书的房地产专业、建筑工程专业的专职技术人员,2名以上持有资格证书的专职会计人员。

设立有限责任公司、股份有限公司从事房地产开发经营的,还应当执行公司法的有关规定。

三、房地产开发企业资质等级

根据《房地产开发企业资质管理规定》(住房和城乡建设部令第45号)规定,房地产开发企业资质等级按照企业条件分为一级、二级、三级、四级四个资质等级。未取得房地产开发资质等级证书的企业,不得从事房地产开发经营业务。具体资质等级条件见表1-1。

表1-1　　　　　　房地产开发企业资质等级条件

资质等级	从事房地产开发经营时间(年)	近3年房屋建筑面积累计竣工(万平方米)	连续几年建筑工程质量合格率达到100%	上一年房屋建筑施工面积(万平方米)	专业管理人员(人数) 总数	其中:中级以上职称管理人员	其中:持有资格证书的专职会计人员
一级资质	≥5	≥30	5	≥15	≥40	≥20	≥4
二级资质	≥3	≥15	3	≥10	≥20	≥10	≥3

续表

资质等级	从事房地产开发经营时间（年）	近3年房屋建筑面积累计竣工（万平方米）	连续几年建筑工程质量合格率达到100%	上一年房屋建筑施工面积（万平方米）	专业管理人员（人数）		
					总数	其中：中级以上职称管理人员	其中：持有资格证书的专职会计人员
三级资质	≥2	≥5	2		≥10	≥5	≥2
四级资质	≥1		已竣工的建筑工程		≥5		≥2

对于新设立企业，应当自领取营业执照之日起30日内，在资质审批部门的网站或平台提出申请备案事项，并提交营业执照、企业章程、专业技术人员资格证书和劳动合同的电子材料。由主管部门核发《暂定资质证书》，条件不低于四级资质条件，有效期一年。房地产开发企业资质等级实行分级审批。一级资质由省、自治区、直辖市人民政府建设行政主管部门初审，报国务院建设行政主管部门审批。二级及以下资质的审批办法由省、自治区、直辖市人民政府建设行政主管部门制定。例如，江苏省规定，2014年起三级及以下资质由省辖市级住建部门负责核准，二级资质由省住建厅核准，一级资质应报国家住房和城乡建设部（以下简称住建部）核准。

四、房地产行业相关概念

（一）国有土地使用权出让、转让和划拨

国有土地使用权出让，是指国家以土地所有者的身份将土地使用权在一定年限内让与土地使用者，并由土地使用者向国家支付土地使用权出让金的行为。土地使用权出让可以采取下列方式：协议、招标、拍卖、挂牌。根据《中华人民共和国物权法》（以下简称《物权法》）等

规定，工业、商业、旅游、娱乐和商品住宅等经营性用地以及同一宗地有两个以上意向用地者，应当以招标、拍卖或者挂牌方式出让。土地出让最高年限：居住用地70年，工业用地50年，教育、科技、文化、卫生、体育用地50年，商业、旅游、娱乐用地40年，综合或其他用地50年。

国有土地使用权转让，是指土地使用者将土地使用权再转移的行为，包括出售、交换和赠与。土地使用权转让时，其地上建筑物、其他附着物所有权随之转让。未按土地使用权出让合同规定的期限和条件投资开发、利用土地的，土地使用权不得转让。

国有土地使用权划拨，是指县级以上人民政府依法批准，在用地者缴纳补偿、安置等费用后将该土地交付其使用，或将土地使用权无偿交给土地使用者使用的行为。划拨土地一般没有使用期限的限制，但未经许可不得进行转让、出租、抵押等经营活动。划拨土地的范围：国家机关用地和军事用地，城市基础设施用地和公益事业用地，国家重点扶持的能源、交通、水利等项目用地，法律法规规定其他用地（监狱、收容教育所等）。

（二）国有土地上房屋征收

国有土地上房屋征收，是指为了公共利益的需要，征收国有土地上单位、个人的房屋，并对被征收房屋所有权人给予公平补偿。房屋征收的主体是市县人民政府。房屋被依法征收的，国有土地使用权同时收回。征收程序一般为：拟定征收补偿方案—组织有关部门论证—征求公众意见—房屋征收决定。对被征收人给予的补偿包括：被征收房屋价值的补偿；因征收房屋造成的搬迁、临时安置的补偿；因征收房屋造成的停产停业损失的补偿。对被征收房屋价值的补偿，不得低于房屋征收决定公告之日被征收房屋类似房地产的市场价格。被征收房屋的价值，由具有相应资质的房地产价格评估机构按照房屋征收评估办法评估确定。

（三）房地产开发项目资本金

房地产开发项目实行资本金制度，即规定房地产开发企业承揽项目必须有一定比例的资本金，可以有效防止部分不规范行为，防范楼盘烂尾现象发生。《城市房地产开发经营管理条例》规定，房地产开发项目应当建立资本金制度，资本金占项目总投资的比例不得低于20%。2015年，国务院规定保障性住房和普通商品住房项目最低资本金比例为20%，其他房地产开发项目的最低资本金比例为25%。

（四）房地产开发项目手册

房地产开发企业应当将房地产开发项目建设过程中的主要事项记录在房地产开发项目手册中，并定期送房地产开发主管部门备案。江苏省目前由开发企业直接在住建部门网站上实现报送备案，主要报送内容包括：总平面图、土地出让合同、国有土地使用权证、立项批文、建设用地规划许可证、建设工程规划许可证、施工许可证、商品房预售许可证、竣工验收备案表、住宅质量保证书和住宅使用说明书、项目自查报告、项目手续办理记录、无重大工程质量事故证明等。

（五）商品房预售和现售

商品房销售有商品房预售和现售两种方式。商品房预售，是指房地产开发企业将正在建设中的房屋预先出售给承购人，由承购人支付定金或房价款的行为。商品房预售时，开发企业应当与承购人签订商品房预售合同，开发企业应当自签约之日起30日内，向房地产管理部门办理商品房预售合同登记备案手续（目前一般为合同网签备案）。商品房现售，是指房地产开发企业将竣工验收合格的商品房出售给买受人，并由买受人支付房价款的行为。商品房现售标准是房屋已通过竣工验收，具备交付条件。

（六）竣工验收

竣工验收，是指建设工程项目竣工后，开发建设单位会同设计、施工、设备供应单位及工程质量监督部门，对该项目是否符合规划设计要求以及建筑施工和设备安装质量进行全面检验，取得竣工合格资料、数据和凭证。工程竣工验收是房地产开发过程中的重要环节。

（七）不动产登记

《物权法》规定，不动产物权的设立、变更、转让和消灭，经依法登记，发生效力；未经登记，不发生效力，但法律另有规定的除外。不动产登记簿是物权归属和内容的根据，不动产权属证书是权利人享有该不动产物权的证明。不动产权属证书记载的事项，应当与不动产登记簿一致。房地产开发过程中，在取得土地使用权后，需要办理土地使用权的首次登记，领取登记证书；在开发的商品房竣工后交付前，需要办理好商品房首次登记；销售商品房交付后，与购房人共同办理转移登记。

（八）容积率和建筑系数

容积率，是指项目用地范围内总建筑面积与项目总用地面积的比值。它反映的是单位面积土地上的建筑物密度。

$$容积率 = 总建筑面积 \div 总用地面积$$

建筑系数，是指项目用地范围内各种建筑物、构筑物占地总面积与总用地面积的比例。

$$建筑系数 = (建筑物占地面积 + 构筑物占地面积 + 堆场用地面积) \div 项目用地总面积 \times 100\%$$

（九）建设项目、单项工程、单位工程、分部工程、分项工程

这些概念的实质是关于建设工程产品的分类问题。

建设项目，是指按照一个总体设计或初步设计建设的全部工程。

单项工程，是指具有独立的设计文件、竣工后可独立发挥功能和效益的建设工程。

单位工程，是指具有独立的设计文件，具备独立施工条件并能形成独立使用功能，但竣工后不能独立发挥生产能力或工程效益的工程，是构成单项工程的组成部分。

分部工程，是单位工程的组成部分，一般是按单位工程的结构形式、工程部位、构件性质、使用材料、设备种类等的不同而划分的工程项目。

分项工程，是基本结构要素，是分部工程的组成部分，它既是施工图预算中最基本的计算单位，又是概预算定额的基本计量单位，故也称为工程定额子目或工程细目。

（十）保障性住房

保障性住房，是指政府为中低收入住房困难家庭以及其他特定对象所提供的限定标准、限定价格或租金的住房，一般由经济适用住房、廉租住房等构成。

经济适用住房，是指政府提供政策优惠，限定套型面积和销售价格，按照合理标准建设，面向城市低收入住房困难家庭供应，具有保障性质的政策性住房。

廉租住房，是指政府和单位在住房领域实施社会保障职能，向具有城镇常住居民户口的最低收入家庭提供的租金相对低廉的普通住房。

根据住房和城乡建设部、财政部、国家发展和改革委员会联合印发的《关于公共租赁住房和廉租住房并轨运行的通知》（建保〔2013〕178号）规定，从2014年起，各地公共租赁住房和廉租住房并轨运行，并轨后统称为公共租赁住房。

第二节　房地产开发一般流程

房地产开发是一项过程复杂又涉及很多专业内容的活动，开发的全过程必须取得相关的许可与证件，必须具备相关条件，因此也有其一般规律性。房地产开发的一般流程见图1-1。

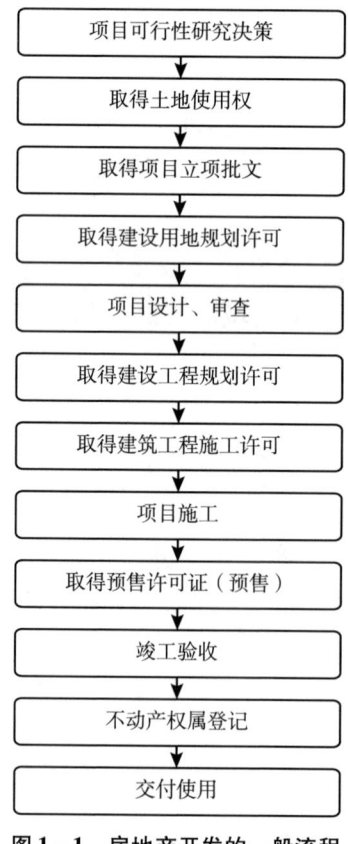

图1-1　房地产开发的一般流程

房地产开发的过程具体又可以分为项目可行性研究和决策、项目前期准备、工程建设、项目销售、验收交付使用五个阶段。每一阶段的主要事项见表1-2。

表1-2　　　　　　　　房地产开发各阶段主要事项

阶段	主要事项
第一阶段：项目可行性研究和决策	项目可行性研究
	公司决策
第二阶段：项目前期准备	取得土地使用权
	征地拆迁（净地无须）
	项目立项（取得立项批文）
	项目规划（取得建设用地规划许可证）
	设计审查
	工程规划（取得建设工程规划许可证）
	施工许可（取得建设工程施工许可证）
第三阶段：工程建设	招标发包
	建设施工
第四阶段：项目销售	取得预售许可证
	预售合同备案
	销售
第五阶段：验收交付使用	建设工程竣工综合验收备案
	房地产项目权属首次登记
	交付使用

注：上述五个阶段是按照房地产项目开发建设的一般过程进行划分。本书所划分的七个环节是按照房地产项目全生命周期结合税收事项进行划分，故此有所区别。

一、项目可行性研究和决策

项目可行性研究和决策是项目开发的发端，房地产开发项目经董事会（决策层）批准初步立项后，转由房地产企业战略发展研究中心

（策划部门）进行可行性研究。

可行性研究的主要内容有以下九项：

（1）项目概况；

（2）开发项目用地的现场调查及动迁安置；

（3）市场分析和建设规模的确定；

（4）规划设计影响和环境保护；

（5）资源供给及资本运作方案；

（6）项目开发模式、组织机构、岗位需求；

（7）开发建设节点计划；

（8）项目经济（预计收入、成本、费用、利润）及社会效益分析；

（9）结论及建议。

可行性研究经公司董事会通过，批准正式立项，项目进入前期准备阶段。

二、项目前期准备

项目前期准备阶段，主要是取得土地使用权，准备各项项目建设相关材料，办理各项工程建设项目审批手续，取得各类许可，接受各种项目情况审核，为开工建设做好前期准备。一直以来，工程建设项目的报批报建手续较为繁杂，耗时耗力。为加大转变政府职能和简政放权力度、深化"放管服"改革、优化营商环境，国务院自2019年起全面开展工程建设项目审批制度改革，统一审批流程，统一信息数据平台，统一审批管理体系，统一监管方式，实现工程建设项目审批"四统一"。

工程建设项目审批流程主要划分为立项用地规划许可、工程建设许可、施工许可、竣工验收四个阶段。每个审批阶段确定一家牵头部门，实行"一家牵头、并联审批、限时办结"，由牵头部门组织协调相关部门严格按照限定时间完成审批。由于各地部门设置有所差异，以下介绍涉及的部门时以江苏省某地的部门设置为例。

（一）取得土地使用权

房地产企业获取土地使用权的主要方式如下：
(1) 通过行政划拨方式取得；
(2) 旧城改造取得中标地块国有土地使用权；
(3) 通过其他单位转让土地使用权取得；
(4) 出让方式取得（招标、拍卖、挂牌、协议出让等方式）；
(5) 通过司法拍卖、司法裁定取得；
(6) 通过兼并、收购等改制重组方式取得。

（二）实施征地拆迁

征地拆迁，是指对取得的毛地（指地面上尚存在未拆除的建筑物、构筑物等设施，城市基础设施不完善的土地）进行拆迁安置补偿等工作，拆迁需申办并取得《房屋拆迁许可证》。2012年，原国土资源部发布的《闲置土地处置办法》（国土资源部令第53号）规定，供应土地应当安置补偿落实到位，具备动工开发的基本条件，也就是说土地出让应该是净地出让。因此，目前一般来说房地产开发企业如果是以出让方式取得的土地是净地，无须再进行征地拆迁工作；而其他方式取得的毛地，须按照各地拆迁安置补偿的具体规定开展征地拆迁工作。

（三）立项用地规划许可

立项用地规划许可阶段主要包括项目审批核准、选址意见书核发、用地预审、用地规划许可证核发等。

(1) 行政审批部门（有的地方为专门设立的行政审批局，有的地方由发改委等主管部门负责）审查可行性研究报告，进行项目立项核准，出具立项批复文件。

(2) 自然资源部门根据土地利用总体规划等进行用地预审。

(3) 行政审批部门核发项目选址意见书。

(4) 提交环境影响报告表（涉及环境敏感区或者自建污水处理设

施的），或者填报环境影响登记表。

（5）行政审批部门会同自然资源（规划）等部门对规划总图进行评审，核发建设用地规划许可证（含规划定点图、规划设计要点）。

（四）工程建设许可

工程建设许可阶段主要包括设计方案审查、建设工程规划许可证核发、市政公用设施报装。

（1）设计方案审查。设计和施工图设计审查一般实施部门联合审查，由行政审批部门会同住建部门组织实施，根据项目情况召集自然资源、安监、民防、市政园林、气象、消防等部门对消防设计、交通条件、人防设计等相关专业内容进行审查。

住建部门对施工图设计文件进行政策性审查，并委托专业的施工图设计文件审查机构（如建设工程设计审查中心）进行技术审查，如审查合格，出具审查合格证书。

（2）建设工程规划许可证核发。完成设计方案、施工编制规范的施工图纸以及管线方案审查后，行政审批部门核发建设工程规划许可证以及总平图。

（3）市政公用设施报装。市政公用设施报装包括供水、排水、供电、燃气、热力、广播电视、通信等公共设施的报装办理。

（五）施工许可

施工许可阶段主要包括设计审核确认、施工报建、施工许可证核发。

（1）设计审核确认。消防、技防、人防等技术审查目前一般并入设计方案审查联合实施。

（2）施工报建。建设方对工程进行发包，确定施工队伍，其中，需招标类工程通过招标确定施工队伍，非招标类工程直接发包，签订施工合同，落实施工资金。

（3）施工许可证核发。行政审批部门对工程开工条件进行审查，核发建筑工程施工许可证。

三、工程建设

工程建设阶段是将开发过程涉及的人力、材料、机械设备、资金等资源聚集起来从事施工生产活动。施工阶段的工作包括以下八项：

(1) 施工用水电及通信线路接通、场地平整、通道疏通；

(2) 施工图纸及施工资料、设备的准备；

(3) 临时用地或临时占道手续办理；

(4) 行政审批部门组织建设工程验线；

(5) 组织图纸会审、设计交底；

(6) 编制工程进度计划；

(7) 设计、施工、监理单位的协调；

(8) 办理建设工程各类合同备案，办理项目手册备案等。

四、项目预售

项目施工建设到一定进度（投入开发建设的资金达到工程建设总投资的25%以上，并已确定施工进度和竣工交付日期），企业向房地产管理部门申请办理预售登记，核发商品房预售许可证。企业可在取得预售许可证后开始预售商品房，对预售（销售）合同需办理备案登记。

五、竣工验收交付使用

竣工验收阶段主要包括规划、土地、消防、人防、档案等验收及竣工验收备案等。

（一）建设工程竣工综合验收备案

项目竣工验收前，行政审批部门对规划条件和规划许可内容进行核实，颁发建设工程规划核实合格证。

市政、水利、环保、文化、卫生、消防、园林以及其他需要参加验收的部门，按照法律、法规、规章的有关规定对相关专业内容和范围进行验收。

建设部门综合各部门验收、审查意见，对符合审核标准和要求的，出具建设工程项目竣工验收备案证明；对不符合审核标准和要求的，作退件处理并要求限期整改。

自然资源部门对用地条件进行复核验收，确定土地分割登记的相关信息。

（二）房地产项目权属首次登记

商品房竣工后交付前，房地产开发企业到不动产登记部门办理新建商品房首次登记。

第三节 房地产开发特定事项

一、建设用地规划许可证申领

《中华人民共和国城乡规划法》（以下简称《城乡规划法》）等规定，以出让方式取得国有土地使用权的建设项目，在签订国有土地使用权出让合同后，建设单位应当持建设项目的批准、核准、备案文件和国有土地使用权出让合同，向市、县人民政府城乡规划主管部门领取建设用地规划许可证。

建设单位向城乡规划主管部门申请核发建设用地规划许可证的申请材料一般包括：①建设用地规划许可证申请书；②建设项目批准、核准或者备案文件；③国有土地使用权出让合同；④法律、法规规定的其他材料。

二、建设工程规划许可证申领

《城乡规划法》等规定，在城市、镇规划区内进行建筑物、构筑物、道路、管线和其他工程建设的，建设单位或者个人应当向城乡规划主管部门申请办理建设工程规划许可证；未取得建设工程规划许可证的，有关部门不得办理建设项目施工许可、商品房预（销）售许可等手续。

建设单位或者个人向城乡规划主管部门申请办理建设工程规划许可证的材料一般包括：①建设工程规划许可证申请表；②建设项目批准、

核准或者备案文件；③使用土地的有关证明文件，属于原有建筑物改建、扩建的，提供房屋产权证明；④建设工程设计方案；⑤符合国家设计规范的建设工程施工图设计文件；⑥法律、法规规定的其他材料。

三、建筑工程施工许可证申领

《建筑工程施工许可管理办法》（住房和城乡建设部令第42号）规定，从事各类房屋建筑及其附属设施的建造、装修装饰和与其配套的线路、管道、设备的安装，以及城镇市政基础设施工程的施工，建设单位在开工前应当依照规定，向工程所在地的县级以上地方人民政府住房城乡建设主管部门申请领取施工许可证。工程投资额在30万元以下或者建筑面积在300平方米以下的建筑工程，可以不申请办理施工许可证。

四、竣工验收的要求

《城市房地产开发经营管理条例》规定，房地产开发项目竣工，依照《建设工程质量管理条例》的规定验收合格后，方可交付使用。

《房屋建筑和市政基础设施工程竣工验收规定》（建质〔2013〕171号）规定，工程符合下列要求方可进行竣工验收：

（1）完成工程设计和合同约定的各项内容。

（2）施工单位在工程完工后对工程质量进行了检查，确认工程质量符合有关法律、法规和工程建设强制性标准，符合设计文件及合同要求，并提出工程竣工报告。工程竣工报告应经项目经理和施工单位有关负责人审核签字。

（3）对于委托监理的工程项目，监理单位对工程进行了质量评估，具有完整的监理资料，并提出工程质量评估报告。工程质量评估报告应经总监理工程师和监理单位有关负责人审核签字。

（4）勘察、设计单位对勘察、设计文件及施工过程中由设计单位签署的设计变更通知书进行检查，并提出质量检查报告。质量检查报告应经该项目勘察、设计负责人和勘察、设计单位有关负责人审核签字。

（5）有完整的技术档案和施工管理资料。

（6）有工程使用的主要建筑材料、建筑构配件和设备的进场试验报告，以及工程质量检测和功能性试验资料。

（7）建设单位已按合同约定支付工程款。

（8）有施工单位签署的工程质量保修书。

（9）对于住宅工程，进行分户验收并验收合格后，建设单位按户出具《住宅工程质量分户验收表》。

（10）建设主管部门及工程质量监督机构责令整改的问题全部整改完毕。

（11）法律、法规规定的其他条件。

五、竣工验收备案的要求

《房屋建筑和市政基础设施工程竣工验收备案管理办法》（住房和城乡建设部令第2号）规定，建设单位应当自工程竣工验收合格之日起15日内，向工程所在地的县级以上地方人民政府建设主管部门备案。

建设单位办理工程竣工验收备案一般应当提交下列材料：①工程竣工验收备案表。②工程竣工验收报告。工程竣工验收报告应当包括工程报建日期，施工许可证号，施工图设计文件审查意见，勘察、设计、施工、工程监理等单位分别签署的质量合格文件及验收人员签署的竣工验收原始文件，市政基础设施的有关质量检测和功能性试验资料，以及备案机关认为需要提供的有关资料。③法律、行政法规规定应当由规划、环保等部门出具的认可文件或者准许使用文件。④法律规定应当由公安、消防部门出具的对大型的人员密集场所和其他特殊建设工程验收合格的证明文件。⑤施工单位签署的工程质量保修书。⑥法规、规章规定必须提供的其他文件。⑦住宅工程还应当提交《住宅质量保证书》和《住宅使用说明书》。

六、商品房预售条件

《城市商品房预售管理办法》（建设部令第131号）规定，商品房预售应当符合下列条件：

（1）已交付全部土地使用权出让金，取得土地使用权证书；

（2）持有建设工程规划许可证和施工许可证；

（3）按提供预售的商品房计算，投入开发建设的资金达到工程建设总投资的25%以上，并已经确定施工进度和竣工交付日期。对于建筑主体的完成进度，各地出台了具体的规定，例如，江苏省无锡市规定，预售商品房需满足多层形象工程进度达到总层数的50%，高层形象工程进度达到总层数的30%的条件。

（4）取得商品房预售许可。开发企业进行商品房预售，应当向房地产管理部门申请预售许可，取得商品房预售许可证。未取得商品房预售许可证的，不得进行商品房预售。

房地产开发企业申请办理商品房预售登记，一般应当提交下列材料：①土地使用权证书；②建设工程规划许可证和建筑工程施工许可证；③营业执照和资质等级证书；④工程施工合同；⑤预售商品房分层平面图；⑥商品房预售方案。

七、办理首次登记条件

房地产开发企业取得出让土地后，需至不动产登记部门办理国有建设用地使用权首次登记。根据《不动产登记暂行条例实施细则》，申请国有建设用地使用权首次登记，应当提交下列材料：①土地权属来源材料；②权籍调查表、宗地图以及宗地界址点坐标；③土地出让价款、土地租金、相关税费等缴纳凭证；④其他必要材料。

房地产开发企业新建商品房竣工后，需至不动产登记部门办理新建商品房所有权首次登记，应当提交下列材料：①不动产权属证书或者土地权属来源材料；②建设工程符合规划的材料；③房屋已经竣工的材料；④房地产调查或者测绘报告；⑤相关税费缴纳凭证；⑥其他必要材料。

办理房屋所有权首次登记时，申请人应当将建筑区划内依法属于业主共有的道路、绿地、其他公共场所、公用设施和物业服务用房及其占用范围内的建设用地使用权一并申请登记为业主共有。业主转让房屋所有权的，其对共有部分享有的权利依法一并转让。

八、人防设施建设要求

《中华人民共和国人民防空法》规定，城市新建民用建筑，按照国家有关规定修建战时可用于防空的地下室。对于人防设施的建设要求，各地还有各自具体的规定，例如，《江苏省人民防空工程建设使用规定》（江苏省人民政府令第129号）规定，城市和依法确定的人民防空重点镇规划区内新建民用建筑，应当按照不含应建防空地下室的总建筑面积5%~9%的比例建设防空地下室。应当修建防空地下室的新建民用建筑有下列情形之一的，经人防主管部门批准，建设单位按照国家规定缴纳防空地下室易地建设费，由人防主管部门进行易地修建和管理：①所在地块被禁止、限制开发利用地下空间；②因暗河、流砂、基岩埋深较浅等地质、地形或者建筑结构条件限制不适宜修建防空地下室；③因建设场地周边建筑物或者地下管道设施等密集，人防工程不能施工或者难以采取措施保证施工安全；④按照规定标准应建人防工程面积小于1000平方米；⑤满足详细规划要求或者国家和省其他人防规划控制指标。

此外，《江苏省物业管理条例》（江苏省人大常委会公告第2号）还规定，物业管理区域内依法配建的人民防空工程平时用作停车位的，应当向全体业主开放，出租的租赁期限不得超过3年，不得将停车位出售、附赠。

第二章

取得国有土地使用权

取得国有建设用地使用权是实施房地产项目开发的前提，房地产开发企业取得土地使用权的方式主要有购买土地、接受土地投资入股、收购土地持有方股权、开展项目合作等。其中，最常见的方式是参与国有土地管理部门土地公开招标、拍卖和挂牌出让方式获取，之后或直接开发，或设立项目公司开发受让土地，本章主要围绕出让方式进行梳理。

第一节　主要涉税事项及税种

一、涉税事项

（一）签订出让合同

企业参与公开拍卖方式竞得国有建设用地使用权，土地拍卖成交后，按照《拍卖成交书》规定的时间与土地管理部门签订《国有建设用地使用权出让合同》。

（二）办理权属证明

《物权法》规定，不动产物权的设立、变更、转让和消灭，经依法登记，发生效力；未经登记，不发生效力。依照法律规定应当登记的，自记载于不动产登记簿时发生效力。

（三）设立项目公司

企业竞得国有建设用地使用权后，投资设立项目公司开发受让土地。

二、涉及税种

本章主要涉及的税种为：印花税、契税、城镇土地使用税、增值税、土地增值税、企业所得税。

第二节　竞得土地后自行开发受让土地

一、印花税

（一）案例描述

甲房地产开发公司（以下简称甲公司）通过竞价方式，于2018年6月25日与某市国有土地管理部门签订《国有建设用地使用权出让合同》，受让宗地坐落于B区的1号地块国有建设用地使用权，出让宗地总面积12.43万平方米，价款为83600万元。

（二）风险提示

甲公司与国有土地管理部门签订的《国有建设用地使用权出让合同》应缴纳产权转移书据印花税。

（1）根据《中华人民共和国印花税暂行条例》（以下简称《印花税暂行条例》）第五条规定，印花税实行由纳税人根据规定自行计算应纳税额，购买并一次贴足印花税票（以下简称贴花）的缴纳办法。为简化贴花手续，应纳税额较大或者贴花次数频繁的，纳税人可向税务机关提出申请，采取以缴款书代替贴花或者按期汇总缴纳的办法。

（2）根据《印花税暂行条例》第七条规定，应纳税凭证应当于书立或者领受时贴花。根据《中华人民共和国印花税暂行条例施行细则》（以下简称《印花税暂行条例施行细则》）第十四条的规定，《印花税暂行条例》第七条所说的书立或者领受时贴花，是指在合同的签订时、书据的立据时、账簿的启用时和证照的领受时贴花。

根据上述规定，甲公司与国有土地管理部门签订《国有建设用地使用权出让合同》时，即发生印花税纳税义务。

（3）根据《印花税暂行条例施行细则》第十条的规定，印花税只对税目税率表中列举的凭证和经财政部确定征税的其他凭证征税。

（4）根据《财政部　国家税务总局关于印花税若干政策的通知》（财税〔2006〕162号）第三条规定，对土地使用权出让合同、土地使用权转让合同按产权转移书据征收印花税。

根据上述规定，甲公司应在合同签订时按合同所载金额缴纳产权转移书据印花税。

（三）防控建议

甲公司签订的《国有建设用地使用权出让合同》应当于书立时贴花，因应纳税额较大，可在合同签订次月申报期内按规定申报纳税税款。

税务机关可通过国有土地管理部门官方网站或第三方交换数据获取土地招拍挂结果信息，与企业申报的产权转移书据印花税比对，分析企业是否存在少申报缴纳印花税风险；也可调取企业土地契税申报信息与产权转移书据印花税申报信息进行比对，缴纳契税是办理土地证的前置条件，如果有土地契税申报记录而无产权转移书据印花税申报记录，则企业存在少申报产权转移书据印花税风险。一般来说，税务机关目前可在契税申报环节通过税收征管系统对印花税申报实行申报联动监控。

需要注意的是，在财税〔2006〕162号文件出台之前，土地使用权出让合同不征收印花税。

（四）税款计算

本案例中，甲公司与某市国有土地管理部门签订的《国有建设用地使用权出让合同》，应于2018年7月申报期内申报缴纳产权转移书据

印花税 = 83600 × 5‰ = 41.80（万元）。

（五）财务核算

根据财政部印发的《增值税会计处理规定》（财会〔2016〕22号）规定，全面试行营业税改征增值税后，印花税的核算科目有变化。"营业税金及附加"科目名称调整为"税金及附加"科目，该科目核算企业经营活动发生的消费税、城市维护建设税、资源税、教育费附加、房产税、城镇土地使用税、车船税、印花税等相关税费；利润表中的"营业税金及附加"项目调整为"税金及附加"项目。

1. 取得国有土地使用权

（1）取得土地。

借：无形资产——土地使用权　　　　　　836000000
　　贷：银行存款　　　　　　　　　　　　　　836000000

（2）转入自行开发。

借：开发成本——土地征用及拆迁补偿费　　836000000
　　贷：无形资产——土地使用权　　　　　　　836000000

2. 缴纳印花税

（1）计提税款。

借：税金及附加——印花税　　　　　　　418000
　　贷：应交税费——应交印花税　　　　　　418000

（2）实际缴纳。

借：应交税费——应交印花税　　　　　　418000
　　贷：银行存款　　　　　　　　　　　　　418000

期末将"税金及附加"科目余额转入"本年利润"科目后，该科目应无余额。

二、契税

（一）案例描述

乙房地产开发公司（以下简称乙公司）与国有土地管理部门于2018年5月15日签订《国有建设用地使用权出让合同》，受让2号地块国有建设用地使用权，土地总面积12.43万平方米，价款为83600万元。该《国有建设用地使用权出让合同》的补充协议第一条明确规定，出让合同所指出让金不含城市基础设施配套费、教育设施建设费、生活垃圾转运设施代建资金等。2018年7月，乙公司办理土地权属登记手续，2018年9月，乙公司向住建部门缴纳城市基础设施配套费2350万元（契税税率为3%）。

（二）风险提示

1. 应按规定缴纳契税

乙公司与国有土地管理部门签订《国有建设用地使用权出让合同》后，应按规定缴纳契税。

（1）根据《中华人民共和国契税暂行条例》（以下简称《契税暂行条例》）第四条，契税的计税依据的规定如下：

①国有土地使用权出让、土地使用权出售、房屋买卖，为成交价格；

②土地使用权赠与、房屋赠与，由征收机关参照土地使用权出售、房屋买卖的市场价格核定；

③土地使用权交换、房屋交换，为所交换的土地使用权、房屋的价格的差额。

上述成交价格明显低于市场价格并且无正当理由的，或者所交换土地使用权、房屋的价格的差额明显不合理并且无正当理由的，由征收机关参照市场价格核定。

（2）根据《契税暂行条例》第八条的规定，契税的纳税义务发生时间，为纳税人签订土地、房屋权属转移合同的当天，或者纳税人取得其他具有土地、房屋权属转移合同性质凭证的当天。

（3）根据《契税暂行条例》第九条的规定，纳税人应当自纳税义务发生之日起10日内，向土地、房屋所在地的契税征收机关办理纳税申报，并在契税征收机关核定的期限内缴纳税款。

（4）根据《中华人民共和国契税暂行条例细则》（以下简称《契税暂行条例细则》）第九条的规定，《契税暂行条例》所称成交价格，是指土地、房屋权属转移合同确定的价格。包括承受者应交付的货币、实物、无形资产或者其他经济利益。

（5）根据《财政部 国家税务总局关于国有土地使用权出让等有关契税问题的通知》（财税〔2004〕134号）的规定，出让国有土地使用权的，其契税计税价格为承受人为取得该土地使用权而支付的全部经济利益。《国家税务总局关于明确国有土地使用权出让契税计税依据的批复》（国税函〔2009〕603号）明确，出让国有土地使用权，契税计税价格为承受人为取得该土地使用权而支付的全部经济利益。对通过"招、拍、挂"程序承受国有土地使用权的，应按照土地成交总价款计征契税，其中的土地前期开发成本不得扣除。

根据上述规定，乙公司与国有土地管理部门签订《国有建设用地使用权出让合同》的当天，即发生契税的纳税义务，应当在纳税义务发生之日起10日内，向土地所在地的契税征收机关办理纳税申报，并在契税征收机关核定的期限内缴纳税款。

2. 出让方式取得土地使用权计征契税的成交价格是否含税问题

根据《财政部 国家税务总局关于营改增后契税 房产税 土地增值税 个人所得税计税依据问题的通知》（财税〔2016〕43号）第一条的规定，计征契税的成交价格不含增值税。

根据《财政部 国家税务总局关于全面推开营业税改征增值税试

点的通知》（财税〔2016〕36号）附件3《营业税改征增值税试点过渡政策的规定》第一条第三十七款的规定，土地所有者出让土地使用权和土地使用者将土地使用权归还给土地所有者免征增值税。

根据上述规定，计征契税的成交价格不含增值税，而土地所有者出让土地使用权免征增值税，因此，乙公司通过出让方式取得的土地使用权所支付的土地价款不含增值税。

3. 不含在土地出让金中的城市基础设施配套费应计入契税计税依据

具体分析如下：

首先，关于城市基础设施配套费的内涵。《国家计委 财政部关于全面整顿住房建设收费取消部分收费项目的通知》（计价格〔2001〕585号）第三条明确，对各类专项配套费进行整顿，将其统一归并为城市基础设施配套费，取消与城市基础设施配套费重复收取的水、电、气、热、道路以及其他各种名目的专项配套费。根据《财政部关于城市基础设施配套费性质的批复》（财综函〔2002〕3号）批复，各地征收的市政基础设施配套费应统一归并为城市基础设施配套费。因此，无论是专项配套费还是市政基础设施配套费等，实际都是城市基础设施配套费。

其次，关于城市基础设施配套费是否需要缴纳契税。根据《契税暂行条例》的规定，国有土地使用权出让、土地使用权出售、房屋买卖的计税依据为成交价格；《契税暂行条例细则》第九条进一步明确，所称成交价格，是指土地、房屋权属转移合同确定的价格。因此，对于包含在土地出让金中的城市基础设施配套费计入契税计税依据并无异议。但目前各地城市基础设施配套费征收方式、环节和部门并不一致。有的省市含在土地出让金中，有的不含；有的是国有土地管理部门征收，有的是住建部门征收。因此，对于不含在土地出让金中的城市基础设施配套费是否计入计税依据存在争议较大。而产生争议的主要原因是对财税〔2004〕134号文件第一条规定的"出让国有土地使用权的，其契税计税价格为承受人为取得该土地使用权而支付的全部经济利益"

的理解不同；第一条第二款又明确规定，以竞价方式出让的，其契税计税价格，一般应确定为竞价的成交价格，土地出让金、市政建设配套费以及各种补偿费用应包括在内。

对于上述规定，一种观点认为，如果城市基础设施配套费包含在合同成交价格内就应计入契税计税依据，不包含在合同成交价格内就不应计入契税计税依据。另一种观点认为，城市基础设施配套费无论包不包含在成交价格内都应计入契税计税依据。笔者认为，城市基础设施配套费如果以含不含在成交价格内作为是否计入契税计税价格的标准，既不严肃，也会造成税负不公，应从其是否是为取得土地使用权而支付的经济利益角度来确定。

（三）防控建议

根据《契税暂行条例》规定，契税纳税人应当在纳税义务发生之日起10日内办理纳税申报。部分省市对此有进一步明确，例如：《江苏省地方税务局关于契税纳税期限的公告》（苏地税规〔2015〕3号）规定，在江苏省行政区域内承受土地、房屋权属的单位和个人，应当向土地、房屋所在地的地方税务机关办理契税纳税申报，契税纳税期限为纳税人依法办理土地、房屋权属登记手续之前。《宁波市地方税务局关于契税缴纳期限的公告》（宁波市地方税务局公告2012年第1号）规定，在宁波市行政区域内承受房屋、土地权属的单位和个人，应向房屋、土地所在地地方税务局契税征收机构办理纳税申报，契税税款缴纳期限为办理房屋、土地权属变更登记手续之前。根据上述规定，在实际征管操作中，契税申报缴纳在办理土地使用权登记证书之前完成就可以了，与"先税后证"的征管措施实现了配套，也有利于纳税遵从。

关于契税各地有一些不同的具体规定（特别是税率、纳税期限等），另外，城市基础设施配套费涉及契税、增值税、土地增值税、企业所得税四个税种，是否计入土地成本对不同税种都会产生重要影响（见后文有关论述），企业在投资经营中，应及时关注、学习当地相关税收政策，按规定申报纳税。

税务机关可通过查看企业申报契税的计税依据，与国有土地管理部门官网公告的土地出让金信息或第三方交换数据获取的土地出让信息进行比对，分析企业有无少缴契税风险。

（四）税款计算

本案例中，假设当地规定城市基础设施配套费无论是否含在土地出让金中均应计入契税计税依据；契税税款缴纳期限为办理土地权属变更登记手续之前，乙公司应申报缴纳契税如下：

（1）2018年7月办理土地权属登记前应申报缴纳契税 = 83600 × 3% = 2508（万元）

（2）2018年10月申报期内城市基础设施配套费应申报缴纳契税 = 2350 × 3% = 70.50（万元）

（五）财务核算

1. 取得土地时

借：无形资产——土地使用权　　　　　　　836000000

　　贷：银行存款　　　　　　　　　　　　　836000000

2. 土地转入自行开发时

借：开发成本——土地征用及拆迁补偿费　　836000000

　　贷：无形资产——土地使用权　　　　　　836000000

3. 缴纳土地使用权契税时

借：开发成本——土地征用及拆迁补偿费　　25080000

　　贷：银行存款　　　　　　　　　　　　　25080000

4. 缴纳城市基础设施配套费时

借：开发成本——土地征用及拆迁补偿费　　23500000

贷：银行存款　　　　　　　　　　　　　　　23500000

5. 缴纳城市基础设施配套费契税时
借：开发成本——土地征用及拆迁补偿费　　　705000
　　贷：银行存款　　　　　　　　　　　　　　　705000

三、城镇土地使用税

（一）案例描述

丙房地产开发公司（以下简称丙公司）受让的 3 号地块国有建设用地使用权总面积 12.43 万平方米，价款为 83600 万元，合同签订时间为 2018 年 6 月 25 日，合同约定将出让宗地交付给受让人时间为 2018 年 9 月 21 前。（该市城镇土地使用税按季缴纳，该地块城镇土地使用税每平方米年税额 6 元。）

（二）风险提示

丙公司受让的土地使用权应从合同约定交付时间的次月起申报缴纳城镇土地使用税。

根据《财政部　国家税务总局关于房产税、城镇土地使用税有关政策的通知》（财税〔2006〕186 号）规定，以出让或转让方式有偿取得土地使用权的，应由受让方从合同约定交付土地时间的次月起缴纳城镇土地使用税；合同未约定交付土地时间的，由受让方从合同签订的次月起缴纳城镇土地使用税。《国家税务总局关于房产税、城镇土地使用税有关政策规定的通知》（国税发〔2003〕89 号）第二条第四款中有关房地产开发企业城镇土地使用税纳税义务发生时间的规定同时废止。

（三）防控建议

近年来，受各种因素影响，出让土地无法按期交付的情况时有发生，企业应早做准备，当出让宗地无法按期交付时，应及时与相关部门沟通，签署补充合同变更出让宗地交付时间，或咨询当地税务机关，按要求做好相关工作，避免涉税风险。

税务机关可通过如下方式监控分析企业有无存在少申报缴纳城镇土地使用税的风险：

（1）通过比对土地管理部门土地出让合同数据与企业城镇土地使用税申报信息，分析企业是否存在未按规定申报缴纳城镇土地使用税的风险。

（2）将纳税人土地契税申报时间、计税依据与城镇土地使用税申报时间、计税依据比对，分析企业是否存在未按规定申报缴纳城镇土地使用税的风险。

（3）通过土地管理部门土地出让公告中土地坐标位置及当地城镇土地使用税划分等级标准，与企业申报城镇土地使用税税款进行比对，分析是否存在按低等级税额申报缴纳税款的情况。

（4）如在土地持有期间城镇土地使用税政策发生变化，土地等级及税额有变动，可通过比对企业申报信息，分析是否准确分段计算应缴纳的城镇土地使用税。

（四）税款计算

本案例中，丙公司每月应纳城镇土地使用税 = 124300 × 6 ÷ 12 × 1 = 62150（元）。

合同约定的交付土地时间是2018年9月21日前，丙公司应从次月，即10月起缴纳城镇土地使用税，当年应纳税额 = 62150 × 3 = 186450（元）。

假设合同没有约定交付土地时间，则从合同签订的次月，即7月起缴纳城镇土地使用税，当年应纳税额 = 62150 × 6 = 372900（元）。

假设土地提前到2018年8月交付给丙公司，则应在实际交付的次月，即9月起缴纳城镇土地使用税，当年应纳税额 = 62150 × 4 = 248600（元）。

（五）财务核算

1. 每月末企业应按规定计提应缴纳的城镇土地使用税

借：税金及附加——城镇土地使用税　　　　　62150

　　贷：应交税费——应交城镇土地使用税　　　　62150

2. 按季申报缴纳时，2018 年第四季度应缴纳城镇土地使用税

2018 年第四季度应缴纳城镇土地使用税 = 62150 × 3 = 186450（元）

借：应交税费——应交城镇土地使用税　　　　186450

　　贷：银行存款　　　　　　　　　　　　　　186450

第三节 设立项目公司开发受让土地

在实务中，房地产开发企业竞得土地后，多数是设立项目公司开发受让土地。股东出资方式主要有货币出资和非货币资产作价出资两种，货币出资是主要出资形式，相对简单，这里主要介绍以土地作价投资的税务处理。根据《房地产管理法》第三十九条规定，以出让方式取得土地使用权的，转让房地产时，应当符合下列条件：

（1）按照出让合同约定已经支付全部土地使用权出让金，并取得土地使用权证书；

（2）按照出让合同约定进行投资开发，属于房屋建设工程的，完成开发投资总额的25%以上，属于成片开发土地的，形成工业用地或者其他建设用地条件。

转让房地产时房屋已经建成的，还应当持有房屋所有权证书。

受上述规定限制，属于房屋建设工程的土地使用权一般情况下是不允许转让的，除非一些特殊情况，如司法拍卖等，在实务中，企业一般都是通过变更土地使用权人的方式转移土地，因此，在实务中以土地投资入股的情况并不多，作为一种投资方式，本节仅作简单介绍，供读者参考。

一、产权转移书据印花税

（一）案例描述

2016年11月3日，甲房地产开发公司（以下简称甲公司）委托某资产评估事务所有限公司对其持有的 4 号地块国有土地使用权进行评估，评估价值为 77068.83 万元。当月甲公司与丁公司签订股权投资协议，将 4 号地块以评估价 77068.83 万元投资到丁公司，并于当月办理了股权登记手续。

（二）风险提示

以土地作价投资属于土地使用权转让行为，甲公司、丁公司均应按投资协议金额缴纳产权转移书据印花税。

根据财税〔2006〕162 号文件的规定，对土地使用权出让合同、土地使用权转让合同按产权转移书据征收印花税。因此，甲公司将土地使用权投资入股到丁公司名下，双方均应按投资协议金额计算缴纳产权转移书据印花税。

（三）防控建议

根据相关规定，应纳税凭证应当于书立或者领受时贴花，而土地出让合同产权书据印花税应纳税额较大，建议在合同签订次月申报期内按规定申报纳税。

税务机关可通过国有土地管理部门的相关信息或企业申报的契税信息进行比对，分析企业有无少申报缴纳产权转移书据印花税的风险。

（四）税款计算

本案例中，甲公司、丁公司应分别申报缴纳产权转移书据印花税 = 77068.83 × 5‰ = 38.53（万元）。

（五）财务核算

1. 计提时

借：税金及附加——印花税　　　　　　　　　385300
　　贷：应交税费——应交印花税　　　　　　　　　385300

2. 缴纳时

借：应交税费——应交印花税　　　　　　　　　　385300
　　贷：银行存款　　　　　　　　　　　　　　　　385300

二、增值税

（一）案例描述

乙房地产开发公司（以下简称乙公司）为增值税一般纳税人，2016年3月20日通过竞价方式受让5号地块国有建设用地使用权，出让宗地总面积12.30万平方米，价款为56012万元，乙公司按规定申报缴纳了产权转移书据印花税。2016年4月5日乙公司按合同约定付清价款，按规定缴纳了1680.36万元契税后，办理了国有用地土地使用权证。2016年10月20日，乙公司董事会通过决议，以该地块作价投资设立丙公司开发受让土地。2016年11月25日，乙公司委托某资产评估事务所对该地块进行评估，评估价值为77068.83万元，当月与丙公司签订投资协议，并办理了股权登记手续。

（二）风险提示

乙公司将土地作价对外投资应按有偿转让无形资产缴纳增值税。

根据《中华人民共和国增值税暂行条例实施细则》（以下简称《增值税暂行条例实施细则》）、财税〔2016〕36号文件相关规定，企业将无形资产投资入股换取被投资企业的股权属于有偿取得其他经济利益，应按有偿转让无形资产征收增值税；根据《财政部　国家税务总局关于进一步明确全面推开营改增试点有关劳务派遣服务、收费公路通行费抵扣等政策的通知》（财税〔2016〕47号）有关规定，纳税人转让2016年4月30日前取得的土地使用权，可以选择适用简易计税方法，以取得的全部价款和价外费用减去取得该土地使用权的原价后的余额为销售额，按照5%的征收率计算缴纳增值税。

（三）防控建议

乙公司对外投资的5号地块国有土地使用权是2016年4月30日前取得的，因此，乙公司既可按财税〔2016〕47号文件有关规定选择简易计税方法计算缴纳增值税，也可按财税〔2016〕36号文件规定采用一般计税方法计算缴纳增值税。

根据财税〔2016〕36号文件附件2《营业税改征增值税试点有关事项的规定》第一条第三款第十项规定，房地产开发企业中的一般纳税人销售其开发的房地产项目（选择简易计税方法的房地产老项目除外），以取得的全部价款和价外费用，扣除受让土地时向政府部门支付的土地价款后的余额为销售额。

根据上述规定，房地产开发企业销售房地产项目必须满足下列条件才可以按规定扣除土地价款：一是企业是增值税一般纳税人；二是自行开发的房地产项目；三是采用一般计税方法。关于自行开发，《国家税务总局关于发布〈房地产开发企业销售自行开发的房地产项目增值税征收管理暂行办法〉的公告》（国家税务总局公告2016年第18号）第二条也明确规定，自行开发是指在依法取得土地使用权的土地上进行基础设施和房屋建设。而乙公司取得5号地块国有土地使用权后并未在土地上进行基础设施和房屋建设，因此，其在计算缴纳增值税时是否可以扣除受让土地时向政府部门支付的土地价款存在争议。

对此问题，目前主要有两种观点。第一种观点认为不允许扣除土地价款，因为乙公司未在土地上进行基础设施和房屋建设，不符合财税〔2016〕36号文件附件2《营业税改征增值税试点有关事项的规定》第一条第三款第十项的规定。第二种观点认为应当允许扣除土地价款，因为增值税是以商品（含应税劳务）在流转过程中产生的增值额作为计税依据而征收的一种流转税。根据财税〔2016〕36号文件附件3《营业税改征增值税试点过渡政策的规定》第一条第三十七款规定，土地所有者出让土地使用权和土地使用者将土地使用权归还给土地所有者免征增值税，这就造成房地产开发企业通过出让方式取得国有土地使用权时向政府部门支付的土地价款，因不能取得相应的增值税专用发票，也就没有进项税可抵扣。因此，转让国有土地使用权采用一般计税方法的，若不允许企业扣除土地价款，即使平价转让土地使用权也会增加较重的税收负担，不符合增值税计税原理。营改增后的简易计税方法就是考虑了这个因素，以取得的全部价款和价外费用减去取得该土地使用权的原价后的余额为销售额，而营改增前转让国有土地使用权也是差额征收。

土地价款能否扣除对计算结果影响非常大，在目前缺少政策依据的情况下，建议企业慎重选择以土地作价投资的方式。

税务机关应关注企业取得土地使用权的时间，进而关注计税方法的选择是否符合规定、计算结果是否准确。

（四）税款计算

本案例中，特地将乙公司取得土地使用权时间设定在2016年3月，这样乙公司既可采用简易计税方法也可采用一般计税方法。

1. 采用简易计税方法

应纳增值税额 = 77068.83 ÷ (1 + 5%) × 5% = 3669.94（万元）

可抵扣的应纳税额 = 56012 ÷ (1 + 5%) × 5% = 2667.23（万元）

2. 采用一般计税方法

2018年5月1日前适用的增值税税率为11%，乙公司无进项税额。

（1）允许扣除土地价款（假设当地规定向政府部门支付的土地价款包含契税，不考虑其他因素）。

增值税销项税额 = 77068.83 ÷ (1 + 11%) × 11% = 7637.45（万元）

可抵减的增值税销项税额 = (56012 + 1680.36) ÷ (1 + 11%) × 11% = 5717.26（万元）

抵减后增值税销项税额 = 7637.45 − 5717.26 = 1920.19（万元）

（2）不允许扣除土地价款。

增值税销项税额 = 77068.83 ÷ (1 + 11%) × 11% = 7637.45（万元）

乙公司无进项税额，两种方法计算的应纳增值税额的差额 = 7637.45 - 1920.19 = 5717.26（万元）。

（五）财务核算（以简易计税方法为例）

1. 取得土地时

借：无形资产——土地使用权　　　　　560120000
　　贷：银行存款　　　　　　　　　　560120000

2. 缴纳契税时

借：无形资产——土地使用权　　　　　16803600
　　贷：银行存款　　　　　　　　　　16803600

3. 对外投资时

借：长期股权投资——丙公司　　　　　770688300
　　贷：无形资产——土地使用权　　　576923600
　　　　应交税费——应交增值税（简易计税）　36699400
　　　　资产处置损益　　　　　　　　157065300
借：应交税费——应交增值税（简易计税）　26672300
　　贷：资产处置损益　　　　　　　　26672300

三、土地增值税

（一）案例描述

丙房地产开发公司（以下简称丙公司）为增值税一般纳税人，2016年3月20日通过竞价方式受让6号地块国有建设用地使用权，出让宗地总面积12.30万平方米，价款为56012万元，丙公司按规定申报缴纳了产权转移书据印花税38.53万元。2016年4月5日，丙公司按合同约定付清价款，并按规定缴纳了1680.36万元契税后，办理了国有用地土地使用权证。2019年10月20日，丙公司董事会通过决议，以该地块作价投资设立丁公司开发受让土地。2019年11月25日，丙公司委托某资产评估事务所有限公司对该地块进行评估，评估价值为77068.83万元，与丁公司当月签订投资协议，并办理了土地使用权所有人变更手续。

（二）风险提示

丙公司以土地作价投资应视为转让土地使用权，并按规定计算缴纳土地增值税。

（1）根据《中华人民共和国土地增值税暂行条例》（以下简称《土地增值税暂行条例》）规定，转让国有土地使用权、地上的建筑物及其附着物（以下简称转让房地产）并取得收入的单位和个人，为土地增值税的纳税义务人。根据《中华人民共和国土地增值税暂行条例实施细则》（以下简称《土地增值税暂行条例实施细则》）规定，转让房地产并取得收入，是指以出售或者其他方式有偿转让房地产的行为；收入，包括转让房地产的全部价款及有关的经济收益。

（2）根据《财政部　税务总局关于继续实施企业改制重组有关土地增值税政策的通知》（财税〔2018〕57号）第四条规定，单位、个人在改制重组时以房地产作价入股进行投资，对其将房地产转移、变更到被投资的企业，暂不征土地增值税。第五条规定，上述改制重组有关土地增值税政策不适用于房地产转移任意一方为房地产开发企业的情形。

（3）根据《国家税务总局关于营改增后土地增值税若干征管规定的公告》（国家税务总局公告2016年第70号）第一条规定，营改增后，纳税人转让房地产的土地增值税应税收入不含增值税。适用增值税一般计税方法的纳税人，其转让房地产的土地增值税应税收入不含增值税销项税额；适用简易计税方法的纳税人，其转让房地产的土地增值应税收入不含增值税应纳税额。

对上述规定进行分析可知，土地作价投资实现了土地使用权的转让，并且取得了股权对价这一"经济利益"，符合土地增值税应税行为的条件；而且财税〔2018〕57号文件也明确了房地产开发企业的房地产投资行为不适用暂不征土地增值税的规定，因此，丙公司以土地作价对外投资应按规定缴纳土地增值税。

（三）防控建议

关于丙公司土地对外投资的土地增值税计算，《国家税务总局关于印发〈土地增值税宣传提纲〉的通知》（国税函发〔1995〕110号）第五条第（一）项规定，对取得土地或房地产使用权后，未进行开发即转让的，计算其增值额时，只允许扣除取得土地使用权时支付的地价款、交纳的有关费用，以及在转让环节缴纳的税金。《国家税务总局关于土地增值税清算有关问题的通知》（国税函〔2010〕220号）第五条规定，房地产开发企业为取得土地使用权所支付的契税，应视同"按国家统一规定交纳的有关费用"，计入"取得土地使用权所支付的金额"中扣除。关于转让环节缴纳的印花税，《财政部　国家税务总局关于土地增值税一些具体问题规定的通知》（财税字〔1995〕48号）第九条规定："细则中规定允许扣除的印花税，是指在转让房地产时缴纳的印花税。房地产开发企业按照《施工、房地产开发企业财务制度》的有关规定，其缴纳的印花税列入管理费用，已相应予以扣除。其他的土地增值税纳税义务人在计算土地增值税时允许扣除在转让时缴纳的印花税。"根据财会〔2016〕22号文件规定，全面试行营业税改征增值税后，印花税的核算由"管理费用"调整为"税金及附加"。因此，转让环节缴纳的印花税应允许扣除。

房地产开发企业以土地作价对外投资应征收土地增值税，计算缴纳土地增值税也是土地使用权人变更的前置条件。企业应按规定尽早做好土地增值税的计算缴纳，以免影响权属过户和投资业务的顺利开展。

税务机关在对企业转让国有土地使用权行为开展土地增值税时,应重点关注扣除项目是否符合规定,转让过程中涉及的其他税费有无按规定缴纳。

(四)税款计算

本案例中,假设丙公司增值税采用简易计税方法计税,不考虑其他因素。(当地适用的城市维护建设税税率为7%,教育费附加3%,另有该省征收的地方教育附加2%,该省规定可以扣除。)

增值税应纳税额 = (77068.83 - 56012) ÷ (1 + 5%) × 5% = 1002.71(万元)

城市维护建设税及教育费附加 = 1002.71 × 12% = 120.33(万元)

应纳土地增值税税款计算如下:

收入 = 77068.83 - 1002.71 = 76066.12(万元)

扣除项目合计:57851.22(万元)

其中:土地价款:56012(万元)(不考虑有关费用)

契税:1680.36(万元)

印花税:38.53(万元)

城市维护建设税及教育费附加:120.33(万元)

增值额 = 76066.12 - 57851.22 = 18214.9(万元)

增值率 = 18214.9 ÷ 57851.22 × 100% = 31.48%

增值率未超过50%,适用30%税率。

应纳土地增值税额 = 18214.9 × 30% = 5464.47(万元)

(五)财务核算

1. 计提时

借:税金及附加——土地增值税　　　　　54644700
　　贷:应交税费——应交土地增值税　　　　54644700

2. 缴纳时

借：应交税费——应交土地增值税　　　　54644700
　　贷：银行存款　　　　　　　　　　　　54644700

四、企业所得税

（一）案例描述

丁房地产开发公司（以下简称丁公司）为增值税一般纳税人，2019年3月通过出让方式获取7号地块开发用地，土地价款30000万元，缴纳契税900万元。2019年7月，丁公司董事会通过决议，以7号开发用地作价对外投资，当月丁公司委托某资产评估事务所有限公司对该地块进行评估，评估价值为35000万元，8月5日，丁公司签署投资协议将7号地块开发用地以评估价35000万元投资到戊公司，当月办理了股权登记手续（当地规定转让国有土地使用权采用一般计税方法计税的，允许以扣除受让土地时向政府部门支付的土地价款后的余额为销售额）。

（二）风险提示

丁公司投资协议于2019年8月生效并办理了股权登记手续，应按规定确认非货币性资产转让收入的实现。

根据《财政部　国家税务总局关于非货币性资产投资企业所得税政策问题的通知》（财税〔2014〕116号）规定，非货币性资产投资涉及的企业所得税政策如下：

（1）居民企业（以下简称企业）以非货币性资产对外投资确认的非货币性资产转让所得，可在不超过5年期限内，分期均匀计入相应年度的应纳税所得额，按规定计算缴纳企业所得税。

（2）企业以非货币性资产对外投资，应对非货币性资产进行评估并按评估后的公允价值扣除计税基础后的余额，计算确认非货币性资产转让所得。

企业以非货币性资产对外投资，应于投资协议生效并办理股权登记手续时，确认非货币性资产转让收入的实现。

（3）企业以非货币性资产对外投资而取得被投资企业的股权，应以非货币性资产的原计税成本为计税基础，加上每年确认的非货币性资产转让所得，逐年进行调整。

被投资企业取得非货币性资产的计税基础，应按非货币性资产的公允价值确定。

（4）企业在对外投资5年内转让上述股权或投资收回的，应停止执行递延纳税政策，并就递延期内尚未确认的非货币性资产转让所得，在转让股权或投资收回当年的企业所得税年度汇算清缴时，一次性计算缴纳企业所得税；企业在计算股权转让所得时，可按上述第（3）项规定将股权的计税基础一次调整到位。

企业在对外投资5年内注销的，应停止执行递延纳税政策，并就递延期内尚未确认的非货币性资产转让所得，在注销当年的企业所得税年度汇算清缴时，一次性计算缴纳企业所得税。

（5）企业发生非货币性资产投资，符合《财政部　国家税务总局关于企业重组业务企业所得税处理若干问题的通知》（财税〔2009〕59号）等文件规定的特殊性税务处理条件的，也可选择按特殊性税务处理规定执行。

根据《国家税务总局关于非货币性资产投资企业所得税有关征管问题的公告》（国家税务总局公告2015年第33号）规定，非货币性资产投资企业所得税有关征管的规定如下：

（1）实行查账征收的居民企业（以下简称企业）以非货币性资产对外投资确认的非货币性资产转让所得，可自确认非货币性资产转让收入年度起不超过连续5个纳税年度的期间内，分期均匀计入相应年度的应纳税所得额，按规定计算缴纳企业所得税。

（2）符合财税〔2014〕116号文件规定的企业非货币性资产投资行

为，同时又符合财税〔2009〕59号、《财政部 国家税务总局关于促进企业重组有关企业所得税处理问题的通知》（财税〔2014〕109号）等文件规定的特殊性税务处理条件的，可由企业选择其中一项政策执行，且一经选择，不得改变。

（3）企业选择适用上述第（1）项规定进行税务处理的，应在非货币性资产转让所得递延确认期间每年企业所得税汇算清缴时，填报《中华人民共和国企业所得税年度纳税申报表（A类，2017年版）》中"A105100企业重组及递延纳税事项纳税调整明细表"第12行"非货币性资产对外投资"的相关栏目，并向主管税务机关报送《非货币性资产投资递延纳税调整明细表》。

（三）防控建议

企业应加强对财税〔2014〕116号、财税〔2009〕59号和财税〔2014〕109号文件的学习，发生非货币性资产对外投资时合理选择适用政策。对外投资5年内转让上述股权或投资收回的应按规定处理，避免涉税风险。

税务机关应关注企业非货币性资产对外投资5年内股权变动情况。在实务中，有的企业通过非货币性资产投资的方式变相转让土地使用权，这不仅涉及投资方企业所得税，也涉及被投资方增值税纳税义务发生后，计算增值税销售额时能否扣除相对应的土地价款问题，应予以重视。

（四）税款计算

本案例计算结果如下：

土地使用权转让所得 =（35000 - 30000 - 900）÷（1 + 9%）= 3761.47（万元）

增值税销项税额 = 35000 ÷（1 + 9%）× 9% = 2889.91（万元）

可抵减的销项税额 =（30000 + 900）÷（1 + 9%）× 9% = 2551.38（万元）

丁公司选择根据国家税务总局公告2015年第33号第一条规定进行企业所得税处理，自确认非货币性资产转让收入年度起不超过连续5个纳税年度的期间内，分期均匀计入相应年度的应纳税所得额，按规定计算缴纳企业所得税。

（五）财务核算

1. 取得土地时

借：无形资产——土地使用权　　　　　　　300000000
　　贷：银行存款　　　　　　　　　　　　　300000000

2. 缴纳契税时

借：无形资产——土地使用权　　　　　　　　9000000
　　贷：银行存款　　　　　　　　　　　　　　9000000

3. 对外投资时

借：长期股权投资——戊公司　　　　　　　350000000
　　贷：无形资产——土地使用权　　　　　　309000000
　　　　应交税费——应交增值税（销项税额）　28899100
　　　　资产处置损益　　　　　　　　　　　12100900
借：应交税费——应交增值税（销项税额抵减）
　　　　　　　　　　　　　　　　　　　　　25513800
　　贷：资产处置损益　　　　　　　　　　　25513800

五、增值税专用发票开具

（一）案例描述

2018年11月，甲公司委托某资产评估事务所有限公司对受让的8

号地块进行评估，该地块受让价格为5.5亿元，评估价格为5.86亿元。当月甲公司与乙公司签订投资协议，将8号地块作价5.86亿元投资到乙公司并办理了土地使用权变更手续。

（二）风险提示

甲公司以土地作价投资入股换取被投资方乙公司股权的行为属于有偿取得其他经济利益，应向乙公司开具增值税专用发票。

根据财税〔2016〕36号文件附件1《营业税改征增值税试点实施办法》第十条规定，销售服务、无形资产或者不动产，是指有偿提供服务、有偿转让无形资产或者不动产。第十一条规定，有偿，是指取得货币、货物或者其他经济利益。

《中华人民共和国发票管理办法》（以下简称《发票管理办法》）第十九条规定："销售商品、提供服务以及从事其他经营活动的单位和个人，对外发生经营业务收取款项，收款方应当向付款方开具发票；特殊情况下，由付款方向收款方开具发票。"

甲公司对外投资应属于有偿取得了其他经济利益，同时也考虑到乙公司后续业务的开展，甲公司应向被投资方乙公司开具增值税专用发票。

（三）防控建议

按规定开具发票不仅仅涉及票据规范，还涉及被投资企业的增值税、土地增值税和企业所得税问题，若处理不当将会给被投资企业造成非常大的涉税风险，应妥善处理。

以土地作价对外投资需在办理土地增值税缴纳手续后，方可办理土地使用权所有人变更手续，税务机关在受理土地增值税申报时应关注企业是否按规定开具增值税专用发票。

六、设立项目公司规定

（一）案例描述

丙公司通过竞价方式，与某市国有土地管理部门签订《国有建设用地使用权出让合同》，受让一块国有建设用地使用权，合同约定土地管理部门将出让宗地交付给受让人丙公司的时间为 2017 年 3 月 21 日前。丙公司于 2017 年 2 月 18 日、27 日分两次共向该市国有土地管理部门支付土地价款 8.36 亿元。2017 年 3 月 5 日，丙公司与丁公司分别持股 51% 和 49% 成立项目公司戊公司，合作开发受让土地。2017 年 3 月 18 日，该市国有土地管理部门、丙公司和戊公司三方签订《国有建设用地使用权出让合同》的补充合同，将原出让合同中的受让人丙公司调整为戊公司，原出让合同其他条款内容及要求不变。

（二）风险提示

设立项目公司开发受让土地应了解相关政策，避免因不符合规定条件而形成潜在涉税风险。

根据《财政部 国家税务总局关于明确金融 房地产开发 教育辅助服务等增值税政策的通知》（财税〔2016〕140号）第八条规定，房地产开发企业（包括多个房地产开发企业组成的联合体）受让土地向政府部门支付土地价款后，设立项目公司对该受让土地进行开发，同时符合下列条件的，可由项目公司按规定扣除房地产开发企业向政府部门支付的土地价款。

（1）房地产开发企业、项目公司、政府部门三方签订变更协议或补充合同，将土地受让人变更为项目公司；

（2）政府部门出让土地的用途、规划等条件不变的情况下，签署变更协议或补充合同时，土地价款总额不变；

（3）项目公司的全部股权由受让土地的房地产开发企业持有。

本案例中，丙公司支付土地价款后，与丁公司分别持股51%和49%成立戊公司的做法，显然不符合财税〔2016〕140号文件的规定，即项目公司的全部股权由受让土地的房地产开发企业持有。也就是说，戊公司在接受丙公司投资的土地上开发项目，当销售不动产增值税纳税义务发生、计算应纳增值税时，不能扣除向政府部门支付的土地价款。

（三）防控建议

房地产开发企业一般通过竞价方式获取国有土地使用权后，设立项目公司，将国有土地使用权人变更到项目公司名下进行开发。在此过程中，房地产开发企业应注意设立项目公司不符合规定条件而形成潜在税务风险。为更好地防范风险，房地产开发企业可以考虑先设立项目公司，由项目公司参与土地竞价。倘若竞得土地后与其他企业合作设立项目公司进行开发，应确保符合财税〔2016〕140号文件的相关规定。

税务机关在日常服务和管理中，可通过对项目公司税务登记基本情况的股权结构与国有土地管理部门土地使用权人变更信息的比对，分析企业有无涉税风险，及时发出风险提示并做好后续管理。

第三章

项目公司登记设立

房地产开发企业通过竞价方式取得国有土地使用权后，设立项目公司开发受让土地。项目公司是为了某一个或者几个房地产项目的开发和经营而由投资者发起注册成立的独立经营并自负盈亏的开发公司，项目公司直接组织开展项目投资实施和项目管理，承担项目债务责任和项目风险。

第一节　主要涉税事项及税种

一、涉税事项

（一）设置财务会计账簿

根据《中华人民共和国税收征收管理法》（以下简称《税收征管法》）及《中华人民共和国税收征收管理法实施细则》（以下简称《税收征管法实施细则》）规定，纳税人、扣缴义务人按照有关法律、行政法规和国务院财政、税务主管部门的规定设置账簿，根据合法、有效凭证记账，进行核算。

（二）购买、租用房屋作为公司住所

通过购买、承租或无租使用房屋等方式确定公司住所。公司的住所是公司主要办事机构所在地，是需依法登记事项。经登记机关登记的公司住所只能有一个，公司的住所应当在其登记机关辖区内。

（三）发放工资

工资是指雇主或者法定用人单位依据法律规定、行业规定，或根据与员工之间的约定，以货币形式或非货币形式对员工的劳动所支付的报酬。

（四）变更国有土地使用权受让人

房地产开发企业、项目公司、政府部门三方签订变更协议或补充合同，将土地受让人变更为项目公司。

（五）办理土地权属登记

项目公司依法办理土地使用权登记。

二、涉及税种

本章主要涉及的税种为：印花税、房产税、个人所得税、企业所得税、契税、城镇土地使用税。

第二节　印花税

一、营业账簿印花税

(一) 案例描述

2018年6月初，税务机关在对企业申报数据进行监控分析时，发现甲房地产开发公司（以下简称甲公司）自年初登记设立以来无印花税申报记录，于是向甲公司发出风险提醒，甲公司反馈信息称2018年4月才开始设置账簿，其中记载资金的账簿1本，账面记载"实收资本"1亿元，"资本公积"为0，其他账簿10本。甲公司打算在6月申报期内申报缴纳记载资金的账簿的印花税，并称根据《财政部　税务总局关于对营业账簿减免印花税的通知》（财税〔2018〕50号）规定，其他账簿印花税不需要贴花。经税务干部宣传辅导后，甲公司财务人员认识到自己对税法的理解有误，按规定补缴了相应的印花税税款。

(二) 风险提示

甲公司启用营业账簿应按以下规定缴纳印花税。

(1) 根据《印花税暂行条例实施细则》第六条规定，《印花税暂行条例》第二条所说的营业账簿，是指单位或者个人记载生产、经营活动的财务会计核算账簿。第七条规定，税目税率表中的记载资金的账簿，是指载有固定资产原值和自有流动资金的总分类账簿，或者专门设置的记载固定资产原值和自有流动资金的账簿。其他账簿，是指除上述账簿以外的账簿,包括日记账簿和各明细分类账簿。

(2)根据《税收征管法》及其实施细则规定,从事生产、经营的纳税人应当自领取营业执照或者发生纳税义务之日起 15 日内,按照国家有关规定设置账簿。账簿是指总账、明细账、日记账以及其他辅助性账簿。总账、日记账应当采用订本式。从事生产、经营的纳税人应当自领取税务登记证件之日起 15 日内,将其财务、会计制度或者财务、会计处理办法报送主管税务机关备案。纳税人使用计算机记账的,应当在使用前将会计电算化系统的会计核算软件、使用说明书及有关资料报送主管税务机关备案。

(3)根据《印花税暂行条例施行细则》第十四条规定,《印花税暂行条例》第七条所说的书立或者领受时贴花,是指在合同的签订时、书据的立据时、账簿的启用时和证照的领受时贴花。

(4)根据《国家税务总局关于资金账簿印花税问题的通知》(国税发〔1994〕25 号)规定,生产经营单位执行"两则"① 后,其"记载资金的账簿"的印花税计税依据改为"实收资本"与"资本公积"两项的合计金额。企业执行"两则"启用新账簿后,其"实收资本"和"资本公积"两项的合计金额大于原已贴花资金的,就增加的部分补贴印花。

(5)根据财税〔2018〕50 号文件规定,自 2018 年 5 月 1 日起,对按 5‰税率贴花的资金账簿减半征收印花税,对按件贴花 5 元的其他账簿免征印花税。

根据上述规定,甲公司"记载资金的账簿"的印花税应在启用时按"实收资本"与"资本公积"两项的合计金额5‰税率贴花,其他账簿按每件 5 元贴花。财税〔2018〕50 号文件规定的免税范围,是 2018 年 5 月 1 日后新启用的账簿,甲公司在 4 月启用的营业账簿并不在免税范围内。

---

① "两则"是指《企业财务通则》和《企业会计准则》。

（三）防控建议

新办企业注册登记后应按规定设置账簿，同时按规定申报缴纳印花税。注册资金实行认缴制后，企业应根据资金到位情况及时做好记载资金的营业账簿印花税申报缴纳，避免涉税风险，因应纳税额较大，企业可在账簿启用次月申报期内申报缴纳。

税务机关可通过企业登记信息与申报信息进行比对，分析企业有无少申报缴纳印花税的风险。

（四）税款计算

本案例中，甲公司记载资金的账簿于2018年4月启用，5月申报期内应申报缴纳印花税 = $10000 \times 5‰ = 5$（万元）；其他账簿应于2018年4月启用时按件贴花，应缴纳印花税 = $5 \times 10 = 50$（元）。

（五）财务核算

1. 计提税款时

借：税金及附加——印花税　　　　　　　　50050
　　贷：应交税费——应交印花税　　　　　　　50050

2. 实际缴纳时

借：应交税费——应交印花税　　　　　　　50050
　　贷：银行存款　　　　　　　　　　　　　50050

期末将"税金及附加"科目余额转入"本年利润"科目后，该科目应无余额。

二、产权转移书据印花税

(一) 签订投资协议应按规定缴纳印花税

1. 案例描述

丙房地产开发公司（以下简称丙公司）为乙公司设立的项目公司，2019年6月25日，丙公司与乙公司签署投资协议，协议明确，乙公司向丙公司投资8.63亿元，其中，7.63亿元为乙公司以持有的土地作价投资入股，1亿元以现金投资入股，协议中价税合并记载，协议双方各执一份。

2. 风险提示

土地作价投资入股属于土地使用权转让行为，乙公司、丙公司双方均应按投资协议中所载土地金额缴纳产权转移书据印花税。

根据财税〔2006〕162号文件规定，对土地使用权出让合同、土地使用权转让合同按产权转移书据征收印花税。根据《印花税暂行条例》第八条规定，同一凭证，由两方或者两方以上当事人签订并各执一份的，应当由各方就所执的一份各自全额贴花。

货币投资不在印花税征税范围，且协议中分别注明了金额，因此，货币投资1亿元不需要缴纳印花税。

3. 防控建议

应税凭证在书立或领受时印花税纳税义务即发生，企业应及时贴花或申报缴纳。

税务机关对丙公司、乙公司可采用不同的方法开展风险分析和应对。对丙公司可通过财务报表、契税申报记录等进行比对分析，发现疑点及时应对；对乙公司可在受理其土地增值税清算申报时一并核对印花税等相关税款有无按规定缴纳。

4. 税款计算

本案例中，乙公司、丙乙公司应于 2019 年 7 月分别申报缴纳产权转移书据印花税，应缴印花税 = 76300 × 5‰ = 38.15（万元）。

5. 财务核算

丙公司的财务处理：

（1）收到股东出资时。

借：银行存款　　　　　　　　　　　　　　100000000
　　无形资产——土地使用权　　　　　　　700000000
　　应交税费——应交增值税（进项税额）　 63000000
　　贷：实收资本　　　　　　　　　　　　863000000

（2）接受的土地使用权投资转做开发成本。

借：开发成本——土地征用及拆迁补偿费　　700000000
　　贷：无形资产——土地使用权　　　　　700000000

（3）缴纳印花税时。

①计提税款。

借：税金及附加——印花税　　　　　　　　　381500
　　贷：应交税费——应交印花税　　　　　　381500

②实际缴纳。

借：应交税费——应交印花税　　　　　　　　381500
　　贷：银行存款　　　　　　　　　　　　　381500

期末将"税金及附加"科目余额转入"本年利润"科目后，该科目应无余额。

（二）签订土地出让合同应按规定缴纳印花税

1. 案例描述

2019年2月，丁公司通过竞价方式与A市自然资源局签订《国有建设用地使用权出让合同》（各执一份），受让1号地块国有建设用地使用权。受让宗地面积12.43万平方米，价款为83600万元。2019年3月5日，丁公司设立项目公司戊公司。2019年3月10日，国有土地主管部门、丁公司和戊公司三方签订《国有建设用地使用权出让合同》的补充合同，将原出让合同受让人丁公司调整为戊公司，原出让合同其他条款内容及要求不变。

2. 风险提示

丁公司、A市自然资源局应按签订的《国有建设用地使用权出让合同》所载金额缴纳产权转移书据印花税。戊公司应按三方签订的《国有建设用地使用权出让合同补充合同》所载金额缴纳产权转移书据印花税。

根据财税〔2006〕162号文件规定，对土地使用权出让合同、土地使用权转让合同按产权转移书据征收印花税。根据《印花税暂行条例》第八条规定，同一凭证，由两方或者两方以上当事人签订并各执一份的，应当由各方就所执的一份各自全额贴花。

根据上述规定，丁公司、A市自然资源局双方各执一份签订的《国有建设用地使用权出让合同》，并分别按合同所载金额计算缴纳产权转移书据印花税；戊公司应按三方签订的《国有建设用地使用权出让合同补充合同》所载金额缴纳产权转移书据印花税，适用税率均为5‰。

3. 防控建议

对于变更土地受让人的三方补充合同是否需要缴纳产权转移书据印花税有两种不同观点：一种观点认为，根据《印花税暂行条例》第九条规定,已贴花的凭证,修改后所载金额增加的,其增加部分应当补贴印花税票。三方补充合同属于对原出让合同主体的变更,修改后的合同所载金额没有增加,因此不需要缴纳印花税。另一种观点认为,三方经协商变更了土地受让人主体,原合同应视作作废,根据《印花税暂行条例》规定,应纳税凭证应当于书立或者领受时贴花;同一凭证,由两方或者两方以上当事人签订并各执一份的,应当由各方就所执的一份各自全额贴花。根据《国家税务局关于印花税若干具体问题的规定》〔(1988)国税地字第25号〕规定,合同签订时即应贴花,履行完税手续。因此,不论合同是否兑现或能否按期兑现,都一律按照规定贴花。所以,合同一经签订纳税义务即发生,即使合同作废也不退已经贴花的印花税,而三方补充合同属于新签订同,三方应各自贴花。

笔者认为,房地产开发行业比较特殊,企业竞得土地后多数要设立项目公司开发受让土地,三方补充合同的签订并不意味着原合同作废,而是修改了土地受让人,原合同的其他条款内容都不变。对于丁公司和政府部门来说,原合同修改后合同所载金额未有增加,因此不需要再补贴花,而戊公司作为一个独立的纳税主体,属于新签订合同,应按规定缴纳产权转移书据印花税。

税务机关在日常服务和管理中,可通过以下两个途径分析企业有无少申报缴纳印花税:

(1) 通过国有土地管理部门官方网站或第三方交换数据获取的企业取得土地信息,与企业申报产权转移书据印花税进行比对。

(2) 通过企业申报的土地契税信息与产权转移书据印花税申报信息进行比对,缴纳契税是办理土地权属证明的前置条件,如有契税申报记录而无产权转移书据印花税申报记录,则企业存在少申报缴纳产权转移书据印花税的风险。

4. 税款计算

本案例中,丁公司、A市自然资源局签订合同应于2019年2月分别贴花或3月分别申报缴纳产权转移书据印花税,应缴产权转移印花税

税额 = 83600 × 5‰ = 41.80（万元）。

戊公司应于2019年3月贴花或4月申报缴纳产权转移书据印花税，应缴产权转移印花税税额 = 83600 × 5‰ = 41.80（万元）。

5. 财务核算

戊公司应做如下财务处理：

（1）计提税款时。

借：税金及附加——印花税　　　　　　　　　418000
　　贷：应交税费——应交印花税　　　　　　　418000

（2）实际缴纳时。

借：应交税费——应交印花税　　　　　　　　418000
　　贷：银行存款　　　　　　　　　　　　　　418000

期末将"税金及附加"科目余额转入"本年利润"科目后，该科目应无余额。

三、财产租赁合同印花税

（一）案例描述

丙房地产开发公司（以下简称丙公司）为新办企业，2019年6月与乙公司签订房屋租赁合同，从7月起承租乙公司500平方米办公用房，合同约定月租金6万元，按季提前15天支付。因属临时租用，租期无法确定，因此，合同未明确租赁期限。2019年12月，丙公司在开发项目附近购买了办公用房，与乙公司签订的房屋租赁合同至12月31日终止，结算租金共计36万元。

（二）风险提示

丙公司和乙公司应在签订租赁合同时先按定额5元贴花，以后结算时再按实际金额计税，补贴印花。

根据（1988）国税地字第25号文件第四条规定，有些合同在签订时无法确定计税金额，如技术转让合同中的转让收入，是按销售收入的一定比例收取或是按实现利润分成的；财产租赁合同，只是规定了月（天）租金标准而却无租赁期限的。对这类合同，可在签订时先按定额5元贴花，以后结算时再按实际金额计税，补贴印花。

（三）防控建议

企业日常经营中，签订的合同种类繁多，容易造成疏漏，因此，应做好记录，定期核对，避免涉税风险。

（四）税款计算

本案例中，乙公司财产租赁合同在合同签订时可先贴花5元，在结算时应补贴花 = 360000 × 1‰ = 360（元）。

第三节 房产税

一、案例描述

甲房地产开发公司（以下简称甲公司）于 2016 年 11 月 10 日登记设立，无租使用乙公司房屋作为办公用房，当月入住，乙公司购入该房屋的房产原值为 225.60 万元。2017 年 5 月，为了便于工作，甲公司在开发项目附近的 C 写字楼购买了两套精装修房，面积 500 平方米，总价 380 万元，土地使用权面积 35 平方米，6 月底办理好交付手续后搬入写字楼办公。（当地规定房产税按原值减除 30% 后的余值计算缴纳，C 写字楼所处位置城镇土地使用税年税额为 9 元/平方米，税款按季申报。）

二、风险提示

甲公司无租使用乙公司房屋与购买的自有房屋，均应按规定申报缴纳房产税，购买的房屋还应按规定申报缴纳城镇土地使用税。

（1）根据《财政部 国家税务总局关于房产税、城镇土地使用税有关问题的通知》（财税〔2009〕128 号）规定，无租使用其他单位房产的应税单位和个人，依照房产余值代缴纳房产税。

（2）根据《中华人民共和国房产税暂行条例》（以下简称《房产税暂行条例》）规定，房产税依照房产原值一次减除 10%～30% 后的余值计算缴纳。具体减除幅度，由省、自治区、直辖市人民政府规定。依据房产余值计税的，税率为 1.2%。

（3）根据国税发〔2003〕89号文件规定，购置新建商品房，自房屋交付使用之次月起计征房产税和城镇土地使用税；出租、出借的房产，自交付出租、出借房产之次月起计征房产税。

根据上述规定，甲公司无租使用乙公司的房屋应于交付出租房产的次月起申报缴纳从价计征房产税。购买的房屋应于交付使用次月起申报缴纳从价计征房产税和城镇土地使用税。

三、防控建议

房地产行业比较特殊，基本一个项目即设立一个公司，很多企业都是一套人马管理多个项目公司，办公场所也都在一起，企业应注意按规定做好房产税申报缴纳工作。

企业注册登记后，应在电子税务局"房土税源信息采集—申报"模块中及时、完整、准确录入房产和土地税源信息。之后如果房产、土地信息发生变化，应及时在电子税务局变更相关信息。

税务机关在纳税评估中可要求企业提供房屋权属证明或者租赁协议，进而核对企业有无按规定申报缴纳房产税。

四、税款计算

本案例中，甲公司应纳房产税和城镇土地使用税计算结果如下。

（一）房产税

甲公司无租使用乙公司房产作为办公用房应于当年12月起代乙公司缴纳房产税；购入的房屋应于当年7月起申报缴纳房产税。

（1）2016年第四季度应缴纳房产税。

代乙公司缴纳房产税 = 225.60 × (1 − 30%) × 1.2% ÷ 12 × 1 = 0.16（万元）

（2）2017年度应缴纳房产税。

代乙公司缴纳房产税 = 225.60 × (1 - 30%) × 1.2% = 1.90（万元）
购买的房屋应缴纳房产税 = 380 × (1 - 30%) × 1.2% ÷ 12 × 6 = 1.60（万元）

（二）城镇土地使用税

甲公司购买的房屋应于2017年7月起缴纳城镇土地使用税，当年应纳税额 = 35 × 9 ÷ 12 × 6 = 157.5（元）。

五、财务核算

1. 计提房产税时

甲公司2016年12月计提房产税：

借：税金及附加——房产税　　　　　　　　16000
　　贷：应交税费——应交房产税　　　　　　　16000

2. 缴纳房产税时

甲公司2017年1月申报缴纳房产税：

借：应交税费——应交房产税　　　　　　　16000
　　贷：银行存款　　　　　　　　　　　　　16000

3. 计提城镇土地使用税时

2017年7月甲公司按月计提城镇土地使用税 = 35 × 9 ÷ 12 × 1 = 26.25（元）

借：税金及附加——城镇土地使用税　　　　26.25
　　贷：应交税费——城镇土地使用税　　　　26.25

4. 缴纳城镇土地使用税时

甲公司申报缴纳 2017 年第三季度城镇土地使用税 = 26.25 × 3 = 78.75（元）

  借：应交税费——城镇土地使用税   78.75
    贷：银行存款   78.75

第四节 城镇土地使用税

一、案例描述

2017年1月，丁房地产开发公司（以下简称丁公司）、丙公司、国有土地主管部门三方签订《国有建设用地使用权出让合同》的补充合同，将A号地块原出让合同受让人丙公司调整为丁公司，原出让合同其他条款内容及要求不变。受让宗地面积12.43万平方米，合同约定将出让宗地交付给受让人的时间为2017年3月27日前，由于种种原因，出让宗地到2017年4月21日才交付给丁公司，期间未与相关部门签署变更出让宗地交付时间的补充合同（该市城镇土地使用税按季缴纳，该地块城镇土地使用税年税额为6元/平方米）。

二、风险提示

丁公司应自2017年4月起申报缴纳受让土地的城镇土地使用税。

根据财税〔2006〕186号文件规定，纳税人以出让或转让方式有偿取得土地使用权的，应从合同约定交付土地时间的次月起按季申报缴纳城镇土地使用税；合同未约定交付土地时间的，从合同签订的次月起缴纳。

企业应在电子税务局"房土税源信息采集—申报"模块中及时维护相关信息。企业申报时需正确填写土地取得时间、坐落地址、面积与对应的税额等级，相关数据需与土地管理部门的出让公告一致。

三、防控建议

出让宗地因拆迁等问题没有解决而无法交付的现象时有发生，企业应在出让宗地无法按期交付前，及时与相关部门沟通，签署补充合同变更出让宗地交付时间，或与当地税务机关沟通，寻求解决办法，避免涉税风险发生。

税务机关可通过国有土地管理部门官方网站或第三方交换数据获取的企业取得土地信息，或者通过企业申报契税信息进行比对，分析企业有无少申报缴纳城镇土地使用税的风险。

四、税款计算

本案例中，丁公司自2017年4月起申报缴纳城镇土地使用税，每月应纳税额 = 12.43 × 6 ÷ 12 = 6.22（万元），第二季度应申报缴纳城镇土地使用税 = 6.22 × 3 = 18.66（万元）。

五、财务核算

1. 按月计提城镇土地使用税时

借：税金及附加——城镇土地使用税　　　　　62200
　　贷：应交税费——应交城镇土地使用税　　　62200

2. 2017年第二季度申报缴纳城镇土地使用税时

借：应交税费——应交城镇土地使用税　　　　186600
　　贷：银行存款　　　　　　　　　　　　　　186600

第五节 契 税

一、案例描述

2017年4月，甲房地产开发公司（以下简称甲公司）通过出让方式取得A地块国有建设用地使用权，土地价款76000万元，合同注明价款不包括城市基础设施配套费。2017年5月，甲公司设立项目公司乙公司开发受让土地，当月甲公司、乙公司与国有土地主管部门签订了《国有建设用地使用权出让合同》补充合同，将土地受让人变更为乙公司。当地契税税率为3%。

二、风险提示

乙公司应按规定申报缴纳契税。

根据《财政部 国家税务总局关于企业以售后回租方式进行融资等有关契税政策的通知》（财税〔2012〕82号）规定，以招拍挂方式出让国有土地使用权的，纳税人为最终与土地管理部门签订出让合同的土地使用权承受人。

根据上述规定，本案例中乙公司应为契税纳税人。

根据《契税暂行条例》规定，乙公司与国有土地主管部门签订《国有建设用地使用权出让合同》的当天即发生契税纳税义务，应于合同签订之日起10日内办理契税纳税申报，如当地税务部门对契税缴纳时间有具体规定，企业应遵照执行。

三、防控建议

企业应及时了解当地对于不包含在合同价款内的城市基础设施配套费等是否计入契税计税价格的相关规定，避免涉税风险。

四、税款计算

2017年5月乙公司应纳契税 = 76000 × 3% = 2280（万元）

五、财务核算

借：开发成本——土地征用及拆迁补偿费　　　　22800000
　　贷：银行存款　　　　　　　　　　　　　　22800000

第六节　个人所得税

一、案例描述

丙房地产开发公司（以下简称丙公司）为2019年1月新办企业，2019年1—12月每月向公司财务部门小王支付工资、薪金13500元，小王每月缴纳"五险一金"2300元，每月享受住房租金和赡养老人专项附加扣除共计1800元，无其他扣除项目。该公司员工工资由人事部门负责发放并计算扣缴个人所得税，因人事部门不熟悉税收政策，经咨询税务机关并在税务干部的辅导下顺利履行了扣缴义务。

二、风险提示

企业开办后会招募员工，进而发生工薪支出、劳务报酬支出等费用，应按规定代扣代缴个人所得税。

根据《国家税务总局关于发布〈个人所得税专项附加扣除操作办法（试行）〉的公告》（国家税务总局公告2018年第60号）、《国家税务总局关于发布〈个人所得税扣缴申报管理办法（试行）〉的公告》（国家税务总局公告2018年第61号）规定，企业在代扣代缴个人所得税时，应注意以下事项：

（1）扣缴义务人向个人支付应税款项时，应当依照《中华人民共和国个人所得税法》（以下简称《个人所得税法》）及《中华人民共和国个人所得税法实施条例》（以下简称《个人所得税法实施条例》）规定预扣或者代扣税款,按时缴库,并专项记载备查。

(2) 扣缴义务人应当按照国家规定办理全员全额扣缴申报,并向纳税人提供其个人所得和已扣缴税款等信息。全员全额扣缴申报,是指扣缴义务人在代扣税款的次月15日内,向主管税务机关报送其支付所得的所有个人的有关信息、支付所得数额、扣除事项和数额、扣缴税款的具体数额和总额,以及其他相关涉税信息资料。

(3) 实行个人所得税全员全额扣缴申报的应税所得包括:

①工资、薪金所得;

②劳务报酬所得;

③稿酬所得;

④特许权使用费所得;

⑤利息、股息、红利所得;

⑥财产租赁所得;

⑦财产转让所得;

⑧偶然所得。

(4) 扣缴义务人首次向纳税人支付所得时,应当依照有关规定,要求纳税人提供纳税人识别号并填报《个人所得税基础信息表(A表)》。

(5) 应纳税所得额的计算:

①居民个人的综合所得,以每一纳税年度的收入额减除费用6万元以及专项扣除、专项附加扣除和依法确定的其他扣除后的余额,为应纳税所得额。(综合所得包括工资、薪金所得;劳务报酬所得;稿酬所得;特许权使用费所得。)

②非居民个人的工资、薪金所得,以每月收入额减除费用5000元后的余额为应纳税所得额;劳务报酬所得、稿酬所得、特许权使用费所得,以每次收入额为应纳税所得额。

③经营所得,以每一纳税年度的收入总额减除成本、费用以及损失后的余额,为应纳税所得额。

④财产租赁所得,每次收入不超过4000元的,减除费用800元;

4000元以上的，减除20%的费用，其余额为应纳税所得额。

⑤财产转让所得，以转让财产的收入额减除财产原值和合理费用后的余额，为应纳税所得额。

⑥利息、股息、红利所得和偶然所得，以每次收入额为应纳税所得额。

劳务报酬所得、稿酬所得、特许权使用费所得以收入减除20%的费用后的余额为收入额。稿酬所得的收入额减按70%计算。

个人将其所得对教育、扶贫、济困等公益慈善事业进行捐赠，捐赠额未超过纳税人申报的应纳税所得额30%的部分，可以从其应纳税所得额中扣除；国务院规定对公益慈善事业捐赠实行全额税前扣除的，从其规定。

专项扣除包括居民个人按照国家规定的范围和标准缴纳的基本养老保险、基本医疗保险、失业保险等社会保险费和住房公积金等；专项附加扣除包括子女教育、继续教育、大病医疗、住房贷款利息或者住房租金、赡养老人等支出，具体范围、标准和实施步骤由国务院确定，并报全国人民代表大会常务委员会备案。

(6) 扣缴义务人每月或者每次预扣、代扣的税款，应当在次月15日内缴入国库，并向税务机关报送《个人所得税扣缴申报表》。扣缴义务人向居民个人支付工资、薪金所得时，应当按照累计预扣法计算预扣税款，并按月办理扣缴申报。

累计预扣法，是指扣缴义务人在一个纳税年度内预扣预缴税款时，以纳税人在本单位截至当前月份工资、薪金所得累计收入减除累计免税收入、累计减除费用、累计专项扣除、累计专项附加扣除和累计依法确定的其他扣除后的余额为累计预扣预缴应纳税所得额，适用《个人所得税预扣率表一》，计算累计应预扣预缴税额，再减除累计减免税额和累计已预扣预缴税额，其余额为本期应预扣预缴税额。余额为负值时，暂不退税。纳税年度终了后余额仍为负值时，由纳税人通过办理综合所得年度汇算清缴，税款多退少补。

具体计算公式如下：

本期应预扣预缴税额=（累计预扣预缴应纳税所得额×预扣率-速算扣除数）-累计减免税额-累计已预扣预缴税额

累计预扣预缴应纳税所得额=累计收入-累计免税收入-累计减除费用-累计专项扣除-累计专项附加扣除-累计依法确定的其他扣除

其中：累计减除费用，按照5000元/月乘以纳税人当年截至本月在本单位的任职受雇月份数计算。

(7) 个人所得税的税率。

①综合所得税率表（见表3-1）。

表3-1 个人所得税税率表（综合所得适用）

级数	全年应纳税所得额	税率（%）	速算扣除数
1	不超过36000元的	3%	0
2	超过36000元至144000元的部分	10%	2520
3	超过144000元至300000元的部分	20%	16920
4	超过300000元至420000元的部分	25%	31920
5	超过420000元至660000元的部分	30%	52920
6	超过660000元至960000元的部分	35%	85920
7	超过960000元的部分	45%	181920

②劳务报酬所得预扣税率表（见表3-2）。

表3-2 个人所得税预扣率表（居民个人劳务报酬所得预扣预缴适用）

级数	预扣预缴应纳税所得额	税率	速算扣除数
1	不超过20000元的	20%	0
2	超过20000元至50000元的部分	30%	2000
3	超过50000元部分	40%	7000

③利息、股息、红利所得，财产租赁所得，财产转让所得和偶然所得，适用比例税率，税率为20%。

三、防控建议

房地产企业因多数都是取得一块土地即设立一个项目公司，同一批员工同时处理多个项目公司的业务，企业应在不同公司之间合理分配人员工资，按规定明细建档并代扣代缴个人所得税。

税务机关可比对企业支付工资企业所得税税前扣除金额与个人所得税代扣代缴数据，如有差异，则企业存在多列支工资或者少扣缴个人所得税风险。

四、税款计算

本案例根据上述规定及公式，计算2019年1—12月丙公司应代扣代缴小王个人所得税如下：

1月：

本期应预扣预缴应纳税所得额 = 13500 − 5000 − 2300 − 1800 = 4400（元）

本期应预扣预缴税额 = 4400 × 3% = 132（元）

2月：

累计预扣预缴应纳税所得额 = 13500 × 2 − 5000 × 2 − 2300 × 2 − 1800 × 2 = 8800（元）

本期应预扣预缴税额 = 8800 × 3% − 132 = 132（元）

3月：

累计预扣预缴应纳税所得额 = 13500 × 3 − 5000 × 3 − 2300 × 3 − 1800 × 3 = 13200（元）

本期应预扣预缴税额 = 13200 × 3% − 264 = 132（元）

按照上述方法以此类推，计算出2019年各月小王预扣预缴个人所得税情况（见表3-3）。

表 3-3　　　　2019 年小王预扣预缴个人所得税情况　　　　　　单位：元

月份	累计工资薪金收入	累计费用扣除标准	累计专项扣除	累计专项附加扣除	应纳税所得额	税率	速算扣除数	累计应纳税额	当月应纳税额
1	13500	5000	2300	1800	4400	3%	0	132	132
2	27000	10000	4600	3600	8800	3%	0	264	132
3	40500	15000	6900	5400	13200	3%	0	396	132
4	54000	20000	9200	7200	17600	3%	0	528	132
5	67500	25000	11500	9000	22000	3%	0	660	132
6	81000	30000	13800	10800	26400	3%	0	792	132
7	94500	35000	16100	12600	30800	3%	0	924	132
8	108000	40000	18400	14400	35200	3%	0	1056	132
9	121500	45000	20700	16200	39600	10%	2520	1440	384
10	135000	50000	23000	18000	44000	10%	2520	1880	440
11	148500	55000	25300	19800	48400	10%	2520	2320	440
12	162000	60000	27600	21600	52800	10%	2520	2760	440

五、财务核算

1. 2019 年 1 月计提工资时

借：管理费用——工资　　　　　　　　　　　　　13500
　　贷：应付职工薪酬——职工工资　　　　　　　　11200
　　　　　　　　　　——养老保险等　　　　　　　　2300

2. 发放工资时

借：应付职工薪酬——职工工资　　　　　　　　　11200
　　贷：银行存款　　　　　　　　　　　　　　　　11068
　　　　应交税费——代扣代缴个人所得税　　　　　　132

3. 缴纳保险时

借：应付职工薪酬——养老保险等　　　　　2300
　　贷：银行存款　　　　　　　　　　　　　　　2300

4. 缴纳个人所得税时

借：应交税费——代扣代缴个人所得税　　　132
　　贷：银行存款　　　　　　　　　　　　　　　132

第七节 企业所得税

一、案例描述

2019年5月底,A市税务局在对2018年度企业所得税汇算清缴情况进行监控时发现,丁房地产开发公司(以下简称丁公司)尚未进行年度企业所得税汇算清缴申报,于是向该公司发出风险提醒,该公司财务人员答复:丁公司于2018年5月登记设立,6月取得国有土地使用权,10月开工建造进入施工阶段,当年只有费用支出,没有收入,尚处于筹建期,因此不需要进行企业所得税汇算清缴。税务人员遂向其介绍,筹建期并不影响所得税汇算清缴申报,且根据A市规定,房地产开发企业以第一个开发项目打下第一根桩基为筹建期的结束,丁公司项目已经进入施工阶段,筹建期已经结束,应按规定确认损益进行年度企业所得税汇算清缴。经税务人员宣传辅导后,丁公司在规定时间内进行了企业所得税汇算清缴申报,消除了涉税风险。

二、风险提示

丁公司无论盈利还是亏损,在纳税年度内均应按规定进行企业所得税预缴申报和年度汇算清缴申报。

根据《中华人民共和国企业所得税法实施条例》(以下简称《企业所得税法实施条例》)第一百二十八条规定,企业在纳税年度内无论盈利或者亏损,都应当依照《中华人民共和国企业所得税法》(以下简称

《企业所得税法》)第五十四条规定的期限,向税务机关报送预缴企业所得税纳税申报表、年度企业所得税纳税申报表、财务会计报告和税务机关规定应当报送的其他有关资料。

根据《国家税务总局关于贯彻落实企业所得税法若干税收问题的通知》(国税函〔2010〕79号)第七条规定,企业自开始生产经营的年度,为开始计算企业损益的年度。企业从事生产经营之前进行筹办活动期间发生筹办费用支出,不得计算为当期的亏损,应按照《国家税务总局关于企业所得税若干税务事项衔接问题的通知》(国税函〔2009〕98号)第九条规定执行,即:"新税法中开(筹)办费未明确列作长期待摊费用,企业可以在开始经营之日的当年一次性扣除,也可以按照新税法有关长期待摊费用的处理规定处理,但一经选定,不得改变。企业在新税法实施以前年度的未摊销完的开办费,也可根据上述规定处理。"

根据《国家税务总局关于企业所得税应纳税所得额若干税务处理问题的公告》(国家税务总局公告2012年第15号)规定,企业在筹建期间,发生的与筹办活动有关的业务招待费支出,可按实际发生额的60%计入企业筹办费,并按有关规定在税前扣除;发生的广告费和业务宣传费,可按实际发生额计入企业筹办费,并按有关规定在税前扣除。

根据《企业所得税法》第十八条规定,企业纳税年度发生的亏损,准予向以后年度结转,用以后年度的所得弥补,但结转年限最长不得超过5年。

三、防控建议

对于生产经营和筹建期如何界定目前有不同的理解。有的以办理营业执照为准,有的以取得第一笔收入为准,有的以开工建设为准。笔者认为,企业筹建期应该是企业登记设立之前,办理好营业执照就意味着企业已经建立,筹建期应该结束。但具体如何界定企业应按照当地税务机关的规定执行。

税务机关可通过分析企业筹建年度企业所得税年度纳税申报表中纳税调整项目明细表的纳税调整项目和期间费用明细表中各项费用发生情况，发现疑点及时应对。

评估应对中可通过查看企业"管理费用""长期待摊费用"和"开发间接费用"等科目，核实企业广告宣传费、业务招待费的处理是否符合规定，纳税调整金额是否准确。

第八节　取得票据要符合规定

一、风险提示

支付土地价款应取得合法有效票据。

（1）根据国家税务总局公告2016年第18号规定，房地产开发企业向政府、土地管理部门支付的地价款应当取得省级以上（含省级）财政部门监（印）制的财政票据，方可在计算增值税销售额时扣除当期销售房地产项目对应的土地价款。

（2）其他途径取得的土地使用权，应当取得增值税专用发票，一是作为企业所得税税前扣除凭证；二是进项税额可以根据《国家税务总局关于取消增值税扣税凭证认证确认期限等增值税征管问题的公告》（国家税务总局公告2019年第45号）规定，在进行增值税纳税申报时，通过本省（自治区、直辖市和计划单列市）增值税发票综合服务平台对上述扣税凭证信息进行用途确认并抵扣，但土地成本不得在增值税销售额中扣除；三是土地增值税清算时可计入扣除项目。

二、防控建议

土地票据涉及增值税、土地增值税和企业所得税的计算扣除，企业应高度重视。其他途径取得的土地使用权若取得了增值税专用发票的，其进项税额可以抵扣，但如果取得是增值税普通发票，在计算增值税销售额时能否扣除当期销售房地产项目对应的土地价款并无相关规定，因此，为了慎重起见，从政府、土地管理部门以外的途径取得的土地使用权应索取增值税专用发票。

第九节 按规定办理增值税一般纳税人登记

一、风险提示

增值税纳税人年应税销售额超过小规模纳税人标准的，应按规定办理增值税一般纳税人登记；未超过小规模纳税人标准的，符合条件的可向主管税务机关申请一般纳税人登记。

根据《增值税一般纳税人登记管理办法》（国家税务总局令第43号，以下简称《一般纳税人登记管理办法》）规定：

（1）增值税纳税人，年应税销售额超过财政部、国家税务总局规定的小规模纳税人标准的，除《一般纳税人登记管理办法》第四条规定外，应当向主管税务机关申请一般纳税人登记。

《一般纳税人登记管理办法》所称年应税销售额，是指纳税人在连续不超过12个月或四个季度的经营期内累计应征增值税销售额，包括纳税申报销售额、稽查查补销售额、纳税评估调整销售额。

销售服务、无形资产或者不动产（以下简称应税行为）有扣除项目的纳税人，其应税行为年应税销售额按未扣除之前的销售额计算。纳税人偶然发生的销售无形资产、转让不动产的销售额，不计入应税行为年应税销售额。

（2）年应税销售额未超过规定标准的纳税人，会计核算健全，能够提供准确税务资料的，可以向主管税务机关办理一般纳税人登记。会计核算健全，是指能够按照国家统一的会计制度规定设置账簿，根据合法、有效凭证进行核算。

（3）下列纳税人不办理一般纳税人登记：

①按照政策规定，选择按照小规模纳税人纳税的；

②年应税销售额超过规定标准的其他个人。

（4）纳税人应当向其机构所在地主管税务机关办理一般纳税人登记手续。

（5）纳税人在年应税销售额超过规定标准的月份（或季度）的所属申报期结束后15日内按照《一般纳税人登记管理办法》第六条或者第七条的规定办理相关手续；未按规定时限办理的，主管税务机关应当在规定时限结束后5日内制作《税务事项通知书》，告知纳税人应当在5日内向主管税务机关办理相关手续；逾期仍不办理的，次月起按销售额依照增值税税率计算应纳税额，不得抵扣进项税额，直至纳税人办理相关手续为止。

（6）纳税人自一般纳税人生效之日起，按照增值税一般计税方法计算应纳税额，并可以按照规定领用增值税专用发票，财政部、国家税务总局另有规定的除外。

生效之日，是指纳税人办理登记的当月1日或者次月1日，由纳税人在办理登记手续时自行选择。

（7）纳税人登记为一般纳税人后，不得转为小规模纳税人，国家税务总局另有规定的除外。

为了贯彻实施《一般纳税人登记管理办法》，《国家税务总局关于增值税一般纳税人登记管理若干事项的公告》（国家税务总局公告2018年第6号）将有关事项告知如下：

（1）《一般纳税人登记管理办法》第二条所称"纳税申报销售额"是指纳税人自行申报的全部应征增值税销售额，其中包括免税销售额和税务机关代开发票销售额。"稽查查补销售额"和"纳税评估调整销售额"计入查补税款申报当月（或当季）的销售额，不计入税款所属期销售额。

（2）《一般纳税人登记管理办法》第八条规定主管税务机关制作的

《税务事项通知书》中,需告知纳税人的内容应当包括:纳税人年应税销售额已超过规定标准,应在收到《税务事项通知书》后5日内向税务机关办理增值税一般纳税人登记手续或者选择按照小规模纳税人纳税的手续;逾期未办理的,自通知时限期满的次月起按销售额依照增值税税率计算应纳税额,不得抵扣进项税额,直至纳税人办理相关手续为止。

根据《财政部 税务总局关于统一增值税小规模纳税人标准的通知》(财税〔2018〕33号)规定,自2018年5月1日起,增值税小规模纳税人标准为年应征增值税销售额500万元及以下。

二、防控建议

增值税一般纳税人登记关系到今后一系列涉及增值税的税收业务,企业应根据国家税务总局和当地税务机关的规定,及时办理好登记,避免影响正常经营业务的开展。

税务机关应加强税收宣传和服务,对于应申请而未申请的纳税人,应及时发出涉税提醒,帮助企业消除涉税风险。

第十节 首次申领增值税发票的相关规定

一、风险提示

根据《国家税务总局关于新办纳税人首次申领增值税发票有关事项的公告》（国家税务总局公告2018年第29号）有关规定，增值税发票的申领规定如下：

（1）同时满足下列条件的新办纳税人首次申领增值税发票，主管税务机关应当自受理申请之日起2个工作日内办结，有条件的主管税务机关当日办结：

①纳税人的办税人员、法定代表人已经进行实名信息采集和验证（需要采集、验证法定代表人实名信息的纳税人范围由各省税务机关确定）；

②纳税人有开具增值税发票需求，主动申领发票；

③纳税人按照规定办理税控设备发行等事项。

（2）新办纳税人首次申领增值税发票主要包括发票票种核定、增值税专用发票（增值税税控系统）最高开票限额审批、增值税税控系统专用设备初始发行、发票领用等涉税事项。

（3）税务机关为符合上述第（1）项规定的首次申领增值税发票的新办纳税人办理发票票种核定，增值税专用发票最高开票限额不超过10万元，每月最高领用数量不超过25份；增值税普通发票最高开票限额不超过10万元，每月最高领用数量不超过50份。各省税务机关可以在此范围内结合纳税人税收风险程度，自行确定新办纳税人首次申领增值税发票票种核定标准。

二、防控建议

房地产开发企业情况比较特殊，其首次增值税申领发票时间为预售环节，发票使用量非常大，按一般新办企业的领用数量难以满足业务需求，企业应在首次申领发票之前及时与主管税务机关沟通，说明情况，按规定办理增量业务，以免影响正常业务的开展。

第四章

开发建设

房地产开发建设环节主要分四个阶段：

第一阶段为前期准备阶段，主要开展规划、设计、可行性研究和水文、地质勘探、测绘、"三通一平"等。

第二阶段为建筑安装阶段，主要开展项目建筑工程（土方、桩基、主体建造等）和安装工程（外立面、门窗、电梯、水电气、装修等）建设。

第三阶段为基础设施建设阶段，主要包括开发项目内道路、供水、供电、供气、排污、排洪、通讯、照明等社区管网工程及环境卫生、园林绿化等工程。

第四阶段为公共配套设施建设阶段，主要为开发项目内独立的、非营利的，产权属于全体业主或无偿赠与地方政府、公用事业单位的公共配套设施。公共配套设施建设可单独进行，也可与上述阶段同步进行。

第一节　主要涉税事项及税种

一、涉税事项

（一）取得各类许可

房地产项目开发建设过程中，在不同阶段，必须取得不同行政许可或者办理有关手续。例如，在项目准备时，应取得立项批文，用地应取得建设用地规划许可，项目施工前应取得建设工程规划许可、建筑施工许可等。

（二）签订各类合同

房地产项目开发建设需要投入大量资金，需要与方方面面的企业建立合作关系。在此过程中，要签订大量的合同、协议以及各类文件。

（三）购买各类材料

购买各类材料主要是指购买各种建造用甲供材料。为降低成本、保证质量，不少房地产开发企业对于部分建筑材料采用集团统一购销方式。

（四）取得各类发票

在项目建设过程中，要发生各种类型的支出，企业应按规定取得各类发票或者合法有效凭证。

（五）项目开工建设

项目开工建设主要是指项目施工建设，同时开展施工进度、施工质量、环境安全等管理活动。

二、涉及税种

本章主要涉及的税种为：印花税、城镇土地使用税、增值税、契税、环境保护税、企业所得税、土地增值税。

第二节 印花税

房地产开发企业经营过程中会涉及大量应税凭证，而开发建设环节则更加集中，如不加强管理则容易产生涉税风险。

一、案例描述

甲房地产开发公司（以下简称甲公司）为增值税一般纳税人，开发的 A 项目已进入施工阶段，2019 年 3 月发生如下业务：

（1）与乙贸易公司签订建筑材料购销合同，合同金额为 5000 万元；

（2）与丙建筑公司签订建筑工程承包合同，合同金额为 7500 万元；

（3）与丁运输公司签订货物运输合同，合同金额为 50 万元；

（4）与某银行签订周转性借款合同，合同规定年度内借款最高限额为 1000 万元，由甲公司随借随还；

（5）为了堆放购入材料，与附近街道签订房屋租赁合同，年租金 10 万元，租期 3 年。

二、风险提示

甲公司签订的各类应税合同应按规定缴纳印花税。

根据《印花税暂行条例》及其实施细则规定，在中华人民共和国境内书立、领受印花税条例所列举凭证的单位和个人，都是印花税的纳税义务人，应纳税凭证应当于书立或者领受时贴花，下列凭证为应纳税凭证：

（1）购销、加工承揽、建设工程勘察设计合同、建设工程承包、财产租赁、货物运输、仓储保管、借款、财产保险、技术合同或者具有合同性质的凭证；

（2）产权转移书据；

（3）营业账簿；

（4）权利、许可证照；

（5）经财政部确定征税的其他凭证。

根据《国家税务局关于对借款合同贴花问题的具体规定》[（1988）国税地字第30号]第二条"关于对流动资金周转性借款合同的贴花问题"的规定，借贷双方签订的流动资金周转性借款合同，一般按年（期）签订，规定最高限额，借款人在规定的期限和最高限额内随借随还。为此，在签订流动资金周转借款合同时，应按合同规定的最高借款限额计税贴花。以后，只要在限额内随借随还，不再签新合同的，就不另贴印花。

根据《国家税务总局关于发布〈印花税管理规程（试行）〉的公告》（国家税务总局公告2016年第77号）规定，纳税人应当如实提供、妥善保存印花税应纳税凭证（以下简称"应纳税凭证"）等有关纳税资料，统一设置、登记和保管《印花税应纳税凭证登记簿》（以下简称《登记簿》），及时、准确、完整记录应纳税凭证的书立、领受情况。

《登记簿》的内容包括：应纳税凭证种类、应纳税凭证编号、凭证书立各方（或领受人）名称、书立（领受）时间、应纳税凭证金额、件数等。

三、防控建议

在实务中，企业签订的应纳税凭证种类多、业务频繁，容易产生涉税风险，尤其是进入开发建设环节，企业应统一设置、登记和保管《登记簿》，将签订的应税合同分类、逐笔进行登记，并按规定及时贴花或纳税申报，避免涉税风险。

印花税因税目多、业务频繁、难以比对，一直是税源监控的难点，税务机关可通过加强税收宣传，制作简便的税目税率表供企业财务人员使用，从而提高税收遵从，减少企业涉税风险。

四、税款计算

本案例中，甲公司 2019 年 3 月发生的业务应申报缴纳印花税如下：

购销合同 = 50000000 × 3‰ = 15000（元）

建筑安装工程承包合同 = 75000000 × 3‰ = 22500（元）

货物运输合同 = 500000 × 5‰ = 250（元）

借款合同 = 10000000 × 0.5‰ = 500（元）

财产租赁合同 = 100000 × 3 × 1‰ = 300（元）

甲公司 2019 年 3 月应申报缴纳印花税 = 15000 + 22500 + 250 + 500 + 300 = 38550（元）

五、财务核算

1. 计提印花税时

借：税金及附加——印花税　　　　　　　　　38550

　　贷：应交税费——应交印花税　　　　　　　38550

2. 缴纳印花税时

借：应交税费——应交印花税　　　　　　　　38550

　　贷：银行存款　　　　　　　　　　　　　　38550

第三节 城镇土地使用税

一、案例描述

某市税务机关在对乙房地产开发公司（以下简称乙公司）进行风险应对时发现，自2019年1月起，乙公司为堆放建筑材料而向附近村委会租用了土地面积2200平方米的场地，年租金15万元，租期3年，该场地的土地性质为集体所有建设用地，乙公司未按规定缴纳城镇土地使用税。（该市城镇土地使用税按年缴纳，该地块城镇土地使用税年税额为10元/平方米。）

二、风险提示

乙公司租用集体所有建设用地应按规定缴纳城镇土地使用税。

根据《财政部 税务总局关于承租集体土地城镇土地使用税有关政策的通知》（财税〔2017〕29号）规定，在城镇土地使用税征税范围内，承租集体所有建设用地的，由直接从集体经济组织承租土地的单位和个人，缴纳城镇土地使用税。因此，乙公司向村委会租用的场地应由乙公司缴纳城镇土地使用税。

三、防控建议

企业在日常经营活动中应注意提高纳税意识，凡是经营业务，都应了解一下是否涉及税收，以避免涉税风险发生。

税务机关在日常管理和风险应对中，应关注企业签订的各类合同，在核查印花税的同时，了解合同相关内容，进而核实有无其他税种涉税风险。

四、税款计算

本案例中，乙公司租赁集体所有建设用地2019年度应缴纳城镇土地使用税 $=2200\times10\div12\times11=20166.67$（元）。

五、财务核算

1. 计提城镇土地使用税时

借：税金及附加——城镇土地使用税　　　　20166.67
　　贷：应交税费——应交城镇土地使用税　　20166.67

2. 缴纳城镇土地使用税时

借：应交税费——应交城镇土地使用税　　　20166.67
　　贷：银行存款　　　　　　　　　　　　　20166.67

第四节 增值税

一、施工现场水电费的处理要符合规定

（一）案例描述

税务机关在对甲房地产开发公司（以下简称甲公司）开展风险应对中发现，该公司2019年开发成本中列支有水费52.41万元（不含税），其中47.3万元为工地使用；电费173.62万元（不含税），其中141.2万元为工地使用，均取得了增值税专用发票。经进一步核实，甲公司与施工方签订的工程承包合同中约定，施工现场的水电费由施工方承担，包含在合同总价款中。但因水表、电表开户方为甲公司，所以双方实际采取的操作方法是：由甲公司向自来水公司、电力公司缴纳水电费，自来水公司、电力公司开具的增值税专用发票由甲公司计入开发成本，进项税额留抵；合同总价款中的水电费部分甲公司不再支付给施工方，施工方也不再开具建筑服务发票给甲公司。（自来水公司、电力公司均为增值税一般纳税人。）

（二）风险提示

甲公司存在销售自来水、电力未按规定开具发票，未按规定确认收入的风险。施工方存在未按规定全额开具建筑服务发票，未按规定全额确认收入的风险。

增值税是以商品（含应税劳务）在流转过程中产生的增值额作为

计税依据而征收的一种流转税。从计税原理上说，增值税是对商品生产、流通、劳务服务中多个环节的新增价值或商品的附加值征收的一种流转税，有增值才征税，没增值不征税。而本案例中，双方合同约定水电费由施工方承担，施工方应该取得水电费增值税专用发票并可以抵扣进项税额，但因发票开给了甲公司，造成施工方没有增值税专用发票抵扣进项税额，抵扣链条断裂。而甲公司取得的水电费增值税专用发票中含有施工现场发生的不属于甲公司抵扣范围的进项税额。

（三）防控建议

对于施工现场实际发生的水电费，建设方应作转售处理，开具增值税专用发票给施工方，同时购进的水电费进项税额可以抵扣。

税务机关在日常服务和管理中，应关注企业水电费的处理是否符合规定。开发项目水电费开户名为建设方，使用者和费用承担者为施工方的现象比较普遍，除了本案例中所述的错误做法外，也有部分房地产企业支付水电费后，既不抵扣水电费进项税额也不开具增值税发票给施工方，这也是一种不规范的做法，税务机关应提醒企业予以纠正。

（四）税款计算

甲公司应开具增值税专用发票给施工方，并计算增值税销项税额（为了便于计算，增值税采用最新税率）。

水费销项税额 = 47.3 × 9% = 4.26（万元）

电费销项税额 = 141.2 × 13% = 18.36（万元）

销项税额合计 = 4.26 + 18.36 = 22.62（万元）

（五）财务核算

借：其他业务支出　　　　　　　　　　　　　　　1885000
　　应交税费——应交增值税（进项税额）　　　　 226200
　　贷：银行存款　　　　　　　　　　　　　　　 2111200
借：应收账款　　　　　　　　　　　　　　　　　2111200

贷：其他业务收入 1885000
　　　应交税费——应交增值税（销项税额） 226200

二、取得增值税扣税凭证应符合规定

（一）案例描述

2019年8月，主管税务机关接到对乙房地产开发公司（以下简称乙公司）取得发票开展协查的任务，税务机关在核查中发现如下问题：2018年7月乙公司支付办公场所房屋租赁费20万元（其中进项税额1.82万元），取得的租赁发票备注栏没有注明不动产详细地址；2018年10月因未履行合同而支付的违约金10万元取得了增值税专用发票（其中进项税额0.29万元）；2018年12月取得的建筑服务发票中，有两张备注栏没有注明建筑劳务发生地名称和项目名称，金额合计150万元（其中进项税额13.64万元）。以上发票的进项税额合计15.75万元，乙公司均已申报抵扣。

（二）风险提示

乙公司取得的增值税扣税凭证应符合法律、行政法规或者国家税务总局有关规定。

根据《中华人民共和国增值税暂行条例》（以下简称《增值税暂行条例》）、财税〔2016〕36号文件、《国家税务总局关于增值税发票开具有关问题的公告》（国家税务总局公告2017年第16号）及《国家税务总局关于全面推开营业税改征增值税试点有关税收征收管理事项的公告》（国家税务总局公告2016年第23号）相关规定，纳税人取得的增值税扣税凭证不符合法律、行政法规或者国家税务总局有关规定的，其进项税额不得从销项税额中抵扣。增值税扣税凭证，包括增值税专用发票、海关进口增值税专用缴款书；纳税人凭完税凭证抵扣进项税额的，应当具备书面合同、付款证明和境外单位的对账单或者发票。资料不全的，其进项税额不得从销项税额中抵扣；不得抵扣的进项税额应进行进项税额转出处理。

（三）防控建议

在开工建设环节，是企业支出与取得发票比较集中的阶段，企业应根据《发票管理办法》《中华人民共和国发票管理办法实施细则》（以下简称《发票管理办法实施细则》）及其他有关规定准确适用税率或征收率，准确进行价税分离，准确取得差额征税发票。

取得增值税扣税凭证不符合规定的主要有如下情形：

（1）增值税扣税凭证不属于法定的增值税扣税凭证范围；
（2）汇总开具增值税发票销售清单不符合规定；
（3）发票专用章不符合规定；
（4）备注栏未按规定填写；
（5）虚开或开具与实际内容不符的增值税扣税凭证；
（6）税率或征收率不符合规定；
（7）扣税凭证资料不全；
（8）不属于增值税应税行为的却开具了增值税专用发票；
（9）增值税专用发票的开具不符合规定；
（10）走逃（失联）企业开具的增值税扣税凭证。

本案例中，乙公司取得发票主要存在如下问题：租赁发票、建筑服务发票的备注栏未按规定填写，取得的违约金发票属于未发生增值税应税行为，因此，以上发票均不符合相关规定。对于租赁发票和建筑服务发票，乙公司可通过换开发票的方式予以解决。

（四）税款计算

本案例中，若租赁和建筑服务未取得换开的发票，乙公司取得的上述增值税专用发票的进项税额均不得抵扣，应作进项税额转出处理，转出税额合计15.75万元。

（五）财务核算

借：管理费用　　　　　　　　　　　　　　21100
　　主营业务成本　　　　　　　　　　　　136400
　　贷：应交税费——应交增值税（进项税额转出）　157500

三、企业集团内单位（含企业集团）之间的资金无偿借贷行为，免征增值税

（一）风险提示

房地产企业集团内部的资金借贷行为可适用免征增值税政策。

根据《财政部　税务总局关于明确养老机构免征增值税等政策的通知》（财税〔2019〕20号）规定，自2019年2月1日至2020年12月31日，对企业集团内单位（含企业集团）之间的资金无偿借贷行为，免征增值税。

财税〔2019〕20号文件自发布之日起执行，此前已发生未处理的事项，按该通知规定执行。

（二）防控建议

1. 无偿借贷和统借统还不可混淆

根据财税〔2016〕36号文件附件3《营业税改征增值税试点过渡政策的规定》规定，统借统还业务中，企业集团或企业集团中的核心企业以及集团所属财务公司按不高于支付给金融机构的借款利率水平或者支付的债券票面利率水平，向企业集团或者集团内下属单位收取的利息免征增值税。

财税〔2019〕20号文件规定的集团内（含企业集团）之间的资金无偿借贷行为不同于"统借统还"。两者的区别：一是前者无偿后者有

偿，不可混淆；二是资金来源前者没有要求而后者明确从金融机构借款或对外发行债券取得；三是对资金流向前者没要求，而后者的资金借入、分拨使用、利息收取、利息偿还等有严格的管理程序和流程要求。

2. 取消企业集团核准登记后，"集团"如何把握

《国家市场监督管理总局关于做好取消企业集团核准登记等4项行政许可等事项衔接工作的通知》（国市监企注〔2018〕139号）第一条规定，取消企业集团核准登记后，集团母公司应当将企业集团名称及集团成员信息通过国家企业信用信息公示系统向社会公示。该文件下发前已经取得《企业集团登记证》的，可以不再公示。

税务机关在服务和管理中，应根据国市监企注〔2018〕139号文件的规定来判定企业是否符合财税〔2019〕20号文件的规定，是否属于企业集团内单位（含企业集团）之间的资金无偿借贷行为。

四、增值税会计处理

（一）增值税会计处理基本规定

为进一步规范增值税会计处理，促进财税〔2016〕36号文件的贯彻落实，财政部制定了财会〔2016〕22号文件。该文件与房地产企业相关的主要内容如下：

1. 会计科目及专栏设置

增值税一般纳税人应当在"应交税费"科目下设置"应交增值税""未交增值税""预交增值税""待抵扣进项税额""待转销项税额""增值税留抵税额""简易计税""转让金融商品应交增值税""代扣代交增值税"等明细科目。

（1）增值税一般纳税人应在"应交增值税"明细账内设置"进项税额""销项税额抵减""已交税金""转出未交增值税""减免税款"

"出口抵减内销产品应纳税额""销项税额""出口退税""进项税额转出""转出多交增值税"等专栏。其中：

①"进项税额"专栏，记录一般纳税人购进货物、加工修理修配劳务、服务、无形资产或不动产而支付或负担的、准予从当期销项税额中抵扣的增值税额；

②"销项税额抵减"专栏，记录一般纳税人按照现行增值税制度规定因扣减销售额而减少的销项税额；

③"已交税金"专栏，记录一般纳税人当月已缴纳的应交增值税额；

④"转出未交增值税"和"转出多交增值税"专栏，分别记录一般纳税人月度终了转出当月应缴未缴或多缴的增值税额；

⑤"减免税款"专栏，记录一般纳税人按现行增值税制度规定准予减免的增值税额；

⑥"销项税额"专栏，记录一般纳税人销售货物、加工修理修配劳务、服务、无形资产或不动产应收取的增值税额；

⑦"进项税额转出"专栏，记录一般纳税人购进货物、加工修理修配劳务、服务、无形资产或不动产等发生非正常损失以及其他原因而不应从销项税额中抵扣、按规定转出的进项税额。

(2)"未交增值税"明细科目，核算一般纳税人月度终了从"应交增值税"或"预交增值税"明细科目转入当月应缴未缴、多缴或预缴的增值税额，以及当月缴纳以前期间未缴的增值税额。

(3)"预交增值税"明细科目，核算一般纳税人转让不动产、提供不动产经营租赁服务、提供建筑服务、采用预收款方式销售自行开发的房地产项目等，以及其他按现行增值税制度规定应预缴的增值税额。

(4)"待抵扣进项税额"明细科目，核算一般纳税人已取得增值税扣税凭证并经税务机关认证，按照现行增值税制度规定准予以后期间从销项税额中抵扣的进项税额。包括：一般纳税人自2016年5月1日后取得并按固定资产核算的不动产或者2016年5月1日后取得的不动产在建工程，按现行增值税制度规定准予以后期间从销项税额中抵扣的进项税额；实行纳税辅导期管理的一般纳税人取得的尚未交叉稽核比对的增值税扣税凭证上注明或计算的进项税额。

（5）"待转销项税额"明细科目，核算一般纳税人销售货物、加工修理修配劳务、服务、无形资产或不动产，已确认相关收入（或利得）但尚未发生增值税纳税义务而需于以后期间确认为销项税额的增值税额。

（6）"增值税留抵税额"明细科目，核算兼有销售服务、无形资产或者不动产的原增值税一般纳税人，截止到纳入营改增试点之日前的增值税期末留抵税额按照现行增值税制度规定不得从销售服务、无形资产或不动产的销项税额中抵扣的增值税留抵税额。

（7）"简易计税"明细科目，核算一般纳税人采用简易计税方法发生的增值税计提、扣减、预缴、缴纳等业务。

小规模纳税人只需在"应交税费"科目下设置"应交增值税"明细科目，不需要设置上述专栏及除"转让金融商品应交增值税""代扣代交增值税"外的明细科目。

2. 账务处理

（1）取得资产或接受劳务等业务的账务处理。

①采购等业务进项税额允许抵扣的账务处理。一般纳税人购进货物、加工修理修配劳务、服务、无形资产或不动产，按应计入相关成本费用或资产的金额，借记"在途物资"或"原材料""库存商品""生产成本""无形资产""固定资产""管理费用"等科目，按当月已认证的可抵扣增值税额，借记"应交税费——应交增值税（进项税额）"科目，按当月未认证的可抵扣增值税额，借记"应交税费——待认证进项税额"科目，按应付或实际支付的金额，贷记"应付账款""应付票据""银行存款"等科目。发生退货的，如原增值税专用发票已做认证，应根据税务机关开具的红字增值税专用发票做相反的会计分录；如原增值税专用发票未做认证，应将发票退回并做相反的会计分录。

②采购等业务进项税额不得抵扣的账务处理。一般纳税人购进货

物、加工修理修配劳务、服务、无形资产或不动产，用于简易计税方法计税项目、免征增值税项目、集体福利或个人消费等，其进项税额按照现行增值税制度规定不得从销项税额中抵扣的，取得增值税专用发票时，应借记相关成本费用或资产科目，借记"应交税费——待认证进项税额"科目，贷记"银行存款""应付账款"等科目，经税务机关认证后，应借记相关成本费用或资产科目，贷记"应交税费——应交增值税（进项税额转出）"科目。

③购进不动产或不动产在建工程按规定进项税额分年抵扣的账务处理。一般纳税人自2016年5月1日后取得并按固定资产核算的不动产或者2016年5月1日后取得的不动产在建工程，其进项税额按现行增值税制度规定自取得之日起分2年从销项税额中抵扣的，应当按取得成本，借记"固定资产""在建工程"等科目，按当期可抵扣的增值税额，借记"应交税费——应交增值税（进项税额）"科目，按以后期间可抵扣的增值税额，借记"应交税费——待抵扣进项税额"科目，按应付或实际支付的金额，贷记"应付账款""应付票据""银行存款"等科目。尚未抵扣的进项税额待以后期间允许抵扣时，按允许抵扣的金额，借记"应交税费——应交增值税（进项税额）"科目，贷记"应交税费——待抵扣进项税额"科目。

④货物等已验收入库但尚未取得增值税扣税凭证的账务处理。一般纳税人购进的货物等已到达并验收入库，但尚未收到增值税扣税凭证并未付款的，应在月末按货物清单或相关合同协议上的价格暂估入账，不需要将增值税的进项税额暂估入账。下月初，用红字冲销原暂估入账金额，待取得相关增值税扣税凭证并经认证后，按应计入相关成本费用或资产的金额，借记"原材料""库存商品""固定资产""无形资产"等科目，按可抵扣的增值税额，借记"应交税费——应交增值税（进项税额）"科目，按应付金额，贷记"应付账款"等科目。

⑤小规模纳税人采购等业务的账务处理。小规模纳税人购买物资、服务、无形资产或不动产，取得增值税专用发票上注明的增值税应计入相关成本费用或资产，不通过"应交税费——应交增值税"科目核算。

⑥购买方作为扣缴义务人的账务处理。按照现行增值税制度规定，境外单位或个人在境内发生应税行为，在境内未设有经营机构的，以购买方为增值税扣缴义务人。境内一般纳税人购进服务、无形资产或不动产，按应计入相关成本费用或资产的金额，借记"生产成本""无形资产""固定资产""管理费用"等科目，按可抵扣的增值税额，借记"应交税费——进项税额"科目（小规模纳税人应借记相关成本费用或资产科目），按应付或实际支付的金额，贷记"应付账款"等科目，按应代扣代缴的增值税额，贷记"应交税费——代扣代交增值税"科目。实际缴纳代扣代缴增值税时，按代扣代缴的增值税额，借记"应交税费——代扣代交增值税"科目，贷记"银行存款"科目。

（2）销售等业务的账务处理。

①销售业务的账务处理。企业销售货物、加工修理修配劳务、服务、无形资产或不动产，应当按应收或已收的金额，借记"应收账款""应收票据""银行存款"等科目，按取得的收入金额，贷记"主营业务收入""其他业务收入""固定资产清理""工程结算"等科目，按现行增值税制度规定计算的销项税额（或采用简易计税方法计算的应纳增值税额），贷记"应交税费——应交增值税（销项税额）"或"应交税费——简易计税"科目（小规模纳税人应贷记"应交税费——应交增值税"科目）。发生销售退回的，应根据按规定开具的红字增值税专用发票做相反的会计分录。

按照国家统一的会计制度确认收入或利得的时点早于按照增值税制度确认增值税纳税义务发生时点的，应将相关销项税额计入"应交税费——待转销项税额"科目，待实际发生纳税义务时再转入"应交税费——应交增值税（销项税额）"或"应交税费——简易计税"科目。

按照增值税制度确认增值税纳税义务发生时点早于按照国家统一的会计制度确认收入或利得的时点的，应将应纳增值税额，借记"应收账款"科目，贷记"应交税费——应交增值税（销项税额）"或"应交税费——简易计税"科目，按照国家统一的会计制度确认收入或利得时，应按扣除增值税销项税额后的金额确认收入。

②视同销售的账务处理。企业发生税法上视同销售的行为，应当按照企业会计准则制度相关规定进行相应的会计处理，并按照现行增值税制度规定计算的销项税额（或采用简易计税方法计算的应纳增值税额），借记"应付职工薪酬""利润分配"等科目，贷记"应交税费——应交增值税（销项税额）"或"应交税费——简易计税"科目（小规模纳税人应计入"应交税费——应交增值税"科目）。

③全面试行营业税改征增值税前已确认收入，此后产生增值税纳税义务的账务处理。企业营业税改征增值税前已确认收入，但因未产生营业税纳税义务而未计提营业税的，在达到增值税纳税义务时点时，企业应在确认应交增值税销项税额的同时冲减当期收入；已经计提营业税且未缴纳的，在达到增值税纳税义务时点时，应借记"应交税费——应交营业税""应交税费——应交城市维护建设税""应交税费——应交教育费附加"等科目，贷记"主营业务收入"科目，并根据调整后的收入计算确定计入"应交税费——待转销项税额"科目的金额，同时冲减收入。

全面试行营业税改征增值税后，"营业税金及附加"科目名称调整为"税金及附加"科目，该科目核算企业经营活动发生的消费税、城市维护建设税、资源税、教育费附加及房产税、城镇土地使用税、车船税、印花税等相关税费；利润表中的"营业税金及附加"项目调整为"税金及附加"项目。

（3）差额征税的账务处理。

企业发生相关成本费用允许扣减销售额的账务处理。按现行增值税制度规定企业发生相关成本费用允许扣减销售额的，发生成本费用时，按应付或实际支付的金额，借记"主营业务成本""存货""工程施工"等科目，贷记"应付账款""应付票据""银行存款"等科目。待取得合规增值税扣税凭证且纳税义务发生时，按照允许抵扣的税额，借记"应交税费——应交增值税（销项税额抵减）"或"应交税费——简易计税"科目（小规模纳税人应借记"应交税费——应交增值税"科目），贷记"主营业务成本""存货""工程施工"等科目。

(4) 进项税额抵扣情况发生改变的账务处理。

因发生非正常损失或改变用途等，原已计入进项税额、待抵扣进项税额或待认证进项税额，但按现行增值税制度规定不得从销项税额中抵扣的，借记"待处理财产损溢""应付职工薪酬""固定资产""无形资产"等科目，贷记"应交税费——应交增值税（进项税额转出）""应交税费——待抵扣进项税额"或"应交税费——待认证进项税额"科目；原不得抵扣且未抵扣进项税额的固定资产、无形资产等，因改变用途等用于允许抵扣进项税额的应税项目的，应按允许抵扣的进项税额，借记"应交税费——应交增值税（进项税额）"科目，贷记"固定资产""无形资产"等科目。固定资产、无形资产等经上述调整后，应按调整后的账面价值在剩余尚可使用寿命内计提折旧或摊销。

一般纳税人购进时已全额计提进项税额的货物或服务等转用于不动产在建工程的，对于结转以后期间的进项税额，应借记"应交税费——待抵扣进项税额"科目，贷记"应交税费——应交增值税（进项税额转出）"科目。

(5) 月末转出多缴增值税和未缴增值税的账务处理。

月度终了，企业应当将当月应缴未缴或多缴的增值税自"应交增值税"明细科目转入"未交增值税"明细科目。对于当月应缴未缴的增值税，借记"应交税费——应交增值税（转出未交增值税）"科目，贷记"应交税费——未交增值税"科目；对于当月多缴的增值税，借记"应交税费——未交增值税"科目，贷记"应交税费——应交增值税（转出多交增值税）"科目。

(6) 缴纳增值税的账务处理。

①缴纳当月应缴增值税的账务处理。企业缴纳当月应缴的增值税，借记"应交税费——应交增值税（已交税金）"科目（小规模纳税人应借记"应交税费——应交增值税"科目），贷记"银行存款"科目。

②缴纳以前期间未缴增值税的账务处理。企业缴纳以前期间未缴的增值税，借记"应交税费——未交增值税"科目，贷记"银行存款"

科目。

③预缴增值税的账务处理。企业预缴增值税时，借记"应交税费——预交增值税"科目，贷记"银行存款"科目。月末，企业应将"预交增值税"明细科目余额转入"未交增值税"明细科目，借记"应交税费——未交增值税"科目，贷记"应交税费——预交增值税"科目。房地产开发企业等在预缴增值税后，应直至纳税义务发生时方可从"应交税费——预交增值税"科目结转至"应交税费——未交增值税"科目。

④减免增值税的账务处理。对于当期直接减免的增值税，借记"应交税费——应交增值税（减免税款）"科目，贷记损益类相关科目。

（7）增值税期末留抵税额的账务处理。

纳入营改增试点当月月初，原增值税一般纳税人应按不得从销售服务、无形资产或不动产的销项税额中抵扣的增值税留抵税额，借记"应交税费——增值税留抵税额"科目，贷记"应交税费——应交增值税（进项税额转出）"科目。待以后期间允许抵扣时，按允许抵扣的金额，借记"应交税费——应交增值税（进项税额）"科目，贷记"应交税费——增值税留抵税额"科目。

（8）增值税税控系统专用设备和技术维护费用抵减增值税额的账务处理。

按现行增值税制度规定，企业初次购买增值税税控系统专用设备支付的费用以及缴纳的技术维护费允许在增值税应纳税额中全额抵减的，按规定抵减的增值税应纳税额，借记"应交税费——应交增值税（减免税款）"科目（小规模纳税人应借记"应交税费——应交增值税"科目），贷记"管理费用"等科目。

（9）关于小微企业免征增值税的会计处理规定。

小微企业在取得销售收入时，应当按照税法的规定计算应缴增值税，并确认为应缴税费，在达到增值税制度规定的免征增值税条件时，将有关应缴增值税转入当期损益。

3. 财务报表相关项目列示

"应交税费"科目下的"应交增值税""未交增值税""待抵扣进项税额""增值税留抵税额"等明细科目期末借方余额应根据情况，在资产负债表中的"其他流动资产"或"其他非流动资产"项目列示；"应交税费——待转销项税额"等科目期末贷方余额应根据情况，在资产负债表中的"其他流动负债"或"其他非流动负债"项目列示；"应交税费"科目下的"未交增值税""简易计税""转让金融商品应交增值税""代扣代交增值税"等科目期末贷方余额应在资产负债表中的"应交税费"项目列示。

需要说明的是，关于增值税扣税凭证认证确认期限，根据国家税务总局公告2019年第45号第一条规定，增值税一般纳税人取得2017年1月1日及以后开具的增值税专用发票、海关进口增值税专用缴款书、机动车销售统一发票、收费公路通行费增值税电子普通发票，取消认证确认、稽核比对、申报抵扣的期限。纳税人在进行增值税纳税申报时，应当通过本省（自治区、直辖市和计划单列市）增值税发票综合服务平台对上述扣税凭证信息进行用途确认。

增值税一般纳税人取得2016年12月31日及以前开具的增值税专用发票、海关进口增值税专用缴款书、机动车销售统一发票，超过认证确认、稽核比对、申报抵扣期限，但符合规定条件的，仍可按照《国家税务总局关于逾期增值税扣税凭证抵扣问题的公告》（国家税务总局公告2011年第50号，国家税务总局公告2017年第36号、2018年第31号修改）、《国家税务总局关于未按期申报抵扣增值税扣税凭证有关问题的公告》（国家税务总局公告2011年第78号，国家税务总局公告2018年第31号修改）规定，继续抵扣进项税额。

（二）会计处理举例

1. 案例描述

乙房地产开发公司为增值税一般纳税人，开发的项目于 2019 年 6 月动工，当月购买钢材 5000 吨，钢材价款 2150 万元，进项税额 279.50 万元。

2. 会计分录

（1）取得材料发票时。

借：工程物资（或原材料） 21500000
　　应交税费——应交增值税（进项税额） 2795000
　　贷：银行存款（或应付账款） 24295000

（2）将材料提供给施工方时。

借：开发成本——（建筑安装工程费等） 21500000
　　贷：工程物资（或原材料） 21500000

第五节 契　税

一、案例描述

丙房地产开发公司（以下简称丙公司）开发的 B 项目分三期开发，一期开发完毕后，对二期、三期进行了重新规划设计，经规划行政主管部门批准后增加了容积率，并向土地管理部门补缴土地出让金 2800 万元。当地契税适用税率为 3%。

二、风险提示

丙公司因规划调整依法向土地管理部门补缴土地出让金后应按规定补缴契税。

根据《国家税务总局关于改变国有土地使用权出让方式征收契税的批复》（国税函〔2008〕662 号）规定，对纳税人因改变土地用途而签订土地使用权出让合同变更协议或者重新签订土地使用权出让合同的，应征收契税。计税依据为因改变土地用途应补缴的土地收益金及应补缴政府的其他费用。

三、防控建议

土地契税是办理土地权属证明的前置条件，而很多地方规定土地契税是在办证前缴纳，一般不会产生涉税风险，但办证后因规划调整补缴的土地出让金应补缴的契税则容易疏漏，因此，企业应做好登记台账，适时比对土地成本和契税有无差异，避免涉税风险发生。

税务机关可与国有土地管理部门定期交换相关数据，及时了解规划调整补缴土地出让金信息，并将其与企业申报数据进行比对，从而发现涉税风险并及时应对处理。

四、税款计算

本案例中，丙公司应补缴契税=2800×3%=84（万元）。

五、财务核算

借：开发成本——土地征用及拆迁补偿费　　　840000
　　贷：银行存款　　　　　　　　　　　　　　840000

第六节 环境保护税

在环境保护税方面，房地产开发企业主要涉及内容为施工扬尘的税务处理问题。关于施工扬尘环境保护税纳税人，各地有不同的规定，例如，《国家税务总局江苏省税务局 江苏省生态环境厅关于部分行业环境保护税应纳税额计算方法的公告》（国家税务总局江苏省税务局公告2018年第21号）规定，各类建设工程的建设方（含代建方）应当承担施工扬尘的污染防治责任，将扬尘污染防治费用纳入工程概算，对施工过程中无组织排放应税大气污染物的，应当计算应税污染物排放量，按照相关规定向施工工地所在地主管税务机关缴纳环境保护税。本节按江苏省的政策规定举例。

一、案例描述

丁房地产开发公司（以下简称丁公司）在某地开发建设 C 项目，该项目于 2019 年 1 月开工，土石方和桩基阶段涉及的底层面积为 2 万平方米，施工工期为 3 个月，每月施工天数均大于 15 天。2019 年 4 月起，该项目进入结构施工阶段，施工工期为 8 个月，前 6 个月每月施工天数大于 15 天；后 2 个月每月施工天数大于 5 天，小于 15 天。地上总建筑面积为 8 万平方米。经住建部门现场考核，在该项目扬尘污染控制措施中，道路硬化、边界围挡、裸露地面覆盖、易扬尘物料覆盖均已达标，定期喷洒抑制剂措施未达标，运输车辆采用简易冲洗装置。（当地大气污染物适用税额为 6 元。）

二、风险提示

鉴于各地规定不同，对于明确由建设单位履行扬尘污染物环境保护税申报缴纳义务的地区，房地产开发企业应按规定做好环境保护税的申报缴纳工作。

扬尘应纳税额计算办法如下（以下按江苏省规定）：

应纳税额＝大气污染物当量数×适用税额

大气污染物当量数＝排放量÷污染当量值

排放量＝（扬尘产生量系数－扬尘排放量削减系数）×施工工期系数×月建筑面积或施工面积

扬尘产生量系数为1.01千克/平方米·月（工地类型：建筑施工）。

扬尘排放量削减系数详见国家税务总局江苏省税务局公告2018年第21号附件三。

施工工期系数：当月施工天数不足5天为0；当月施工天数大于5天（含5天），小于15天的为0.5；当月施工天数大于15天（含15天）的为1。

建筑面积或施工面积分土石方和桩基、结构和装修两个阶段。土石方和桩基阶段按《建设工程规划许可证》《建设用地规划许可证》等规划证明材料或施工合同上载明的底层面积或基底面积确定。结构和装修阶段按《建设工程规划许可证》上载明的地上总建筑面积结合工期进度确定。有多个《建设工程规划许可证》的分别计算。

地上建筑面积（月）＝地上总建筑面积×地上建筑已施工月数÷地上建筑总施工月数

施工工期按照《建筑工程施工许可证》、施工合同等资料上载明的"合同开工日期""合同竣工日期"或"合同工期"天数确定。如实际施工时间不一致的，按国家税务总局江苏省税务局公告2018年第21号附件三备注中的规定执行。

三、防控建议

由于各地对扬尘环境保护税的规定有所不同,企业在经营中应多了解项目所在地的具体规定,同时由于环境保护税涉及一些专业知识,涉及开发施工的具体情况,计算过程也比较复杂,企业应做好对施工方执行环境保护措施的监督管理,加强内部培训,提高财务人员的业务能力,避免涉税风险发生。

税务机关应会同环境保护部门,在当地政府的领导下建立扬尘污染和环境保护税的多部门联动管理机制,一方面要实行建设项目信息共享,及时开展项目管理,实现项目管理全覆盖、污染防治无死角;另一方面要建立日常部门联动现场考核制度,对施工工地采取环境保护和污染防治措施实地检查打分,对企业自行申报情况开展核实验收、事中管理,确保环境保护税准确申报。

四、税款计算

本案例中,丁公司 C 项目应缴纳的环境保护税计算如下:

1. 土石方和桩基阶段

2019 年 1 月排放量 =(1.01 − 0.071 − 0.047 − 0.047 − 0.025 − 0.155)× 1 × 20000 = 13300(千克)

应纳税额 = 13300 ÷ 4 × 6 = 19950(元)

2019 年 2—3 月,丁公司每月的应纳税额同上。

2. 结构和装修阶段

2019 年 4 月排放量 =(1.01 − 0.071 − 0.047 − 0.047 − 0.025 − 0.155)× 1 × 80000 × 1 ÷ 8 = 6650(千克)

应纳税额 = 6650 ÷ 4 × 6 = 9975(元)

2019 年 5 月排放量 =（1.01 − 0.071 − 0.047 − 0.047 − 0.025 − 0.155）×1×80000×2÷8 = 13300（千克）

应纳税额 = 13300÷4×6 = 19950（元）

2019 年 6 月排放量 =（1.01 − 0.071 − 0.047 − 0.047 − 0.025 − 0.155）×1×80000×3÷8 = 19950（千克）

应纳税额 = 19950÷4×6 = 29925（元）

2019 年 7 月排放量 =（1.01 − 0.071 − 0.047 − 0.047 − 0.025 − 0.155）×1×80000×4÷8 = 26600（千克）

应纳税额 = 26600÷4×6 = 39900（元）

2019 年 8 月排放量 =（1.01 − 0.071 − 0.047 − 0.047 − 0.025 − 0.155）×1×80000×5÷8 = 33250（千克）

应纳税额 = 33250÷4×6 = 49875（元）

2019 年 9 月排放量 =（1.01 − 0.071 − 0.047 − 0.047 − 0.025 − 0.155）×1×80000×6÷8 = 39900（千克）

应纳税额 = 39900÷4×6 = 59850（元）

2019 年 10 月排放量 =（1.01 − 0.071 − 0.047 − 0.047 − 0.025 − 0.155）×0.5×80000×7÷8 = 23275（千克）

应纳税额 = 23275÷4×6 = 34912.5（元）

2019 年 11 月排放量 =（1.01 − 0.071 − 0.047 − 0.047 − 0.025 − 0.155）×0.5×80000×8÷8 = 26600（千克）

应纳税额 = 26600÷4×6 = 39900（元）

五、财务核算

以 2019 年 1 月为例：

1. 计提环境保护税时

借：税金及附加——环境保护税　　　　　　　19950

　　贷：应交税费——应交环境保护税　　　　　　19950

2. 申报缴纳环境保护税时

借：应交税费——应交环境保护税　　　　　19950

　　　贷：银行存款　　　　　　　　　　　　　19950

第七节　企业所得税

在开发建设这个环节，房地产开发企业会有大量的成本费用发生，虽然项目尚在建设中，不会影响到企业所得税应纳税所得额的计算，但若核算不规范，则会对后续工作造成影响（本章只就成本费用核算的相关政策做一个梳理提示，具体案例内容见"第六章　竣工交付"）。

一、计税成本对象的确定应符合规定

（一）风险提示

房地产开发企业计税成本对象的确定和核算应符合各项规定。

根据《国家税务总局关于印发〈房地产开发经营业务企业所得税处理办法〉的通知》（国税发〔2009〕31号）第二十六条规定，成本对象是指为归集和分配开发产品开发、建造过程中的各项耗费而确定的费用承担项目。计税成本对象的确定原则如下：

（1）可否销售原则。开发产品能够对外经营销售的，应作为独立的计税成本对象进行成本核算；不能对外经营销售的，可先作为过渡性成本对象进行归集，然后再将其相关成本摊入能够对外经营销售的成本对象。

（2）功能区分原则。开发项目某组成部分相对独立，且具有不同使用功能时，可以作为独立的成本对象进行核算。

（3）定价差异原则。开发产品因其产品类型或功能不同等而导致

其预期售价存在较大差异的,应分别作为成本对象进行核算。

(4)成本差异原则。开发产品因建筑上存在明显差异可能导致其建造成本出现较大差异的,要分别作为成本对象进行核算。

(5)权益区分原则。开发项目属于受托代建的或多方合作开发的,应结合上述原则分别划分成本对象进行核算。

(二)防控建议

成本对象一般在项目开工之前确定,企业应根据上述五项确定原则灵活把握,针对不同开发产品的特点,确定的成本对象既要便于管理,又要便于归集和分配,成本对象一经确定不得随意变更。

根据《国家税务总局关于房地产开发企业成本对象管理问题的公告》(国家税务总局公告 2014 年第 35 号)规定,房地产开发企业开发产品计税成本对象事先备案制度已经取消,企业应依据计税成本对象确定原则确定已完工开发产品的成本对象,并就确定原则、依据,共同成本分配原则、方法,以及开发项目基本情况、开发计划等出具专项报告,在开发产品完工当年企业所得税年度纳税申报时,随同《企业所得税年度纳税申报表》一并报送主管税务机关。

二、计税成本支出内容的归集应规范

(一)风险提示

在项目开发建设过程中,房地产开发企业发生的费用支出种类较多,应按规定分别归集至不同的成本项目之中。根据国税发〔2009〕31 号文件第二十七条规定,开发产品计税成本支出的内容如下:

(1)土地征用费及拆迁补偿费。指为取得土地开发使用权(或开发权)而发生的各项费用,主要包括土地买价或出让金、大市政配套费、契税、耕地占用税、土地使用费、土地闲置费、土地变更用途和超面积补缴的地价及相关税费、拆迁补偿支出、安置及动迁支出、回迁房建造支出、农作物补偿费、危房补偿费等。

（2）前期工程费。指项目开发前期发生的水文地质勘察、测绘、规划、设计、可行性研究、筹建、场地通平等前期费用。

（3）建筑安装工程费。指开发项目开发过程中发生的各项建筑安装费用。主要包括开发项目建筑工程费和开发项目安装工程费等。

（4）基础设施建设费。指开发项目在开发过程中所发生的各项基础设施支出。主要包括开发项目内道路、供水、供电、供气、排污、排洪、通信、照明等社区管网工程费和环境卫生、园林绿化等园林环境工程费。

（5）公共配套设施费。指开发项目内发生的、独立的、非营利性的，且产权属于全体业主的，或无偿赠与地方政府、政府公用事业单位的公共配套设施支出。

（6）开发间接费。指企业为直接组织和管理开发项目所发生的，且不能将其归属于特定成本对象的成本费用性支出。主要包括管理人员工资、职工福利费、折旧费、修理费、办公费、水电费、劳动保护费、工程管理费、周转房摊销以及项目营销设施建造费等。

（二）防控建议

开发产品计税成本支出应按规定归集，不得混淆。对于开发成本的归集，企业所得税与土地增值税要求并不完全一致，特别是一些省市的规定差异更明显，企业应及时掌握这些规定，并做好台账，以便于将来土地增值税清算时调整。

三、计税成本核算应符合一般程序

（一）风险提示

除按照不同成本内容归集外，由于归集的计税成本对象的多样性和不同的开发销售状态，房地产开发企业成本核算还要按照一定的程序进行。根据国税发〔2009〕31号文件第二十八条规定，房地产开发企业计税成本核算的一般程序如下：

（1）对当期实际发生的各项支出，按其性质、经济用途及发生的地点、时间区进行整理、归类，并将其区分为应计入成本对象的成本和应在当期税前扣除的期间费用。同时还应按规定对在有关预提费用和待摊费用进行计量与确认。

（2）对应计入成本对象中的各项实际支出、预提费用、待摊费用等合理地划分为直接成本、间接成本和共同成本，并按规定将其合理的归集、分配至已完工成本对象、在建成本对象和未建成本对象。

（3）对前期已完工成本对象应负担的成本费用按已销开发产品、未销开发产品和固定资产进行分配，其中，应由已销开发产品负担的部分，在当期纳税申报时进行扣除，未销开发产品应负担的成本费用待其实际销售时再予扣除。

（4）对本期已完工成本对象分类为开发产品和固定资产并对其计税成本进行结算。其中，属于开发产品的，应按可售面积计算其单位工程成本，据此再计算已销开发产品计税成本和未销开发产品计税成本。对本期已销开发产品的计税成本，准予在当期扣除，未销开发产品计税成本待其实际销售时再予扣除。

（5）对本期未完工和尚未建造的成本对象应当负担的成本费用，应按分别建立明细台账，待开发产品完工后再予结算。

（二）防控建议

计税成本的核算内容多、要求高、情况复杂，企业应加强内部制度建设和人员培训，对于无法确定的事项应及时与主管税务机关沟通，避免涉税风险发生。

四、开发产品应按制造成本法进行计量与核算

(一) 风险提示

根据国税发〔2009〕31号文件第二十九条规定,企业开发、建造的开发产品应按制造成本法进行计量与核算。其中,应计入开发产品成本中的费用属于直接成本和能够分清成本对象的间接成本,直接计入成本对象,共同成本和不能分清负担对象的间接成本,应按受益的原则和配比的原则分配至各成本对象,具体分配方法可按以下规定选择其一:

(1) 占地面积法。指按已动工开发成本对象占地面积占开发用地总面积的比例进行分配。

①一次性开发的,按某一成本对象占地面积占全部成本对象占地总面积的比例进行分配。

②分期开发的,首先按本期全部成本对象占地面积占开发用地总面积的比例进行分配,然后再按某一成本对象占地面积占期内全部成本对象占地总面积的比例进行分配。

期内全部成本对象应负担的占地面积为期内开发用地占地面积减除应由各期成本对象共同负担的占地面积。

(2) 建筑面积法。指按已动工开发成本对象建筑面积占开发用地总建筑面积的比例进行分配。

①一次性开发的,按某一成本对象建筑面积占全部成本对象建筑面积的比例进行分配。

②分期开发的,首先按期内成本对象建筑面积占开发用地计划建筑面积的比例进行分配,然后再按某一成本对象建筑面积占期内成本对象总建筑面积的比例进行分配。

(3) 直接成本法。指按期内某一成本对象的直接开发成本占期内全部成本对象直接开发成本的比例进行分配。

(4) 预算造价法。指按期内某一成本对象预算造价占期内全部成

本对象预算造价的比例进行分配。

（二）防控建议

共同成本和不能分清负担对象的间接成本，应按受益的原则和配比的原则分配至各成本对象，分配的方法只能选择国税发〔2009〕31号文件第二十九条规定中的一种，不可相互混淆使用。

五、特定成本应按规定方法进行分配

（一）风险提示

根据国税发〔2009〕31号文件第三十条规定，企业下列成本应按以下方法进行分配：

（1）土地成本，一般按占地面积法进行分配。如果确需结合其他方法进行分配的，应商税务机关同意。

土地开发同时连结房地产开发的，属于一次性取得土地分期开发房地产的情况，其土地开发成本经商税务机关同意后可先按土地整体预算成本进行分配，待土地整体开发完毕再行调整。

（2）单独作为过渡性成本对象核算的公共配套设施开发成本，应按建筑面积法进行分配。

（3）借款费用属于不同成本对象共同负担的，按直接成本法或按预算造价法进行分配。

（4）其他成本项目的分配法由企业自行确定。

（二）防控建议

土地成本分配方法的选择对结果影响很大，企业如选择占地面积法之外的方法应商当地税务机关同意。目前常见的分配方法有三种：一是按照楼基座占比分配；二是按照投影面积占比分配；三是按照可售面积占比分配。

企业自行确定的其他成本分配方法应合理，符合成本分配的基本原则。

六、财务核算

根据《财政部关于印发〈企业产品成本核算制度（试行）〉的通知》（财会〔2013〕17号）第四十三条规定，房地产企业发生的有关费用，由某一成本核算对象负担的，应当直接计入成本核算对象成本；由几个成本核算对象共同负担的，应当选择占地面积比例、预算造价比例、建筑面积比例等合理的分配标准，分配计入成本核算对象成本。

有关成本的分配按以下顺序进行：

第一步，在不同成本核算对象之间进行分配；

第二步，在完工产品与未完工产品之间进行分配。

（一）案例描述

甲房地产开发公司（以下简称甲公司）为增值税一般纳税人，2018年1月通过出让方式取得D地块。该地块土地面积100000平方米，容积率为2.0，总建筑面积200000平方米。发展改革委批复分两期开发，其中，一期占地面积50000平方米，建筑面积100000平方米。一期中，写字楼占地面积2700平方米，建筑面积25000平方米，可售面积19500平方米；普通住宅占地面积8500平方米，建筑面积75000平方米，可售面积63000平方米。二期项目占地面积50000平方米，建筑面积100000平方米。

（二）会计分录

2018年度，甲公司发生的开发支出和会计处理如下：

（1）1月用银行存款支付征地及拆迁费128000万元，契税3840万元。

①土地成本按占地面积法在不同成本核算对象之间进行分配：

一期分配的土地成本=(128000+3840)×50000÷100000=65920（万元）

二期分配的土地成本=(128000+3840)×50000÷100000=65920（万元）

②土地成本在不同产品类型之间进行分配：

一期已开工建造，按占地面积法计算出写字楼、普通住宅应分配土地成本：

写字楼分配的土地成本=65920×2700÷(2700+8500)=15891.43（万元）

普通住宅分配的土地成本=65920×8500÷(2700+8500)=50028.57（万元）

③会计分录：

借：开发成本——土地征用拆迁补偿费一期（写字楼）
　　　　　　　　　　　　　　　　　158914300
　　　　——土地征用拆迁补偿费一期（普通住宅）
　　　　　　　　　　　　　　　　　500285700
　　　　——土地征用拆迁补偿费二期　659200000
　　贷：银行存款　　　　　　　　　1318400000

（2）2月用银行存款支付一期设计费1000万元（不含税），进项税额60万元。

①设计费属于前期工程费，一般按照建筑面积法分配：

写字楼的设计费=1000×25000÷100000=250（万元）

普通住宅的设计费=1000×75000÷100000=750（万元）

②会计分录：

借：开发成本——前期工程费——一期（写字楼）
　　　　　　　　　　　　　　　　　2500000
　　　　　　　　　　——一期（普通住宅）
　　　　　　　　　　　　　　　　　7500000
　　应交税费——应交增值税（进项税额）　600000

贷：银行存款　　　　　　　　　　　　　　　　　　10600000

（3）3月用银行存款支付一期基础设施工程款800万元（不含税），进项税额88万元。

①基础设施工程款一般按照建筑面积法进行分配：

写字楼的基础设施工程款 = 800 × 25000 ÷ 100000 = 200（万元）

普通住宅的基础设施工程款 = 800 × 75000 ÷ 100000 = 600（万元）

②会计分录：

借：开发成本——基础工程费——一期（写字楼）

　　　　　　　　　　　　　　　　　　　　2000000

　　　　　　　　　　　——一期（普通住宅）

　　　　　　　　　　　　　　　　　　　　6000000

　　应交税费——应交增值税（进项税额）　880000

贷：银行存款　　　　　　　　　　　　　　8880000

（4）10月向某建筑安装公司支付工程款3000万元（不含税），进项税额300万元。

①建筑安装工程费一般是按照直接成本法进行分配：

写字楼应分配工程款为700万元，普通住宅应分配工程款为2300万元。

②会计分录：

借：开发成本——建安工程费——一期（写字楼）

　　　　　　　　　　　　　　　　　　　　7000000

　　　　　　　　　　　——一期（普通住宅）

　　　　　　　　　　　　　　　　　　　　23000000

　　应交税费——应交增值税（进项税额）　3000000

贷：银行存款　　　　　　　　　　　　　　33000000

（5）11月配建幼儿园支付工程款1600万元。

①公共配套设施费发生时单独归集，归集金额1600万元。

②再按建筑面积法在成本对象之间分配：

一期分配的公共配套设施费 = 1600 × 100000 ÷ 200000 = 800（万元）

其中：写字楼分配的费用 = 800 × 25000 ÷ 100000 = 200（万元）

普通住宅分配的费用 = 800 × 75000 ÷ 100000 = 600（万元）

二期分配的公共配套设施费 = 1600 × 100000 ÷ 200000 = 800（万元）

③会计分录：

借：开发成本——公共配套费——幼儿园　　　16000000

　　　应交税费——应交增值税（进项税额）　　1600000

　　贷：银行存款　　　　　　　　　　　　　17600000

借：开发成本——公共配套设施费——一期（写字楼）

　　　　　　　　　　　　　　　　　　　　　2000000

　　　　　　　　　　　　　　　——一期（普通住宅）

　　　　　　　　　　　　　　　　　　　　　6000000

　　　　　　　　　　　　　　　——二期　　8000000

　　贷：开发成本——公共配套费——幼儿园　16000000

（6）12月一期共发生工程管理人员工资等20万元。

①工资费用发生时：

借：开发成本——开发间接费　　　　　　　200000

　　贷：应付职工薪酬　　　　　　　　　　　200000

②开发间接费此处按照建筑面积法分配：

写字楼分配的开发间接费 = 20 × 25000 ÷ 100000 = 5（万元）

普通住宅分配的开发间接费 = 20 × 75000 ÷ 100000 = 15（万元）

③会计分录（分配）：

借：开发成本——开发间接费——一期（写字楼）　50000

　　　　　　　　　　　　　　——一期（普通住宅）

　　　　　　　　　　　　　　　　　　　　　150000

　　贷：开发成本——开发间接费　　　　　　200000

（7）发生银行贷款利息3000万元，贷款资金全部用于一期项目。

①利息支出一般根据预算造价法（或直接成本法）分配。预算造价合计105920万元，其中：写字楼预算造价为25891.43万元，普通住宅预算造价为80028.57万元。

写字楼分配利息 = 3000 × 25891.43 ÷ 105920 = 733.33（万元）

普通住宅分配利息 = 3000 × 80028.57 ÷ 105920 = 2266.67（万元）

②会计分录：

借：开发成本——借款费用——一期（写字楼）　7333300

　　　　　　　　　　　　——一期（普通住宅）

　　　　　　　　　　　　　　　　　　　　　22666700

　　　贷：应付利息　　　　　　　　　　　　30000000

借：应付利息　　　　　　　　　　　　　　　30000000

　　贷：银行存款　　　　　　　　　　　　　30000000

第八节 土地增值税

土地增值税内容在本节只作若干提示，详细内容参见"第七章 土地增值税清算"。

一、确定清算单位

（一）风险提示

根据《国家税务总局关于房地产开发企业土地增值税清算管理有关问题的通知》（国税发〔2006〕187号）规定，土地增值税以国家有关部门审批的房地产开发项目为单位进行清算，对于分期开发的项目，以分期项目为单位清算。

对于清算单位，企业应在项目建造之初即确定，并按照有关规定做好项目登记等税务处理。

（二）防控建议

对于清算单位的确定，各地要求也不尽相同，例如，《江苏省地方税务局关于土地增值税若干问题的公告》（苏地税规〔2015〕8号）规定，土地增值税以国家有关部门审批、备案的项目为单位进行清算。对于国家有关部门批准分期开发的项目，以分期项目为单位进行清算。对开发周期较长，纳税人自行分期的开发项目，可将自行分期项目确定为清算单位，并报主管税务机关备案。同一清算单位中包含普通住宅、非普通住宅、其他类型房产的，应分别计算收入、扣除项目金额、增值

额、增值率和应纳税额。

企业在经营中应及时与项目所在地主管税务机关沟通咨询，了解当地相关规定，避免涉税风险发生。

二、合理归集收入、成本、费用

（一）风险提示

根据《国家税务总局关于印发〈土地增值税清算管理规程〉的通知》（国税发〔2009〕91号）规定，分期开发项目或者同时开发多个项目涉及多个清算单位的，应根据清算要求按不同期间和不同清算单位合理归集有关收入、成本、费用。

（二）防控建议

收入、成本、费用的不同归集方法对清算结果会产生很大影响，企业应及时与项目所在地主管税务机关沟通咨询，了解当地相关规定，避免涉税风险。

三、明确核算对象

（一）风险提示

根据《土地增值税暂行条例实施细则》第八条规定，土地增值税以纳税人房地产成本核算的最基本的核算项目或核算对象为单位计算。

根据财税字〔1995〕48号文件第十三条规定，对纳税人既建普通标准住宅又搞其他房地产开发的，应分别核算增值额。不分别核算增值额或不能准确核算增值额的，其建造的普通标准住宅不能适用《土地增值税暂行条例》第八条第（一）项的免税规定。国税发〔2009〕91号文件第十七条规定，在清算审核时应当审核"不同类型房地产是否分别计算增值额、增值率，缴纳土地增值税"。但目前税法对如何划分"不同类型房地产"尚没有明确规定，各地规定也有所不同，例如，原江苏省地方税务局发布的苏地税规〔2015〕8号文件规定，同一清算单位中包含普通住宅、非普通住宅、其他类型房产的，应分别计算收入、扣除项目金额、增值额、增值率和应纳税额。再如，原宁波市地方税务局发布的《关于土地增值税若干政策问题的公告》（宁波市地方税务局公告2015年第1号）规定，房地产清算项目按以下三种房地产类型分别计算增值额和增值率：第一类普通住宅；第二类非普通住宅；第三类其他类型房地产。

（二）防控建议

关于不同类型房地产，各地规定并不一致，企业应及时了解项目所在地相关政策，并按规定进行分类处理。

四、取得凭证要符合规定

（一）风险提示

根据国税发〔2006〕187号文件第四条"土地增值税的扣除项目"规定，房地产开发企业办理土地增值税清算时计算与清算项目有关的扣除项目金额，应根据《土地增值税暂行条例》第六条及其实施细则第七条的规定执行。除另有规定外，扣除取得土地使用权所支付的金额、房地产开发成本、费用及与转让房地产有关税金，须提供合法有效凭证；不能提供合法有效凭证的，不予扣除。

根据国税发〔2009〕91号文件第二十一条规定，在土地增值税清算中，计算扣除项目金额时，其实际发生的支出应当取得但未取得合法凭据的不得扣除。

营改增后，土地增值税纳税人接受建筑安装服务取得的增值税发票，应按照国家税务总局公告2016年第23号规定，在发票的备注栏注明建筑服务发生地县（市、区）名称及项目名称，否则不得计入土地增值税扣除项目金额。

（二）防控建议

实务中，企业取得的票据种类多样，但应具备合法性、真实性、时效性。

第九节 开发建设环节留存备查资料

一、风险提示

本环节需要留存备查的主要资料如下：
（1）房地产开发项目立项批文；
（2）国有土地使用权出让合同或转让合同；
（3）建设用地规划许可证；
（4）建设工程规划许可证及总平面图等附件；
（5）施工许可证；
（6）建造保障房（公共租赁住房、廉租住房、经济适用住房、城市和国有工矿棚户区改造安置住房等保障性住房）的，包括保障房开发建设批文。

二、防控建议

土地增值税清算时需要提供大量的相关资料，企业应在不同环节将相关资料留存保管好，便于清算时使用。

第五章

预售签约

房地产行业一般采取预收款方式销售自行开发的房地产项目。在这个环节中，产品还在开发建设，涉及的税收政策有别于其他行业的规定，若不留意，容易发生涉税风险，需要高度关注。

第一节　主要涉税事项及税种

一、涉税事项

（一）售楼处、样板房投入使用

房地产开发企业为了便于营销，一般会使用开发产品做售楼处和样板房，也有部分项目会租用房屋或租用场地建造房屋作为售楼处和样板房，这些房屋当投入使用时，企业应按规定申报缴纳房产税。

（二）开展营销活动

在开始预售前后，企业会开展大量的营销活动，有些业务活动会涉及涉税事项，企业应按规定做好税务处理。

（三）收取定金

开发项目预售时，企业一般会采用收取意向金、订金或定金等方式确定购房客户，收取的意向金、订金或定金等是否需要缴纳相关税款，应根据各地具体规定执行。

（四）签订购房合同

购房合同是根据《中华人民共和国合同法》（以下简称《合同法》）《房地产管理法》及其他有关法律、法规的规定，买受人和转让人，在平等、自愿、协商一致的基础上就买卖商品房达成的协议。企业一经签订购房合同，相关涉税事项也随之发生，应做好涉税业务处理工作。

（五）预收购房款

房地产开发企业一般采用预收房款的方式销售房屋，当收到预收购房款时，涉税事项随之发生，企业应按规定进行纳税申报。

二、涉及税种

本章主要涉及的税种为：房产税、印花税、增值税、城市维护建设税及教育费附加、土地增值税、企业所得税、个人所得税。

第二节 房产税

房地产开发企业开发的商品房在售出前不征收房产税,但将开发产品投入使用则应按规定缴纳房产税。

一、案例描述

甲房地产开发公司(以下简称甲公司)建造 A 项目,该项目土地成本 80000 万元,土地面积 113200 平方米,建筑物占地面积 46300 平方米,总建筑面积 220000 平方米,2018 年 4 月开工,11 月预售。该公司利用开发产品中一幢商业楼房的第一、二层做售楼处,该幢楼总层高五层,占地面积 452 平方米,建筑面积约 1421 平米,每层面积相同。整幢楼的建造成本预算价格 1500 万元,售楼处装修预算价格 480 万元,2018 年 11 月投入使用时建筑安装工程取得发票 537 万元,装修工程取得发票 264 万元。(当地房产税按原值减除 30% 后的余值计算缴纳,按季申报。)

二、风险提示

甲公司开发的商品房,在出售前已使用应按规定申报缴纳房产税。

根据国税发〔2003〕89 号文件第一条规定,鉴于房地产开发企业开发的商品房在出售前,对房地产开发企业而言是一种产品,因此,对房地产开发企业建造的商品房,在售前,不征收房产税;但对售出前房地产开发企业已使用或出租、出借的商品房应按规定征收房产税。

根据《财政部税务总局关于房产税若干具体问题的解释和暂行规定》〔(1986)财税地字第8号〕第十九条规定，纳税人自建的房屋，自建成之次月起征收房产税；纳税人委托施工企业建设的房屋，从办理验收手续之次月起征收房产税；纳税人在办理验收手续前已使用或出租、出借的新建房屋，应按规定征收房产税。

根据《财政部 国家税务总局关于房产税、城镇土地使用税有关问题的通知》（财税〔2008〕152号）第一条规定，对依照房产原值计税的房产，不论是否记载在会计账簿"固定资产"科目中，均应按照房屋原价计算缴纳房产税。房屋原价应根据国家有关会计制度规定进行核算。对纳税人未按国家会计制度规定核算并记载的，应按规定予以调整或重新评估。

根据《国家税务总局关于进一步明确房屋附属设备和配套设施计征房产税有关问题的通知》（国税发〔2005〕173号）第一条规定，为了维持和增加房屋的使用功能或使房屋满足设计要求，凡以房屋为载体，不可随意移动的附属设备和配套设施，如给排水、采暖、消防、中央空调、电气及智能化楼宇设备等，无论在会计核算中是否单独记账与核算，都应计入房产原值，计征房产税。

根据《财政部 国家税务总局关于安置残疾人就业单位城镇土地使用税等政策的通知》（财税〔2010〕121号）第三条规定，对按照房产原值计税的房产，无论会计上如何核算，房产原值均应包含地价，包括为取得土地使用权支付的价款、开发土地发生的成本费用等。宗地容积率低于0.5的，按房产建筑面积的2倍计算土地面积并据此确定计入房产原值的地价。

根据上述规定，甲公司的开发产品暂作售楼处符合房产税中"房产"的定义，虽然尚未竣工交付，但已投入使用，应按规定缴纳房产税。

对于投入使用尚未决算的房产原值如何确定，各地规定也有所不同。例如，江苏省税务局发布的《关于房产税、车船使用税若干具体问题的解释与规定》（苏税三〔1987〕11号）规定："纳税单位新建、扩建、翻建的房屋，从建成验收的次月起缴纳房产税，未办验收手续而已经使用的，自使用的次月起缴纳房产税，其房产价格尚未入账的，可先按基建计划价格计算征税，待工程验收结算后，再按入账后价格进行调整，并办理税款的退补手续"。再如，吉林省税务局发布的《关于印发房产税和车船使用税若干问题的解释和补充规定的通知》（吉税四字〔1988〕第75号，国家税务总局吉林省税务局公告2020年第1号修改）规定："纳税单位已投入使用尚未决算入账的新建房屋，按基建计划价值计算征税；没有基建计划价值的，由税务机关核定价值计征；入账后按入账原值计征，已按基建计划价值或核定的价值计征的税款不予退补。"

从上述两个省的规定来看，已投入使用尚未决算的房屋，都采用了按基建计划价格（值）计算征税。

三、防控建议

未竣工开发产品投入使用的房产原值的确定、土地成本的分摊以及决算之后对之前缴纳的税款是否要退补等，各地规定有所不同，企业应及时了解项目所在地的相关政策，避免涉税风险。

房地产开发企业基本都会使用开发产品做售楼处，且多数企业会在开发产品中装修样板房，税务机关在日常管理中应关注企业是否按规定缴纳房产税，使用未完工产品的，预估成本是否合理。

四、税款计算

本案例中，甲公司售楼处于2018年11月投入使用，应从12月起申报缴纳房产税。根据当地规定，未完工商品房投入使用按预算价值计征房产税，房产原值中地价的分配采用占地面积法。

（一）应包含的土地成本

甲公司用来做售楼处的楼房占地面积452平方米，共五层，每层面积相等，企业只使用了其中的第一、二层，包含的土地价款=452÷46300×80000÷5×2=312.40（万元）。

（二）应纳税款计算

投入使用的商品房预算价格=1500÷5×2=600（万元）

装修预算价格为480万元。

2018年第四季度应纳房产税=（600+480+312.4）×（1-30%）×1.2%÷12×1=0.97（万元）

五、财务核算

1. 计提2018年12月房产税时

借：税金及附加——房产税　　　　　　　　　9700
　　贷：应交税费——应交房产税　　　　　　　9700

2. 缴纳房产税时

借：应交税费——应交房产税　　　　　　　　9700
　　贷：银行存款　　　　　　　　　　　　　　9700

第三节 印花税

一、案例描述

乙房地产开发公司（以下简称乙公司）开发的楼盘于 2017 年 9 月初取得预售许可开盘预售，当月预收房款 8937.40 万元，签订购房合同金额 23795.70 万元，合同中所载金额和增值税未分开注明。2017 年 10 月申报期内，乙公司以预收房款 8937.40 万元按核定比例 80% 申报缴纳了产权转移书据印花税。

二、风险提示

1. 乙公司产权转移书据印花税计税依据应为合同金额

根据《印花税暂行条例》及其施行细则有关规定，产权转移书据印花税以书据中所载的金额为计税依据，在合同签订时纳税义务即发生。

合同中所载金额和增值税分开注明的，按不含增值税的合同金额确定计税依据，未分开注明的，以合同所载金额为计税依据。

2. 乙公司不可自行采用核定征收方式申报缴纳产权转移书据印花税

根据《国家税务总局关于进一步加强印花税征收管理有关问题的通知》（国税函〔2004〕150 号，国家税务总局公告 2018 年第 31 号修改）第四条规定，根据《税收征管法》第三十五条规定和印花税的税源特征，为加强印花税征收管理，纳税人有下列情形的，税务机关可以核定纳税人印花税计税依据：

（1）未按规定建立印花税应税凭证登记簿，或未如实登记和完整保存应税凭证的；

（2）拒不提供应税凭证或不如实提供应税凭证致使计税依据明显偏低的；

（3）采用按期汇总缴纳办法的，未按税务机关规定的期限报送汇总缴纳印花税情况报告，经税务机关责令限期报告，逾期仍不报告的或者税务机关在检查中发现纳税人有未按规定汇总缴纳印花税情况的。

税务机关核定征收印花税，应向纳税人发放核定征收印花税通知书，注明核定征收的计税依据和规定的税款缴纳期限。

通过上述规定可以了解到，产权转移书据印花税的计税依据为合同额，而印花税核定征收是在一定情形下，税务机关通过核定印花税的计税依据来计算征收印花税的一种征管措施。

三、防控建议

目前很多房地产开发企业在申报缴纳产权转移书据印花税时，为了方便均以预收款作为计税依据，但从规范角度来说，应该按合同所载的金额申报缴纳。

税务机关在关注企业申报印花税的计税依据是否准确的同时，还应注意销售不动产合同所载金额是否与增值税分开注明。

四、税款计算

本案例中，乙公司 2017 年 10 月申报期应申报缴纳产权转移书据印

花税 $= 23795.70 \times 5‰ = 11.90$（万元）。

五、财务核算

1. 计提时
借：税金及附加——印花税　　　　　　　　　　119000
　　贷：应交税费——应交印花税　　　　　　　　　119000

2. 缴纳时
借：应交税费——应交印花税　　　　　　　　　119000
　　贷：银行存款　　　　　　　　　　　　　　　119000

第四节 增值税

房地产开发企业采取预收款方式销售自行开发的房地产项目应在收到预收款时开具增值税发票、预缴增值税。

一、收到预收款应按规定开具增值税发票

（一）案例描述

丙房地产开发公司（以下简称丙公司）为增值税一般纳税人，开发的某项目于 2017 年 9 月开盘预售，当月收取购房款 8937.40 万元，对于业主没有要求开具增值税发票的部分均开具了公司自制收据。

（二）风险提示

丙公司收取购房款应按规定开具增值税发票。

根据《发票管理办法》第十九条规定，销售商品、提供服务以及从事其他经营活动的单位和个人，对外发生经营业务收取款项，收款方应当向付款方开具发票；特殊情况下，由付款方向收款方开具发票。

根据国家税务总局公告 2016 年第 18 号第十六条规定，一般纳税人销售自行开发的房地产项目，自行开具增值税发票。第十八条规定，一般纳税人向其他个人销售自行开发的房地产项目，不得开具增值税专用发票。

根据上述规定，房地产开发企业销售自行开发的项目，在预售阶段预收购房款属于对外发生经营业务收取的款项，因此应自行开具增值税

发票，如购房者为个人的，不得开具增值税专用发票。

那么预售阶段增值税发票怎么开具呢？

根据《国家税务总局关于营改增试点若干征管问题的公告》（国家税务总局公告 2016 年第 53 号）第九条第（十一）项规定，《商品和服务税收分类与编码（试行）》中的分类编码增加 6"未发生销售行为的不征税项目"，用于纳税人收取款项但未发生销售货物、应税劳务、服务、无形资产或不动产的情形。"未发生销售行为的不征税项目"下设 602"销售自行开发的房地产项目预收款"。使用"未发生销售行为的不征税项目"编码时，发票税率栏应填写"不征税"，不得开具增值税专用发票。

（三）防控建议

房地产行业因采用预售制而使涉税情况比较复杂，因增值税发票管理比较严格，在预售阶段，有的企业为了图省事便以自制收据代替，这其实已经给企业带来了涉税风险。通过上面的政策梳理可以了解到，国家税务总局对房地产开发企业预售阶段收取购房款如何开具发票已经有了明确规定，企业应严格遵照执行，同时按规定做好发票管理工作。

税务机关可通过房地产开发企业申报的预缴增值税计税依据与开具的增值税（不征税）发票进行比对，分析企业是否按规定开具增值税（不征税）发票。

二、收到预收款时应预缴增值税

（一）案例描述

丁房地产开发公司（以下简称丁公司）为增值税一般纳税人，采取预收款方式销售自行开发的房地产项目，开发的 A 项目分两期，一期于 2016 年 3 月开盘，二期于 2016 年 10 月开盘。10 月一期预收购房款 3500 万元；二期收取定金的余额为 800 万元，签订购房合同 21300

万元，预收购房款 8937 万元。（丁公司一期为老项目，选择简易计税方法计税，当地规定定金应预缴增值税。）

（二）风险提示

丁公司应在收到预收款时按 3% 预征率预缴增值税。

国家税务总局公告 2016 年第 18 号对房地产开发企业销售自行开发的房地产项目预缴增值税做了如下规定：

（1）第八条规定，一般纳税人销售自行开发的房地产老项目，可以选择适用简易计税方法按照 5% 的征收率计税。一经选择简易计税方法计税的，36 个月内不得变更为一般计税方法计税。

房地产老项目，是指：①《建筑工程施工许可证》注明的合同开工日期在 2016 年 4 月 30 日前的房地产项目；②《建筑工程施工许可证》未注明合同开工日期或者未取得《建筑工程施工许可证》但建筑工程承包合同注明的开工日期在 2016 年 4 月 30 日前的建筑工程项目。

（2）第十条规定，一般纳税人采取预收款方式销售自行开发的房地产项目，应在收到预收款时按照 3% 的预征率预缴增值税。

（3）第十一条规定，一般纳税人应预缴税款按照以下公式计算：

$$应预缴税款 = 预收款 \div (1 + 适用税率或征收率) \times 3\%$$

适用一般计税方法计税的，按照适用税率计算；适用简易计税方法计税的，按照 5% 的征收率计算。

根据上述规定，丁公司在 2016 年 10 月收到预收款时应按照 3% 的预征率预缴增值税。一期适用简易计税方法计税，按照 5% 的征收率计算；二期按一般计税方法计税，按照 11% 的税率计算。

（三）防控建议

在房地产开发企业营销过程中，经常会出现定金、订金、诚意金、意向金等，它们之间有什么区别呢？是否需要预缴增值税呢？

关于诚意金和意向金，在现有的法律法规中都没有相关的条文，但根据民法的"契约自由，意思自治"原则，只要协议双方平等协商，对诚意金、意向金的处理明确约定，没有违反法律规定的，应该说该约定是有效的。只不过意向金和诚意金都只是一种意愿的表达，在确定购买之前，随时可以收回，在转为购房款之前，还不能视作收取的购房款。

关于订金，实质上是一种预付款，只是单方行为，不具有明显的担保性质。交付和收受订金的当事人一方不履行约定债务时，不发生丧失或者双倍返还预付款的后果，在转为购房款之前，也不能视作收取的购房款。

关于定金，法律是有明文规定的，《中华人民共和国担保法》第八十九条规定："当事人可以约定一方向对方给付定金作为债权的担保。债务人履行债务后，定金应当抵作价款或者收回。给付定金的一方不履行约定的债务的，无权要求返还定金；收受定金的一方不履行约定的债务的，应当双倍返还定金。"从上述规定可以看出，定金是一种履约担保，房地产开发企业收取定金后，双方如按约定完成交易，定金转为预收款。若一方违约而使交易终止，定金或被没收或被双倍返还，这种情况下没有发生销售不动产行为，被没收的定金也不属于增值税征税范围。因此，笔者认为，如果双方履约，定金转为购房款，须按规定预缴增值税，如果因购房者违约，开发公司没收的定金转为营业外收入，不需要缴纳增值税。

根据以上论述，无论是诚意金、意向金、订金还是定金，都有一定的不确定性，且在预售阶段，增值税应税行为尚未发生，如对其预征税款，一是依据不够充分；二是若最终购房行为未发生，企业处理起来也比较麻烦。因此，笔者认为，在转为购房款之前不需要预缴增值税，在转为购房款后，应按规定预缴增值税。但如果项目所在地税务机关明确规定定金、订金、意向金、诚意金等应预缴增值税的，企业应遵照执行。例如，原河北省国家税务局发布的《〈关于全面推开营改增有关政策问题的解答（之八）〉的通知》规定，房地产开发企业以订金、意向金、诚意金、认筹金等各种名目向购房人收取的款项不同时符合下列条件的均属于预收款性质，应按规定预缴增值税：①收取的款项金额不超过 5 万元（含 5 万元）；②收取的款项从收取之日起 3 个月内退还给购房人。

税务机关在日常服务与管理中，可通过比对不动产登记部门提供的合同备案金额、企业发票开具数据、增值税申报数据等，分析企业有无少预缴增值税风险，及时进行预警和管理。

（四）税款计算

本案例中，丁公司在 2016 年 11 月申报期内应预缴增值税如下：

一期应预缴税款 = 3500 ÷（1 + 5%）× 3% = 100（万元）

二期应预缴税款 =（8937 + 800）÷（1 + 11%）× 3% = 263.16（万元）

三、提前确认纳税义务发生不预缴增值税存在涉税风险

（一）案例描述

丙房地产开发公司（以下简称丙公司）为增值税一般纳税人，2019 年 3 月通过出让方式取得一块土地，价款 98800 万元，2019 年 4 月缴纳契税 2964 万元，项目规划总建筑面积 12.72 万平方米，可售面积 10.94 万平方米。该项目于 2019 年 6 月动工，10 月预售，属于限价房，均价 15650 元，当月收取意向金 300 万元，签订购房合同金额 94166.05 万元，销售面积 6.13 万平方米，收到购房款 42374.73 万元，截至当月进项税额累计 2800 万元。丙公司经测算，整个项目只有微利，为了降低资金成本，采取了收到预收款时直接开具增值税发票，确认纳税义务发生，扣除对应的土地价款后，计算增值税应纳税额并进行纳税申报的方式。（当地规定意向金不预缴增值税。）

2018 年 10 月丙公司增值税计算公式如下：

（1）允许扣除的土地价款（当月收到的预收款占合同额的 45%）=

$(98800+2964)\times6.13\div10.94\times45\%=25659.60$（万元）

（2）销项税额 $=(42374.73-25659.60)\div(1+9\%)\times9\%=1380.15$（万元）

（3）应纳税额 $=1380.15-2800=-1419.85$（万元）

进项税额1419.85万元留抵。

（二）风险提示

丙公司未正确执行税收政策，导致收到预收款时未按规定预缴增值税。

根据国家税务总局公告2016年第18号第十条规定，一般纳税人采取预收款方式销售自行开发的房地产项目，应在收到预收款时按照3%的预征率预缴增值税。丙公司显然采取的是预收款的方式，在预售阶段收到预收款时应按规定预缴增值税。

根据财税〔2016〕36号附件1第四十五条规定，增值税的纳税义务发生时间为"纳税人发生应税行为并收讫销售款项或者取得索取销售款项凭据的当天；先开具发票的，为开具发票的当天"。通过上述规定可以看出，增值税纳税义务发生时间确定的前提是"发生应税行为"。关于应税行为财税〔2016〕36号附件1所附《销售服务、无形资产、不动产注释》规定，销售不动产，是指转让不动产所有权的业务活动。也就是说销售不动产是一种权利的转让，而房地产开发项目在预售阶段尚无权属证明，自然也就无法进行权利的转让，缺少"发生应税行为"这个前提，也就不能确认增值税纳税义务发生。

本案例中，丙公司开发项目尚处于预售阶段，丙公司通过开具增值税发票的方式提前确认纳税义务发生，进而达到不预缴增值税的目的显然是对税收政策执行有误。

（三）防控建议

近年来，随着国家以及地方政府调控政策的不断出台，尤其在一些限价地区，房地产项目的增值空间小于预征率已经比较常见，但在相关政策调整前，房地产开发企业应按规定预缴增值税，避免涉税风险。

税务机关可通过房地产管理部门发布的房地产预售信息、房地产开发企业的增值税发票开具情况及申报的增值税数据进行比对分析，发现疑点，及时应对。

同时，笔者也建议，随着客观条件的变化对相关政策进行适当调整，涉及的不仅仅是增值税，还有土地增值税和企业所得税。设置增值税和土地增值税预缴以及企业所得税预计利润的目的之一，是考虑到税款的均衡入库，但现在往往会出现由于预征率和预计利润偏高，造成后期的大额退税，增加了企业的资金负担和基层税务机关的工作压力。

（四）税款计算

本案例中，丙公司当月应预缴增值税 = 42374.73 ÷ （1 + 9%）× 3% = 1166.28（万元）。

（五）财务核算

1. 收取预售款时

借：银行存款　　　　　　　　　　　　423747300
　　贷：预收账款　　　　　　　　　　　423747300
借：应交税费——预交增值税　　　　　11662800
　　贷：银行存款　　　　　　　　　　　11662800

2. 收取意向金时

借：银行存款　　　　　　　　　　　　3000000
　　贷：其他应付款　　　　　　　　　　3000000

第五节 城市维护建设税及教育费附加

一、案例描述

税务机关在比对分析中发现，2018年甲房地产开发公司（以下简称甲公司）城市维护建设税及教育费附加申报缴纳情况异常，于是向甲公司发出风险提醒，甲公司经自查反馈情况如下：甲公司开发的A项目共分两期，一期项目于2018年8月竣工交付，根据规定计算当年应缴纳增值税520万元，抵减已预缴税款400万元，实缴增值税120万元；二期项目于2018年9月开始预售，当年预收房款11000万元，全年预缴增值税300万元，项目尚未竣工。（当地适用的城市维护建设税税率为7%，教育费附加率为3%，另有该省征收的地方教育附加率为2%。）

甲公司由于财务人员调整，缺少对城市维护建设税及教育费附加政策的了解，当年未按规定申报城市维护建设税及教育费附加，经税务机关提醒后甲公司补申报缴纳城市维护建设税及教育费附加：

城市维护建设税=120×7%=8.4（万元）

教育费附加=120×3%=3.6（万元）

地方教育附加=120×2%=2.4（万元）

主管税务机关发现甲公司缴纳的城市维护建设税及教育费附加与入库增值税比对还是不符，经进一步了解，甲公司当年预缴增值税300万元未补申报缴纳城市维护建设税及教育费附加。甲公司财务人员认为，预缴的增值税今后可以在应缴增值税中抵减，不应作为城市维护建设税及教育费附加的基数。经税务机关向其解释政策，城市维护建设税及教育费附加以纳税人实际缴纳的消费税、增值税、营业税税额为计税依据，并说明今后从应缴金额中抵减的预缴金额不用再作为城市维护建设税及教育费附加的基数，随后甲公司按规定补缴了税款，并对以前年度申报情况开展自查。

二、风险提示

甲公司应按规定在申报缴纳增值税的同时申报缴纳城市维护建设税及教育费附加。

根据《中华人民共和国城市维护建设税暂行条例》规定，凡缴纳消费税、增值税、营业税的单位和个人，都是城市维护建设税的纳税义务人，以纳税人实际缴纳的消费税、增值税、营业税税额为计税依据，分别与消费税、增值税、营业税同时缴纳；根据《征收教育费附加的暂行规定》（国发〔1986〕50号）、《国务院关于修改〈征收教育费附加的暂行规定〉的决定》（国务院令第448号）规定，除按照《国务院关于筹措农村学校办学经费的通知》（国发〔1984〕174号文）的规定，缴纳农村教育事业费附加的单位外，都应当按照规定缴纳教育费附加。以纳税人实际缴纳的消费税、增值税、营业税税额为计税依据，分别与消费税、增值税、营业税同时缴纳。

三、防控建议

在实务中，企业一般很少发生少申报缴纳的情况，但在补缴增值税、消费税时，应注意同时补缴城市维护建设税及教育费附加。

四、税款计算

本案例中，甲公司当年预缴增值税应同时缴纳城市维护建设税及教育费附加如下：

城市维护建设税 = 300 × 7% = 21（万元）

教育费附加 = 300 × 3% = 9（万元）

地方教育附加 = 300 × 2% = 6（万元）

五、财务核算

1. 计提时

借：税金及附加——城市维护建设税	210000
——教育费附加	90000
——地方教育附加	60000
贷：应交税费——应交城市维护建设税	210000
——应交教育费附加	90000
——应交地方教育附加	60000

2. 申报缴纳

借：应交税费——应交城市维护建设税	210000
——应交教育费附加	90000
——应交地方教育附加	60000
贷：银行存款	360000

第六节 土地增值税

一、案例描述

乙房地产开发公司（以下简称乙公司）是增值税一般纳税人，2019年9月开发的B项目开始预售，当月收取定金的余额为500万元，预收购房款8937.40万元，签订购房合同金额23795.70万元。当地规定，纳税人预售房地产所取得的收入应预缴土地增值税，定金应并入销售收入预缴增值税和土地增值税，土地增值税预征率为2%。

二、风险提示

乙公司预收购房款应预缴土地增值税。

根据财税字〔1995〕48号文件第十四条"关于预售房地产所取得的收入是否申报纳税的问题"规定："对纳税人在项目全部竣工结算前转让房地产取得的收入可以预征土地增值税。具体办法由各省、自治区、直辖市地方税务局根据当地情况制定。因此，对纳税人预售房地产所取得的收入，当地税务机关规定预征土地增值税的，纳税人应当到主管税务机关办理纳税申报，并按规定比例预缴，待办理决算后，多退少补；当地税务机关规定不预征土地增值税的，也应在取得收入时先到税务机关登记或备案。"

根据国家税务总局公告2016年第70号规定，营改增后，纳税人转让房地产的土地增值税应税收入不含增值税。适用增值税一般计税方法的纳税人，其转让房地产的土地增值税应税收入不含增值税销项税额；适用简易计税方法的纳税人，其转让房地产的土地增值税应税收入不含增值税应纳税额。

为方便纳税人，简化土地增值税预征税款计算，房地产开发企业采取预收款方式销售自行开发的房地产项目的，可按照以下方法计算土地增值税预征计征依据：

土地增值税预征的计征依据＝预收款－应预缴增值税税款

三、防控建议

（一）关于预征的计税依据

在实践中，有些房地产开发企业按照"预收款÷（1＋适用税率）"作为预征的计税依据，在此需要提醒的是，这种理解和做法是不准确的。在预售阶段，增值税纳税义务尚未发生，难以计算销项税额及应纳税款，预收款÷（1＋适用税率）不等同于不含增值税销项税额的土地增值税应税收入。因此，为了方便纳税人，国家税务总局公告2016年第70号给予了企业计算方法。企业应按照"预收款－应预缴增值税税款"作为计税依据计算预缴土地增值税。

（二）关于预征期间

预征的起始时间一般没有疑义，房地产开发企业在收到预收款后，应按规定的纳税期限办理纳税申报，一般为按月申报。预征的截止时间如何确定，实践中有三种做法：一种是截止到税务机关通知办理清算之日或者达到应清算条件之日为止；一种是截止到企业办理好清算申报手续（受理申报表）的日期为止；一种是截止到税务机关送达清算审核结论之日为止。笔者认为，纳税人在清算申报手续完成前转让房地产，应当从取得预（销）售相关批准文件之日起，按月填报《土地增值税纳税申报表（预征适用）》及其附表，预缴土地增值税，清算申报之后销售的则填报《土地增值税纳税申报表（尾盘销售适用）》，这样最为合理。具体如何操作，房地产开发企业应按照国家税务总局和当地规定执行。

（三）关于定金是否需要预缴土地增值税

企业应根据项目所在地税务机关规定处理，如《安徽省地方税务局关于若干税收政策问题的公告》（安徽省地方税务局公告2012年第2号，国家税务总局安徽省税务局公告2019年第3号修改）规定，房地产开发企业转让房地产时收取的定金、诚意金等，应一并计入销售收入预征土地增值税。

税务机关可通过房地产管理部门发布的房地产预售信息、不动产登记部门的网签合同金额、企业的增值税发票开具情况及土地增值税当期申报数据进行比对分析，发现疑点，及时应对。

四、税款计算

本案例中，乙公司在2019年10月申报期内应预缴土地增值税的计算过程如下：

应预缴增值税 =（8937.4 + 500）÷（1 + 9%）× 3% = 259.74（万元）

应预缴土地增值税 =（8937.4 + 500 − 259.74）× 2% = 183.55（万元）

五、财务核算

1. 计提时

借：税金及附加　　　　　　　　　　　　　1835500

　　贷：应交税费——预交土地增值税　　　　1835500

2. 缴纳时

借：应交税费——预交土地增值税　　　　　1835500
　　　贷：银行存款　　　　　　　　　　　　1835500

第七节　企业所得税

一、按规定确认销售收入的实现

（一）案例描述

丙房地产开发公司（以下简称丙公司）为增值税一般纳税人，开发的 A 项目于 2019 年 10 月开始预售，截至 12 月 31 日，收取的定金的余额为 550 万元，签订购房合同金额 29527 万元，其中，采取银行按揭方式销售开发产品合同金额 24527 万元，收到首付款及银行按揭贷款已转账的金额 21937 万元；采取分期收款方式销售开发产品合同金额 5000 万元，收到款项 3200 万元，合同约定收款日期已到但尚未收到的款项 480 万元。

（二）风险提示

丙公司银行按揭方式收取的首付款和已转账金额 21937 万元及分期收款方式收到的款项 3200 万元和应收未收款 480 万元均应确认销售收入的实现。

根据国税发〔2009〕31 号文件第五条规定，开发产品销售收入的范围为销售开发产品过程中取得的全部价款，包括现金、现金等价物及其他经济利益。企业代有关部门、单位和企业收取的各种基金、费用和附加等，凡纳入开发产品价内或由企业开具发票的，应按规定全部确认为销售收入；未纳入开发产品价内并由企业之外的其他收取部门、单位开具发票的，可作为代收代缴款项进行管理。

根据国税发〔2009〕31号文件第六条规定，通过正式签订《房地产销售合同》或《房地产预售合同》所取得的收入，应确认为销售收入的实现。

对于不同的销售和收款方式，其具体销售收入实现的时间规定如下：

（1）采取一次性全额收款方式销售开发产品的，应于实际收讫价款或取得索取价款凭据（权利）之日，确认收入的实现。

（2）采取分期收款方式销售开发产品的，应按销售合同或协议约定的价款和付款日确认收入的实现。付款方提前付款的，在实际付款日确认收入的实现。

（3）采取银行按揭方式销售开发产品的，应按销售合同或协议约定的价款确定收入额，其首付款应于实际收到日确认收入的实现，余款在银行按揭贷款办理转账之日确认收入的实现。

（4）采取委托方式销售开发产品的，应按以下原则确认收入的实现：

①采取支付手续费方式委托销售开发产品的，应按销售合同或协议中约定的价款于收到受托方已销开发产品清单之日确认收入的实现。

②采取视同买断方式委托销售开发产品的，属于企业与购买方签订销售合同或协议，或企业、受托方、购买方三方共同签订销售合同或协议的，如果销售合同或协议中约定的价格高于买断价格，则应按销售合同或协议中约定的价格计算的价款于收到受托方已销开发产品清单之日确认收入的实现；如果属于前两种情况中销售合同或协议中约定的价格低于买断价格，以及属于受托方与购买方签订销售合同或协议的，则应按买断价格计算的价款于收到受托方已销开发产品清单之日确认收入的实现。

③采取基价（保底价）并实行超基价双方分成方式委托销售开发产品的，属于由企业与购买方签订销售合同或协议，或企业、受托方、购买方三方共同签订销售合同或协议的，如果销售合同或协议中约定的

价格高于基价，则应按销售合同或协议中约定的价格计算的价款于收到受托方已销开发产品清单之日确认收入的实现，企业按规定支付受托方的分成额，不得直接从销售收入中减除；如果销售合同或协议约定的价格低于基价的，则应按基价计算的价款于收到受托方已销开发产品清单之日确认收入的实现。属于由受托方与购买方直接签订销售合同的，则应按基价加上按规定取得的分成额于收到受托方已销开发产品清单之日确认收入的实现。

④采取包销方式委托销售开发产品的，包销期内可根据包销合同的有关约定，参照上述①至③项规定确认收入的实现；包销期满后尚未出售的开发产品，企业应根据包销合同或协议约定的价款和付款方式确认收入的实现。

根据国税发〔2009〕31号文件第七条规定，企业将开发产品用于捐赠、赞助、职工福利、奖励、对外投资、分配给股东或投资人、抵偿债务、换取其他企事业单位和个人的非货币性资产等行为，应视同销售，于开发产品所有权或使用权转移，或于实际取得利益权利时确认收入（或利润）的实现。确认收入（或利润）的方法和顺序为：

（1）按本企业近期或本年度最近月份同类开发产品市场销售价格确定；

（2）由主管税务机关参照当地同类开发产品市场公允价值确定；

（3）按开发产品的成本利润率确定。开发产品的成本利润率不得低于15%，具体比例由主管税务机关确定。

（三）防控建议

企业应建立销售明细台账，详细记录合同约定付款时间等信息，以便能够及时确认收入实现，避免涉税风险。

对于不同方式销售开发产品的收入确认时间企业应严格按照相关规定执行，特别要关注已到合同约定收款时间但尚未收到款项的涉税风险。

对于房地产开发企业收取的"定金"是否需要确认收入有一定的

争议。一种观点认为，收取的定金一般在合同签订之前，不符合"企业通过正式签订《房地产销售合同》或《房地产预售合同》所取得的收入，应确认为销售收入的实现"的规定，所以不应确认收入。还有一种观点认为，企业收取定金时会签订一份定金协议，也应视为房地产销售合同，因此，收到的定金应确认收入。一些省市对此有明确的规定，企业应及时了解当地政策，避免涉税风险。

税务机关可通过不动产登记部门的备案信息、企业开具增值税发票信息及当期申报的企业所得税数据进行比对，发现疑点，及时应对。

二、销售未完工开发产品应计算预计毛利额

（一）案例描述

丁房地产开发公司（以下简称丁公司）为增值税一般纳税人，开发的B项目于2018年10月开始预售，签订购房合同金额33795.70万元，当年收取购房款26937.36万元。丁公司采取分期收款方式销售不动产，合同约定付款日期已到但未收到的款项为857万元。累计发生管理费用103.6万元、财务费用18.35万元、销售费用875.29万元，预缴增值税734.66万元，缴纳城市维护建设税51.43万元、教育费附加36.73万元、印花税16.90万元，预缴土地增值税524.05万元，以前年度亏损476.12万元。（企业所得税查账征收，当地规定的预计计税毛利率10%；当地土地增值税预征率2%；不考虑其他因素。）

（二）风险提示

丁公司销售未完工开发产品取得的收入，应先按预计计税毛利率分季（或月）计算出预计毛利额，计入当期应纳税所得额。

根据国税发〔2009〕31号文件第九条规定，企业销售未完工开发产品取得的收入，应先按预计计税毛利率分季（或月）计算出预计毛利额，计入当期应纳税所得额。

根据国税发〔2009〕31号文件第十二条规定："企业发生的期间费用、已销开发产品计税成本、营业税金及附加、土地增值税准予当期按规定扣除。"

根据国税发〔2009〕31号文件第八条规定，企业销售未完工开发产品的计税毛利率由各省、自治、直辖市税务局按下列规定进行确定：

（1）开发项目位于省、自治区、直辖市和计划单列市人民政府所在地城市城区和郊区的，不得低于15%。

（2）开发项目位于地及地级市城区及郊区的，不得低于10%。

（3）开发项目位于其他地区的，不得低于5%。

（4）属于经济适用房、限价房和危改房的，不得低于3%。

根据《国家税务总局关于发布〈中华人民共和国企业所得税年度纳税申报表（A类，2017年版）〉的公告》（国家税务总局公告2017年第54号）规定，企业所得税纳税申报表表间关系，房地产开发企业销售未完工产品按照税法规定的预计计税毛利率计算的预计毛利额，计入纳税调整后所得，参与弥补企业符合条件的以前年度未弥补完的亏损额。

根据《国家税务总局关于加强企业所得税预缴工作的通知》（国税函〔2009〕34号）规定，企业所得税年度预缴税款占当年企业所得税入库税款（预缴数+汇算清缴数）应不少于70%。

（三）防控建议

房地产开发企业普遍采用期房销售的方式，也就是销售未完工产品。按照增值税和土地增值税的规定，这个期间收到的房款是预收账款，纳税义务尚未发生，所以税务机关采用预征的方式。但按照企业所得税的规定则只要签订了《房地产销售合同》或《房地产预售合同》，不管开发产品是否完工，符合规定条件的均应确认为销售收入的实现。

税务机关在年度所得税汇算清缴申报后，可通过企业申报的企业所得税年度纳税申报表，财务报表"预收账款""其他应付款"等科目，零税率发票开具信息等数据进行比对，发现疑点，及时应对。

（四）税款计算

本案例中，丁公司2018年第四季度企业所得税预缴和年度企业所得税汇算清缴情况如下：

（1）2018年第四季度预缴企业所得税。

利润总额 = 0 - (875.29 + 103.6 + 18.35 + 51.43 + 36.73 + 16.90 + 524.05) = -1626.35（万元）

特定业务计算的应纳税所得额 = (26937.36 + 857) ÷ (1 + 10%) × 10% = 2526.76（万元）

可弥补的亏损为476.12万元。

应纳税所得额 = 2526.76 - 1626.35 - 476.12 = 424.29（万元）

应纳所得税额 = 424.29 × 25% = 106.07（万元）

（2）2018年度企业所得税年度纳税申报表及附表，见表5-1、表5-2、表5-3、表5-4。

表5-1

A100000　　　　　中华人民共和国企业所得税年度纳税申报表（A类）

行次	类别	项目	金额
1	利润总额计算	一、营业收入（填写A101010\101020\103000）	0.00
2		减：营业成本（填写A102010\102020\103000）	0.00
3		减：税金及附加	
4		减：销售费用（填写A104000）	8752900.00
5		减：管理费用（填写A104000）	1036000.00
6		减：财务费用（填写A104000）	183500.00
7		减：资产减值损失	
8		加：公允价值变动收益	
9		加：投资收益	

续表

行次	类别	项目	金额
10	利润总额计算	二、营业利润（1-2-3-4-5-6-7+8+9）	-9972400.00
11		加：营业外收入（填写A101010\101020\103000）	0.00
12		减：营业外支出（填写A102010\102020\103000）	0.00
13		三、利润总额（10+11-12）	-9972400.00
14	应纳税所得额计算	减：境外所得（填写A108010）	0.00
15		加：纳税调整增加额（填写A105000）	18976500.00
16		减：纳税调整减少额（填写A105000）	0.00
17		减：免税、减计收入及加计扣除（填写A107010）	0.00
18		加：境外应税所得抵减境内亏损（填写A108000）	0.00
19		四、纳税调整后所得（13-14+15-16-17+18）	9004100.00
20		减：所得减免（填写A107020）	0.00
21		减：弥补以前年度亏损（填写A106000）	4761200.00
22		减：抵扣应纳税所得额（填写A107030）	0.00
23		五、应纳税所得额（19-20-21-22）	4242900.00
24	应纳税额计算	税率（25%）	0.25
25		六、应纳所得税额（23×24）	1060725.00
26		减：减免所得税额（填写A107040）	0.00
27		减：抵免所得税额（填写A107050）	0.00
28		七、应纳税额（25-26-27）	1060725.00
29		加：境外所得应纳所得税额（填写A108000）	0.00
30		减：境外所得抵免所得税额（填写A108000）	0.00
31		八、实际应纳所得税额（28+29-30）	1060725.00
32		减：本年累计实际已预缴的所得税额	1060725.00
33		九、本年应补（退）所得税额（31-32）	0.00
34		其中：总机构分摊本年应补（退）所得税额（填写A109000）	0.00
35		财政集中分配本年应补（退）所得税额（填写A109000）	0.00
36		总机构主体生产经营部门分摊本年应补（退）所得税额（填写A109000）	0.00

表 5-2

A104000　　　　　　　　　　期间费用明细表

行次	项目	销售费用	管理费用	财务费用
		1	3	5
25	二十五、其他	8752900.00	1036000.00	183500.00
26	合计（1+2+3+…+25）	8752900.00	1036000.00	183500.00

表 5-3

A105000　　　　　　　　　　纳税调整项目明细表

行次	项目	账载金额	税收金额	调增金额	调减金额
		1	2	3	4
36	四、特殊事项调整项目（37+38+39+40+41+42+43）	*	*	18976500.00	0.00
37	（一）企业重组及递延纳税事项（填写A105100）	0.00	0.00		
38	（二）政策性搬迁（填写A105110）	*	*		
39	（三）特殊行业准备金（填写A105120）				
40	（四）房地产开发企业特定业务计算的纳税调整额（填写A105010）	*	18976500.00	18976500.00	
41	（五）合伙企业法人合伙人应分得的应纳税所得额			0.00	0.00
42	（六）发行永续债利息支出				
43	（七）其他	*	*		
44	五、特别纳税调整应税所得	*	*		
45	六、其他	*	*		
46	合计（1+12+31+36+44+45）	*	*	18976500.00	0.00

表 5-4

A105010　视同销售和房地产开发企业特定业务纳税调整明细表

行次	项目	税收金额 1	纳税调整金额 2
1	一、视同销售（营业）收入（2+3+4+5+6+7+8+9+10）	0.00	0.00
11	二、视同销售（营业）成本（12+13+14+15+16+17+18+19+20）	0.00	0.00
21	三、房地产开发企业特定业务计算的纳税调整额（22-26）	18976500.00	18976500.00
22	（一）房地产企业销售未完工开发产品特定业务计算的纳税调整额（24-25）	18976500.00	18976500.00
23	1. 销售未完工产品的收入	252676000.00	*
24	2. 销售未完工产品预计毛利额	25267600.00	25267600.00
25	3. 实际发生的税金及附加、土地增值税	6291100.00	6291100.00
26	（二）房地产企业销售的未完工产品转完工产品特定业务计算的纳税调整额（28-29）	0.00	0.00
27	1. 销售未完工产品转完工产品确认的销售收入	0.00	*
28	2. 转回的销售未完工产品预计毛利额	0.00	0.00
29	3. 转回实际发生的税金及附加、土地增值税	0.00	0.00

（五）财务核算

1. 计提时

借：所得税费用　　　　　　　　　　　　1060725

　　贷：应交税费——企业所得税　　　　　　1060725

2. 申报缴纳时

借：应交税费——企业所得税　　　　　　　1060725
　　贷：银行存款　　　　　　　　　　　　　1060725

第八节 个人所得税

一、案例描述

税务机关在对甲房地产开发公司（以下简称甲公司）开展风险应对时发现，2018年12月甲公司业务宣传费中列支有56万元的礼品，经核实，该礼品为甲公司在2019年1月举办2018年度公司年会中，赠送给应邀出席活动嘉宾个人的赠品，因甲公司财务人员对个人所得税政策不够了解，没有按规定代扣代缴个人所得税。税务机关风险应对人员向甲公司财务人员宣传了相关税收政策后，按规定进行了处理。

二、风险提示

甲公司在年会中向本单位以外的个人赠送礼品，应按"偶然所得"项目代扣代缴个人所得税。

根据《财政部 税务总局关于个人取得有关收入适用个人所得税应税所得项目的公告》（财政部 税务总局公告2019年第74号）规定，企业在业务宣传、广告等活动中，随机向本单位以外的个人赠送礼品（包括网络红包），以及企业在年会、座谈会、庆典以及其他活动中向本单位以外的个人赠送礼品，个人取得的礼品收入，按照"偶然所得"项目计算缴纳个人所得税，但企业赠送的具有价格折扣或折让性质的消费券、代金券、抵用券、优惠券等礼品除外。

本案例中，甲公司业务宣传费中列支的56万元礼品应按财政部、税务总局公告 2019 年第 74 号规定履行代扣代缴个人所得税义务。

三、防控建议

企业在业务宣传、广告、开业庆典等营销活动中，很难取得个人信息，因此，对于如何履行代扣代缴实现扣缴申报一直是一个难题。目前，随着自然人税收管理系统（ITS）扣缴客户端的系统升级，这一问题得以解决。对于无法获得个人信息的，可以采用"汇总申报"方式按"偶然所得"项目进行汇总申报。

税务机关在风险评估中应关注企业的"业务招待费""福利费"等科目，对于异常的数据要求企业提供情况说明，分析判断是否存在未按规定履行代扣代缴义务的风险。

四、税款计算

本案例中，甲公司应代扣代缴"偶然所得"个人所得税 = 56 × 20% = 11.2（万元）。

五、财务核算

1. 购买赠送时

借：销售费用——业务宣传费	560000
贷：应交税费——代扣代缴个人所得税	112000
银行存款	448000

2. 缴税时

借：应缴税费——代扣代缴个人所得税	112000
贷：银行存款	112000

第六章

竣工交付

第一节 主要涉税事项及税种

一、涉税事项

(一) 开发项目竣工备案

房地产开发项目竣工后,经验收合格,办理竣工备案手续。

(二) 办理不动产首次登记

房地产开发项目竣工备案后,办理不动产所有权首次登记,按规定确认增值税纳税义务发生时间,计算当期应纳税额,抵减已预缴税款后申报纳税。

(三) 结算计税成本

开发产品完工以后,企业在完工年度企业所得税汇算清缴前选择确定计税成本核算的终止日,及时结算其计税成本并计算此前销售收入的实际毛利额。预售阶段使用开发产品作为售楼处、样板房,采用预算价格或其他方式预估房产原值的,重新计算房产原值,按规定申报缴纳房产税。

(四) 完工产品交付

企业根据合同约定将完工产品交付业主,并按规定开具增值税发票,交付的土地终止城镇土地使用税纳税义务。

（五）销售完工产品

销售完工产品的增值税、土地增值税和企业所得税等税种的相应政策，与销售未完工产品有所不同，企业应按规定计算申报缴纳税款。

二、涉及税种

本章主要涉及的税种为：增值税、土地增值税、城镇土地使用税、房产税、企业所得税。

第二节 增值税

一、按规定确认纳税义务发生时间

（一）案例描述

甲房地产开发公司（以下简称甲公司）为增值税一般纳税人，于2017年5月通过出让方式竞得B地块，项目于2017年8月动工，12月预售，2019年12月25日竣工验收并办理了不动产权首次登记。该项目建筑面积10万平方米，可售面积8.5万平方米，截至2019年12月31日已全部售罄，签订购房合同总金额16亿元，收讫销售款项15亿元，另有3000万元合同约定收款时间为2019年12月31日前但款项尚未收到。购房合同约定房屋交付业主时间为2020年1月31日前，1月，甲公司将16亿元购房款全额开具了增值税发票。

（二）风险提示

2019年12月甲公司应确认增值税纳税义务发生金额15.3亿元，2020年1月应确认增值税纳税义务发生金额0.7亿元。

营改增后，对于房地产企业销售不动产增值税纳税义务发生时间的确定存在一定争议，笔者通过如下规定来进行分析。

1. 关于增值税纳税义务发生时间的规定

财税〔2016〕36号文件附件1第四十五条规定，增值税纳税义务、扣缴义务发生时间为：

纳税人发生应税行为并收讫销售款项或者取得索取销售款项凭据的当天；先开具发票的，为开具发票的当天。

收讫销售款项，是指纳税人销售服务、无形资产、不动产过程中或者完成后收到款项。

取得索取销售款项凭据的当天，是指书面合同确定的付款日期；未签订书面合同或者书面合同未确定付款日期的，为服务、无形资产转让完成的当天或者不动产权属变更的当天。

以上规定包含了下列三种情况：

一是收讫款项，并且强调是在销售不动产过程中或完成后。

二是取得索取销售款项凭据，是指书面合同确定的付款日期，无付款日期的，为不动产权属变更的当天。

三是开具发票，为开具发票的当天。

但无论哪种情况，确定纳税义务发生的前提都是要发生应税行为。

2. 关于增值税应税行为的注释

财税〔2016〕36号文件附件1所附的《销售服务、无形资产、不动产注释》明确，销售不动产，是指转让不动产所有权的业务活动。

这一条明确了销售不动产是一种权利转让的业务活动。

3. 关于不动产所有权转让的规定

（1）根据《物权法》第九条规定，不动产物权的设立、变更、转让和消灭，经依法登记，发生效力；未经登记，不发生效力，但法律另有规定的除外。

这一条明确了不动产所有权的转让需依法登记才有效。

（2）根据《房地产管理法》第三十九条规定，转让房地产时房屋已经建成的，还应当持有房屋所有权证书。

这一条进一步明确，转让已建成的房屋应当持有房屋所有权证书。

4. 关于房地产开发项目的规定

根据《房地产管理法》第二十七条规定，房地产开发项目的设计、施工，必须符合国家的有关标准和规范。房地产开发项目竣工，经验收合格后，方可交付使用。

这一条明确了房地产开发项目需竣工验收合格后方可办理不动产所有权登记。

5. 关于不动产所有权登记规定

根据《中华人民共和国不动产登记暂行条例》第十四条规定，因买卖、设定抵押权等申请不动产登记的，应当由当事人双方共同申请。其中，尚未登记的不动产首次申请登记的，可以由当事人单方申请。

这一条明确了房地产开发项目的首次登记可由房地产开发企业办理。

通过上述规定可以概括：销售不动产，是指转让不动产所有权的业务活动，而不动产所有权需依法登记来确立，其物权的转让也需依法登记方才有效。房地产开发项目在预售阶段尚处于施工建设中，建造的房屋尚未确权，其收取的预收房款也不能认定为发生应税行为。但当项目竣工验收合格并办理不动产物权首次登记后，具备了转让不动产所有权的必要条件，企业应根据财税〔2016〕36号文件附件1第四十五条规定，确认发生应税行为及纳税义务发生时间，采用一般计税方法的，以当期销售额和适用税率计算当期应纳税额，抵减已预缴税款后，向主管税务机关申报纳税。

本案例中，甲公司开发产品已于2019年12月25日竣工验收并办理了不动产权首次登记，截至2019年12月31日已收讫的15亿元购房款和合同约定付款时间已到但尚未收到的3000万元购房款均符合增值税纳税义务发生时间的规定，应于12月确认纳税义务发生。2020年1月，甲公司将16亿元购房款全部开具了增值税发票，根据相关规定，剩余7000万元购房款无论是否收到，也应于当月确认纳税义务发生。

（三）防控建议

在实务中，销售不动产纳税义务发生时间的确定应按收讫销售款项、取得索取销售款项凭据、开具发票三者孰先的原则把握。

税务机关可通过房地产管理部门的竣工备案信息了解企业项目状态，结合企业销售不动产发票开具情况，分析判断企业有无未按规定时间确认增值税纳税义务发生时间的风险。在风险应对中，应根据项目竣工备案情况，购房合同确定的交付时间、购房款收取时间、发票开具时间，并结合"预收账款"科目、销售清单等，核查企业有无按规定时间确认增值税纳税义务发生。

二、按规定扣除土地价款、计算当期应纳税额

（一）案例描述

乙房地产开发公司（以下简称乙公司）为增值税一般纳税人，于2017年5月通过出让方式竞得C地块，土地出让金为30000万元，土地面积为50000平方米，容积率不大于2.0，总建筑面积120000平方米（含公建配套），可售建设面积100000平方米。

项目于2017年7月开工建设，共分三个组团，于2018年1月开始预销售。一组团为洋房，可售面积30000平方米，于2019年6月15日竣工备案并办理了不动产权首次登记，所有房屋已全部售罄，购房合同总额32000万元，款项已全部收讫。销售合同约定交房日期为2019年6月30日前，当月交付房屋面积30000平方米。二组团为小高层，可售面积30000平方米，于2019年9月12日竣工备案并办理了不动产权首次登记，所有房屋已全部售罄，合同总额31000万元的购房款已收讫29600万元，剩余款项合同约定付款时间已到。销售合同约定交房日期为2019年9月30日前，当月交付房屋面积24100平方米，剩余5900平方米因购房者原因未能及时办理交付手续。三组团为高层，可售面积

40000平方米，于2019年12月10日竣工备案并办理了不动产权首次登记，合同总额37000万元的购房款已全额开具增值税发票，其中2300万元款项尚未收到。销售合同约定交房日期为2019年12月31日前，当月交付房屋面积34000平方米，剩余6000平方米因购房者原因未能及时办理交付手续。C项目已预缴增值税3000万元，在一组团交付前合计取得增值税进项税发票税额3000万元；二组团交付前取得增值税进项税发票税额200万元；三组团交付前取得增值税进项税发票税额50万元。

（二）风险提示

乙公司应按规定确认纳税义务发生时间，扣除土地价款，计算当期应纳税额，抵减已预缴税款后，向主管税务机关申报纳税。

根据国家税务总局公告2016年第18号第十四条规定，一般纳税人销售自行开发的房地产项目适用一般计税方法计税的，应按照财税〔2016〕36号文件附件1第四十五条规定的纳税义务发生时间，以当期销售额和适用税率计算当期应纳税额，抵减已预缴税款后，向主管税务机关申报纳税。未抵减完的预缴税款可以结转下期继续抵减。（自2018年5月1日起，适用税率由11%下调至10%；自2019年4月1日起，适用税率由10%下调至9%。）

根据国家税务总局公告2016年第18号第二十七条规定，房地产开发企业以预缴税款抵减应纳税额，应以完税凭证作为合法有效凭证。

根据财税〔2016〕36号文件附件2第一条第（三）项第10点规定，房地产开发企业中的一般纳税人销售其开发的房地产项目（选择简易计税方法的房地产老项目除外），以取得的全部价款和价外费用，扣除受让土地时向政府部门支付的土地价款后的余额为销售额。

根据财税〔2016〕36号文件附件1第二十二条规定，销项税额，是指纳税人发生应税行为按照销售额和增值税税率计算并收取的增值税额。销项税额计算公式：

$$销项税额 = 销售额 \times 税率$$

根据国家税务总局公告2016年第18号第四条规定,房地产开发企业中的一般纳税人(以下简称一般纳税人)销售自行开发的房地产项目,适用一般计税方法计税,按照取得的全部价款和价外费用,扣除当期销售房地产项目对应的土地价款后的余额计算销售额。销售额的计算公式如下:

销售额=(全部价款和价外费用-当期允许扣除的土地价款)÷(1+11%)

(2018年5月1日起,适用税率由11%下调至10%;2019年4月1日起,由10%下调至9%。)

国家税务总局公告2016年第18号第五条规定,当期允许扣除的土地价款按照以下公式计算:

当期允许扣除的土地价款=(当期销售房地产项目建筑面积÷房地产项目可供销售建筑面积)×支付的土地价款

当期销售房地产项目建筑面积,是指当期进行纳税申报的增值税销售额对应的建筑面积。

房地产项目可供销售建筑面积,是指房地产项目可以出售的总建筑面积,不包括销售房地产项目时未单独作价结算的配套公共设施的建筑面积。

支付的土地价款,是指向政府、土地管理部门或受政府委托收取土地价款的单位直接支付的土地价款。

根据《国家税务总局关于土地价款扣除时间等增值税征管问题的公告》(国家税务总局公告2016年第86号)第一条规定,房地产开发企业向政府部门支付的土地价款,以及向其他单位或个人支付的拆迁补偿费用,按照财税〔2016〕140号文件第七条、第八条规定,允许在计算销售额时扣除但未扣除的,从2016年12月(税款所属期)起按照现行规定计算扣除。第五条规定,国家税务总局公告2016年第18号第五条中,"当期销售房地产项目建筑面积""房地产项目可供销售建筑面积",是指计容积率地上建筑面积,不包括地下车位建筑面积。

根据财税〔2016〕140号文件第七条规定,财税〔2016〕36号文件附件2第一条第(三)项第10点中"向政府部门支付的土地价款",

包括土地受让人向政府部门支付的征地和拆迁补偿费用、土地前期开发费用和土地出让收益等。

房地产开发企业中的一般纳税人销售其开发的房地产项目（选择简易计税方法的房地产老项目除外），在取得土地时向其他单位或个人支付的拆迁补偿费用也允许在计算销售额时扣除。纳税人按上述规定扣除拆迁补偿费用时，应提供拆迁协议、拆迁双方支付和取得拆迁补偿费用凭证等能够证明拆迁补偿费用真实性的材料。

根据国家税务总局公告2016年第18号第六条规定，在计算销售额时从全部价款和价外费用中扣除土地价款，应当取得省级以上（含省级）财政部门监（印）制的财政票据。

根据国家税务总局公告2016年第18号第七条规定，一般纳税人应建立台账登记土地价款的扣除情况，扣除的土地价款不得超过纳税人实际支付的土地价款。

（三）防控建议

增值税应纳税额的计算过程比较复杂，涉及政策比较多，要求比较高，企业应加强业务培训和内控建设，避免涉税风险。以下四点尤其应注意：

（1）准确把握土地价款扣除范围，"向政府部门支付的土地价款"除向政府、土地管理部门或受政府委托收取土地价款的单位直接支付的土地价款外，还包括土地受让人向政府部门支付的征地和拆迁补偿费用、土地前期开发费用和土地出让收益。

这一条虽然列举了一些可扣除项目，但与企业所得税及土地增值税的规定相比还是不够明确，向政府部门支付的征地和拆迁补偿费用具体包括哪些内容？例如，对于房地产开发企业取得土地使用权缴纳的契税，企业所得税和土地增值税均有明确规定。企业所得税方面，国税发〔2009〕31号文件规定，土地征用费及拆迁补偿费主要包括土地买价或出让金、大市政配套费、契税等。土地增值税方面，国税函〔2010〕220号文件规定，房地产开发企业为取得土地使用权所支付的契税，应视同"按国家统一规定交纳的有关费用",计入"取得土地使用权所支付的金额"中扣除。笔者认为,虽然各税种征税对象不同,但对相同涉税事项的定义和内涵应该基本一致,企业所得税和土地增值税相关政策均明确将契税计入土地成本,理论上增值税也应与其保持一致,在计算增值税销售额时准予扣除契税。

对于契税、公共设施配套费等是否可作为向政府部门支付的土地价款计算扣除,企业应及时与当地税务机关沟通,根据当地的相关规定处理。

(2)扣除土地价款应为直接交付,且票据应符合规定,可以扣除的向政府部门支付的土地价款,以省级以上(含省级)财政部门监(印)制的财政票据为合法有效凭证。

(3)销售自行开发的房地产项目,特别是新老项目并存及项目分期滚动开发的情况,应准确计算当期可扣除的土地价款。

(4)一般纳税人应建立台账登记土地价款的扣除情况,扣除的土地价款不得超过纳税人实际支付的土地价款。

税务机关在风险应对中,一要重点关注项目公司的设立是否符合财税〔2016〕第140号文件的规定;二要关注扣除土地价款的票据是否符合规定;三要关注当期扣除土地价款的计算是否准确;四要关注支付的土地价款与申报的契税计税依据是否一致,如有差异,应核实有无应缴未缴契税风险。

(四)税款计算

本案例中,各组团增值税纳税义务发生时间及应纳税额计算如下(不考虑其他因素):

(1)2019年6月一组团应纳税额计算:

本期允许扣除的土地价款=(30000÷100000)×30000=9000(万元)

本期销售额=(32000-9000)÷(1+9%)=21100.92(万元)

本期销项税额=21100.92×9%=1899.08(万元)

可抵进项税额=3000(万元)

进项税额大于销项税额，本期无须缴纳增值税，进项税额留抵 = 3000 – 1899.08 = 1100.92（万元）。

（2）2019 年 9 月二组团应纳税额计算：

本期允许扣除的土地价款 =（30000 ÷ 100000）× 30000 = 9000（万元）

本期销售额 =（31000 – 9000）÷（1 + 9%）= 20183.49（万元）

本期销项税额 = 20183.49 × 9% = 1816.51（万元）

上期留抵进项税额 = 1100.92（万元）

本期新增进项税额 = 200（万元）

本期应缴增值税 = 1816.51 – 1100.92 – 200 = 515.59（万元）

已预缴增值税 = 3000（万元）

本期抵减预缴税款 = 515.59（万元）

预缴税额期末余额 = 3000 – 515.59 = 2484.41（万元）

（3）2019 年 12 月三组团应纳税额计算：

本期允许扣除的土地价款 =（40000 ÷ 100000）× 30000 = 12000（万元）

本期销售额 =（37000 – 12000）÷（1 + 9%）= 22935.78（万元）

本期销项税额 = 22935.78 × 9% = 2064.22（万元）

上期留抵进项税额 = 0.00（元）

本期新增进项税额 = 50（万元）

本期应缴增值税 = 2064.22 – 50 = 2014.22（万元）

预缴税额上期余额 = 2484.41（万元）

预缴税额期末余额 = 2484.41 – 2014.22 = 470.19（万元）

三、准确划分不得抵扣的进项税额

（一）案例描述

丙房地产开发公司（以下简称丙公司）开发的 A 项目总建筑面积 15.4 万平方米，分二期开发，第一期 8.73 万平方米，《建筑工程施工许可证》注明的合同开工日期为 2016 年 3 月 12 日，7 月开始预售，

2018年9月竣工交付；第二期6.67万平方米，《建筑工程施工许可证》注明的合同开工日期为2016年9月，2017年3月开始预售，2018年12月竣工交付。丙公司一期选用简易计税方法计税，第一、二期都按规定确认了纳税义务发生时间，计算申报缴纳了增值税。

2019年6月，主管税务机关对该公司开展风险应对时，发现该公司为A项目整体宣传而发生的广告费取得的发票进项税额98万元都在第二期进行了抵扣，税务机关应对人员在对企业财务人员进行相关政策宣传后，辅导其计算不得抵扣的进项税额，并按规定进行了处理。

（二）风险提示

用于简易计税方法计税的项目进项税额不得从销项税额中抵扣。

根据国家税务总局公告2016年第18号的规定，一般纳税人销售自行开发的房地产项目，兼有一般计税方法计税、简易计税方法计税、免征增值税的房地产项目而无法划分不得抵扣的进项税额的，应以《建筑工程施工许可证》注明的"建设规模"为依据进行划分。

不得抵扣的进项税额＝当期无法划分的全部进项税额×（简易计税、免税房地产项目建设规模÷房地产项目总建设规模）

根据《增值税暂行条例》第十条规定，下列项目的进项税额不得从销项税额中抵扣：

（1）用于简易计税方法计税项目、免征增值税项目、集体福利或者个人消费的购进货物、劳务、服务、无形资产和不动产；

（2）非正常损失的购进货物，以及相关的劳务和交通运输服务；

（3）非正常损失的在产品、产成品所耗用的购进货物（不包括固定资产）、劳务和交通运输服务；

（4）国务院规定的其他项目。

根据财税〔2016〕36号文件规定，纳税人接受贷款服务向贷款方支付的与该笔贷款直接相关的投融资顾问费、手续费、咨询费等费用，其进项税额不得从销项税额中抵扣。

（三）防控建议

1. 不得抵扣进项税额的情形

（1）取得的增值税扣税凭证不符合规定；

（2）用于简易计税方法计税和免税计税方法的项目的；

（3）用于集体福利的和个人消费的；

（4）非正常损失所对应的进项税额；

（5）购进的旅客运输服务（2019年4月1日之前）、贷款服务、餐饮服务、居民日常服务、娱乐服务；

（6）失控发票；

（7）纳税人在进行增值税纳税申报时，未通过本省（自治区、直辖市和计划单列市）增值税发票综合服务平台对扣税凭证信息进行用途确认的扣税凭证；

（8）未按期申报抵扣增值税进项税额的扣税凭证；

（9）取得的异常凭证暂不允许抵扣。

2. 关于购进的旅客运输服务的新政

自2019年4月1日起，纳税人购进国内旅客运输服务，其进项税额允许从销项税额中抵扣。

（1）纳税人未取得增值税专用发票的，暂按照以下规定确定进项税额：

①取得增值税电子普通发票的，为发票上注明的税额；

②取得注明旅客身份信息的航空运输电子客票行程单的，为按照下列公式计算进项税额：

$$航空旅客运输进项税额 = (票价 + 燃油附加费) \div (1 + 9\%) \times 9\%$$

③取得注明旅客身份信息的铁路车票的，为按照下列公式计算的进项税额：

$$铁路旅客运输进项税额 = 票面金额 \div (1 + 9\%) \times 9\%$$

④取得注明旅客身份信息的公路、水路等其他客票的，按照下列公式计算进项税额：

公路、水路等其他旅客运输进项税额＝票面金额÷(1＋3%)×3%

(2)财税〔2016〕36号文件附件1《营业税改征增值税试点实施办法》第二十七条第(六)项和附件2《营业税改征增值税试点有关事项的规定》第二条第(一)项第5点中"购进的旅客运输服务、贷款服务、餐饮服务、居民日常服务和娱乐服务"修改为"购进的贷款服务、餐饮服务、居民日常服务和娱乐服务"。

3. 关于取消认证确认、稽核比对、申报抵扣期限的政策

根据国家税务总局公告2019年第45号规定，增值税一般纳税人取得2017年1月1日及以后开具的增值税专用发票、海关进口增值税专用缴款书、机动车销售统一发票、收费公路通行费增值税电子普通发票，取消认证确认、稽核比对、申报抵扣的期限。纳税人在进行增值税纳税申报时，应当通过本省（自治区、直辖市和计划单列市）增值税发票综合服务平台对上述扣税凭证信息进行用途确认。

增值税一般纳税人取得2016年12月31日及以前开具的增值税专用发票、海关进口增值税专用缴款书、机动车销售统一发票，超过认证确认、稽核比对、申报抵扣期限，但符合规定条件的，仍可按照《国家税务总局关于逾期增值税扣税凭证抵扣问题的公告》（国家税务总局公告2011年第50号，国家税务总局公告2017年第36号、2018年第31号修改）、《国家税务总局关于未按期申报抵扣增值税扣税凭证有关问题的公告》（国家税务总局公告2011年第78号，国家税务总局公告2018年第31号修改）规定，继续抵扣进项税额。

税务机关在风险应对中，一要关注扣税凭证是否符合规定；二要关注既有一般计税方法计税又有简易计税方法计税项目的，不得抵扣的进项税划分是否准确，有无转出。

（四）税款计算

本案例不得抵扣进项税额 = 98 × (8.73 ÷ 15.4) = 55.56（万元）

四、选择简易计税方法计税应符合的条件

（一）案例描述

乙房地产开发公司（以下简称乙公司）为增值税一般纳税人，2011 年通过出让方式获取 D 号土地，土地价款 139300 万元，缴纳契税 4179 万元。土地面积 14.9 万平方米，建筑面积 32.78 万平方米，可售面积 27.86 万平方米。项目分三期开发，第一、二期已于 2014 年底开发完毕，三期因拆迁问题没有解决，直到 2016 年 1 月乙公司才取得土地，2016 年 6 月 10 日，乙公司取得了三期的施工许可证，注明的开工日期为 2016 年 6 月 30 日，三期土地面积 4.39 万平方米，建筑面积 10.49 万平方米，可售面积 8.99 万平方米。2016 年 10 月乙公司取得三期预售许可证并开始预售，2018 年 12 月项目竣工验收并办理了不动产权首次登记。至 2018 年 12 月 31 日，合同约定房屋交付业主前累计签订购房合同面积 7.92 万平方米，金额 158400 万元，收到款项 145800 万元。为了方便交付，乙公司在当月将 158400 万元购房款均开具了增值税发票。

至 2018 年 12 月 31 日，累计取得增值税发票进项税额 3600 万元。乙公司选择简易计税方法计税，已预缴增值税 4165.71 万元，2019 年 1 月申报期内，乙公司计算申报缴纳增值税 = 145800 ÷ (1 + 5%) × 5% - 4165.71 = 2777.15（万元）。

（二）风险提示

乙公司开发的 D 地块三期项目《建筑工程施工许可证》注明的合同开工日期在 2016 年 4 月 30 日以后，不符合选择简易计税方法的条

件，应按一般计税方法计税。合同约定 2018 年 12 月 31 日前交付的房屋均开具了增值税发票，158400 万元均应确认纳税义务发生。

根据国家税务总局公告 2016 年第 18 号第八条规定，一般纳税人销售自行开发的房地产老项目，可以选择适用简易计税方法按照 5% 的征收率计税。一经选择简易计税方法计税的，36 个月内不得变更为一般计税方法计税。

（三）防控建议

一般纳税人销售自行开发的房地产老项目才可以选择适用简易计税方法计税，新项目只可以适用一般计税方法计税。

税务机关应关注选择简易计税方法计税的项目，尤其早期取得土地成本较低尚未开发结束的项目，应重点关注适用计税方法是否准确。

（四）税款计算

本案例乙公司三期项目应纳税款计算如下（假设当地规定向政府部门支付的土地价款包含契税）：

1. 计算当期允许扣除的土地价款

（1）三期土地款 = 4.39 ÷ 14.9 ×（139300 + 4179）= 42273.34（万元）

（2）当期允许扣除的土地价款 = 7.92 ÷ 8.99 × 42273.34 = 37241.92（万元）

2. 计算当期销售额

销售额 =（158400 − 37241.92）÷（1 + 10%）= 110143.71（万元）

3. 计算应纳税额

应纳税额 = 110143.71 × 10% − 3600 = 7414.37（万元）

4. 计算应补缴税款

乙公司已预缴增值税 4165.71 万元，三期收到的款项 145800 已确认纳税义务发生并计算缴纳增值税 2777.15 万元，应补缴增值税 = 7414.37 - 4165.71 - 2777.15 = 471.51（万元）。

五、选择简易计税方法计税的要准确计算销售额

（一）案例描述

甲房地产开发公司（以下简称甲公司）为增值税一般纳税人，开发的 A 项目为 2016 年 3 月动工的老项目，选用简易计税方法计税。该项目土地成本为 103600 万元，建筑面积 9.86 万平方米，可售面积 8.38 万平方米，2016 年 9 月预售，2018 年 12 月 15 日项目竣工验收并办理了不动产权首次登记，合同约定交房时间为 2018 年 12 月底前。截至 2018 年 12 月底，累计销售 7.46 万平方米，收到购房款 129800 万元，签订购房合同金额 149200 万元（其中，765 万元合同确定的付款金额时间已到但未收到款项），12 月还收到客户延期付款违约金 18 万元。已预缴增值税 3708.57 万元，甲公司为了便于办理交付手续，2018 年 12 月底前将签订合同的 149200 万元均开具了增值税发票。

2019 年 1 月申报期内，甲公司将收到的房款 129800 万元确认纳税义务发生，抵减已预缴税款后向税务机关申报纳税，计算结果如下：

应纳税额 = 129800 ÷ (1 + 5%) × 5% = 6180.95（万元）

抵减已预缴税款 = 3708.57（万元）

申报税款 = 6180.95 - 3708.57 = 2472.38（万元）

（二）风险提示

甲公司 2018 年 12 月确定纳税义务发生的金额不准确。

根据财税〔2016〕36 号文件附件 1《营业税改征增值税试点实施

办法》第四十五条规定，增值税纳税义务发生时间为纳税人发生应税行为并收讫销售款项或者取得索取销售款项凭据的当天；先开具发票的，为开具发票的当天。

根据国家税务总局公告 2016 年第 18 号第九条规定，一般纳税人销售自行开发的房地产老项目适用简易计税方法计税的，以取得的全部价款和价外费用为销售额，不得扣除对应的土地价款。

关于计入销售额的价外费用，应具备以下三个特点：

（1）销售不动产增值税纳税义务须以存在交易为前提，如果不存在销售不动产行为，价外费用的确认就失去了基础。

（2）价外费用应以销售行为的存续为前提。价外费用的范围，只能局限于与销售行为有关的款项，与销售行为无关的款项不应该被认定为价外费用。

（3）价外费用只能是销售方向购货方收取的款项，销售方支付给购货方的款项，不能成为价外费用。

根据上述规定，甲公司开发的 A 项目属于房地产老项目，甲公司既可选择简易计税方法计税，也可选择一般计税方法计税，但一经选择简易计税方法计税的，36 个月内不得变更为一般计税方法计税。该公司开发的 A 项目已于 2018 年 12 月 15 日竣工验收并办理了不动产权首次登记，在 12 月底前合同额 149200 万元均开具了增值税发票，应全额确认纳税义务发生，12 月收到的客户延期付款违约金 18 万元属于价外费用，也应计入销售额。

（三）防控建议

选择简易计税方法需要符合条件，含税销售额为全部价款和价外费用，在计算应纳税额时不得扣除土地价款。

价外费用是指价外收取的各种性质收费，包括手续费、补贴、基金、集资费、返还利润、奖励费、运输装卸费、代收款项、代垫款项及其他各种性质的价外费用。但下列非经营活动的情形除外：

（1）行政单位收取的同时满足以下条件的政府性基金或者行政事

业性收费：

①由国务院或者财政部批准设立的政府性基金，由国务院或者省级人民政府及其财政、价格主管部门批准设立的行政事业性收费；

②收取时开具省级以上（含省级）财政部门监（印）制的财政票据；

③所收款项全额上缴财政。

（2）单位或者个体工商户聘用的员工为本单位或者雇主提供取得工资的服务。

（3）单位或者个体工商户为聘用的员工提供服务。

（4）财政部和国家税务总局规定的其他情形。

（5）以委托方名义开具发票代委托方收取的款项。

（四）税款计算

本案例中，甲公司2019年1月应申报缴纳增值税税款计算如下：

增值税应纳税额 =（149200 + 18）÷（1 + 5%）× 5% = 7105.62（万元）

抵减已预缴税款 = 3708.57（万元）

应申报缴纳增值税税款 = 7105.62 - 3708.57 = 3397.05（万元）

六、购进农产品进项税扣除应符合规定

（一）案例描述

丙房地产开发公司（以下简称丙公司）为增值税一般纳税人，开发的B项目采用一般计税方法计税。2018年11月，丙公司发生如下购买苗木业务：从某乡农业合作社购置苗木一批，用于园林绿化，取得免税的农产品增值税普通发票一张，金额105万元，签订合同、支付货款及供货单位一致；从某园艺市场购买花草一批，取得增值税普通发票一张，金额15万元；从某园艺公司购买花草一批，取得增值税专用发票进项税额2.8万元。

（二）风险提示

丙公司购买园林绿化工程涉及的农产品如苗木、草皮等，应按规定扣除进项税额。

根据《增值税暂行条例》第八条第三款规定，购进农产品，除取得增值税专用发票或者海关进口增值税专用缴款书外，按照农产品收购发票或者销售发票上注明的农产品买价和扣除率计算的进项税额准予从销项税额中扣除，国务院另有规定的除外。进项税额计算公式为：

$$进项税额 = 买价 \times 扣除率$$

根据《增值税暂行条例》第九条规定，纳税人购进货物、劳务、服务、无形资产、不动产，取得的增值税扣税凭证不符合法律、行政法规或者国务院税务主管部门有关规定的，其进项税额不得从销项税额中抵扣。

根据《增值税暂行条例实施细则》第十九条规定："条例第九条所称增值税扣税凭证，是指增值税专用发票、海关进口增值税专用缴款书、农产品收购发票和农产品销售发票以及运输费用结算单据。"

财税〔2016〕36号文件附件1对农产品进项税额抵扣作了如下规定：

（1）第二十五条规定，下列进项税额准予从销项税额中抵扣：

购进农产品，除取得增值税专用发票或者海关进口增值税专用缴款书外，按照农产品收购发票或者销售发票上注明的农产品买价和适用的扣除率计算的进项税额。计算公式为：

$$进项税额 = 买价 \times 扣除率$$

买价，是指纳税人购进农产品在农产品收购发票或者销售发票上注明的价款和按照规定缴纳的烟叶税。

购进农产品，按照《农产品增值税进项税额核定扣除试点实施办法》抵扣进项税额的除外。

（2）第二十六条规定，纳税人取得的增值税扣税凭证不符合法律、行政法规或者国家税务总局有关规定的，其进项税额不得从销项税额中抵扣。

增值税扣税凭证，是指增值税专用发票、海关进口增值税专用缴款书、农产品收购发票、农产品销售发票和完税凭证。

纳税人凭完税凭证抵扣进项税额的，应当具备书面合同、付款证明和境外单位的对账单或者发票。资料不全的，其进项税额不得从销项税额中抵扣。

根据《财政部 税务总局关于简并增值税税率有关政策的通知》（财税〔2017〕37号）第二条规定，纳税人购进农产品，按下列规定抵扣进项税额：

（1）除下列第（2）项规定外，纳税人购进农产品，取得一般纳税人开具的增值税专用发票或海关进口增值税专用缴款书的，以增值税专用发票或海关进口增值税专用缴款书上注明的增值税额为进项税额；从按照简易计税方法依照3%征收率计算缴纳增值税的小规模纳税人取得增值税专用发票的，以增值税专用发票上注明的金额和11%的扣除率计算进项税额；取得（开具）农产品销售发票或收购发票的，以农产品销售发票或收购发票上注明的农产品买价和11%的扣除率计算进项税额。

（2）营业税改征增值税试点期间，纳税人购进用于生产销售或委托受托加工17%税率货物的农产品维持原扣除力度不变。

（3）继续推进农产品增值税进项税额核定扣除试点，纳税人购进农产品进项税额已实行核定扣除的，仍按照《财政部 国家税务总局关于在部分行业试行农产品增值税进项税额核定扣除办法的通知》（财税〔2012〕38号）、《财政部 国家税务总局关于扩大农产品增值税进项税额核定扣除试点行业范围的通知》（财税〔2013〕57号）执行。其中，财税〔2012〕38号文件第四条第（二）项规定的扣除率调整为11%；第（三）项规定的扣除率调整为按上述第（1）项、第（2）项规定执行。

根据财税〔2017〕37号、《财政部 税务总局关于调整增值税税率的通知》（财税〔2018〕32号）和《财政部 税务总局 海关总署关于深化增值税改革有关政策的公告》（财政部 税务总局 海关总署公告2019年第39号）规定，上述扣除率2017年7月1日起为11%，

2018年5月1日起为10%，2019年4月1日起为9%。

（三）防控建议

企业应加强内控，准确适用扣除率，购买价格与实际应相符，取得票据应符合规定。

税务机关应关注企业购买农产品适用的扣除率是否准确，取得的票据是否符合规定。

（四）税款计算

本案例中，丙公司三笔业务应做如下处理：

（1）农业合作社购置苗木是从农业生产者处直接购置的农产品，根据规定可以按票面金额的10%计算抵扣进项税额，进项税额 = 105 × 10% = 10.5（万元）。

（2）从园艺市场购买的花草不属于从农业生产者直接购置的农产品，开具的也不是增值税专用发票，因此不得计算抵扣进项税额。

（3）从园艺公司购买花草取得的增值税专用发票，进项税额2.8万元可以抵扣。

七、出租自行开发的房地产项目应按规定缴纳增值税

（一）案例描述

甲房地产开发公司（以下简称甲公司）为增值税一般纳税人，开发的A项目分两期，一期为2016年4月30日前的老项目，二期为新项目，项目整体已经竣工交付。2018年12月该公司将一、二期开发产品中沿街尚未出售的商铺对外出租，租期从2019年1月1日至2020年12月31日，其中一期年租金180万元，二期年租金195万元，合同约定付款方式为一季度一付，提前15天支付。当月收到一期房租45万元，收到二期房租48.75万元，均开具了增值税发票。

（二）风险提示

甲公司出租自行开发的房地产项目应按规定申报缴纳增值税，一期为老项目，甲公司可选择简易计税方法计税，也可以选择一般计税方法计税。

根据《国家税务总局关于发布〈纳税人提供不动产经营租赁服务增值税征收管理暂行办法〉的公告》（国家税务总局公告 2016 年第 16 号）规定，纳税人以经营租赁方式出租其取得的不动产（以下简称出租不动产），适用该办法。取得的不动产，包括以直接购买、接受捐赠、接受投资入股、自建以及抵债等各种形式取得的不动产。

一般纳税人出租其 2016 年 4 月 30 日前取得的不动产，可以选择适用简易计税方法，按照 5% 的征收率计算应纳税额。不动产所在地与机构所在地不在同一县（市、区）的，纳税人应按照上述计税方法向不动产所在地主管税务机关预缴税款，向机构所在地主管税务机关申报纳税。不动产所在地与机构所在地在同一县（市、区）的，纳税人向机构所在地主管税务机关申报纳税。

一般纳税人出租其 2016 年 5 月 1 日后取得的不动产，适用一般计税方法计税。

不动产所在地与机构所在地不在同一县（市、区）的，纳税人应按照 3% 的预征率向不动产所在地主管税务机关预缴税款，向机构所在地主管税务机关申报纳税。

不动产所在地与机构所在地在同一县（市、区）的，纳税人应向机构所在地主管税务机关申报纳税。

一般纳税人出租其 2016 年 4 月 30 日前取得的不动产适用一般计税方法计税的，按照上述规定执行。

根据《财政部　国家税务总局关于进一步明确全面推开营改增试点有关再保险、不动产租赁和非学历教育等政策的通知》（财税〔2016〕68 号）规定：

（1）房地产开发企业中的一般纳税人，出租自行开发的房地产老项目，可以选择适用简易计税方法，按照5%的征收率计算应纳税额。纳税人出租自行开发的房地产老项目与其机构所在地不在同一县（市）的，应按照上述计税方法在不动产所在地预缴税款后，向机构所在地主管税务机关进行纳税申报。

房地产开发企业中的一般纳税人，出租其2016年5月1日后自行开发的与机构所在地不在同一县（市）的房地产项目，应按照3%预征率在不动产所在地预缴税款后，向机构所在地主管税务机关进行纳税申报。

（2）房地产开发企业中的小规模纳税人，出租自行开发的房地产项目，按照5%的征收率计算应纳税额。纳税人出租自行开发的房地产项目与其机构所在地不在同一县（市）的，应按照上述计税方法在不动产所在地预缴税款后，向机构所在地主管税务机关进行纳税申报。

关于纳税义务发生时间：

（1）根据财税〔2016〕36号文件附件1《营业税改征增值税试点实施办法》第四十五条规定，纳税人发生应税行为并收讫销售款项或者取得索取销售款项凭据的当天；先开具发票的，为开具发票的当天。

（2）《财政部 税务总局关于建筑服务等营改增试点政策的通知》（财税〔2017〕58号）规定，财税〔2016〕36号文件附件1《营业税改征增值税试点实施办法》第四十五条第（二）项修改为"纳税人提供租赁服务采取预收款方式的，其纳税义务发生时间为收到预收款的当天"。

根据上述规定，甲公司应在收到租金的当天确认纳税义务发生。

（三）防控建议

关于出租自行开发的房地产老项目，建议按照国家税务总局公告2016年第18号的规定执行。

税务机关可通过对企业开具不动产租赁发票、计提折旧等信息，比对分析企业有无出租房产未按规定申报缴纳增值税的风险。

（四）税款计算

本案例中，甲公司应纳税额（销项税额）计算如下：

1. 一期应纳税额（销项税额）

一期为老项目，可以选择适用简易计税方法，也可以选择一般计税方法。

（1）简易计税方法应纳税额 = 45 ÷ (1 + 5%) × 5% = 2.14（万元）

（2）一般计税方法销项税额 = 45 ÷ (1 + 10%) × 10% = 4.09（万元）

2. 二期销项税额

二期为新项目，按一般计税方法计算销项税额，扣除进项税额后向税务机关申报纳税。

销项税额 = 48.75 ÷ (1 + 10%) × 10% = 4.43（万元）

八、关联交易的处理应符合规定

（一）案例描述

乙房地产开发公司（以下简称乙公司）为增值税一般纳税人，2017年10月通过竞价方式取得一块开发用地，开发产品类型为低密度住宅。该项目于2018年1月动工，4月开始预售。2019年10月该项目竣工交付，总建筑面积9.86万平方米，可售面积8.76万平方米，开发成本合计105748万元，交付前累计销售6.13万平方米，签约额112473万元，收到购房款项92237万元，2019年11月销售均价1.85万元。2019年12月初，乙公司将3套合计1250平方米的别墅作价2000万元抵偿所欠施工方的工程款，当月办理了交房手续，该施工方与乙公司同属一个企业集团。

2020年6月，税务机关在对该公司开展风险应对时发现，以房抵工程款的房屋单价1.6万元，明显低于11月的平均销售单价1.85万元，对于价格为何明显低于平均售价，乙公司没有给出合理的解释。税务机关风险应对人员认为双方是关联企业，售价明显偏低又无正当理由，符合纳税人发生应税行为价格明显偏低且不具有合理商业目的规定，应按照纳税人最近时期销售同类不动产的平均价格，即按1.85万元均价计算确定销售额，按规定计算应纳税款，涉及补税的，应按规定加收滞纳金。

（二）风险提示

乙公司将开发产品抵工程款给关联方，价格明显偏低又无正当理由，税务机关有权确定销售额。

根据财税〔2016〕36号文件附件1《营业税改征增值税试点实施办法》第四十四条规定，纳税人发生应税行为价格明显偏低或者偏高且不具有合理商业目的的，或者发生该办法第十四条所列行为而无销售额的，主管税务机关有权按照下列顺序确定销售额：

（1）按照纳税人最近时期销售同类不动产的平均价格确定。
（2）按照其他纳税人最近时期销售同类不动产的平均价格确定。
（3）按照组成计税价格确定。组成计税价格的公式：

$$组成计税价格 = 成本 \times (1 + 成本利润率)$$

不具有合理商业目的，是指以谋取税收利益为主要目的，通过人为安排，减少、免除、推迟缴纳增值税税款，或者增加退还增值税税款。

（三）防控建议

在实务中，企业将开发产品抵工程款的业务比较普遍，一般价格不会低于平均售价，但在纳税义务发生时间的确定以及涉及关联交易时，应符合相关规定。

税务机关应重点关注以开发产品抵工程款纳税义务发生时间及销售额的确定。

（四）税款计算

本案例中，乙公司开发产品抵工程款最近时期销售同类不动产的平均价格为 1.85 万元，税务机关按规定确定乙公司抵工程款 3 套别墅的销售额 = 1.85 × 1250 ÷ (1 + 9%) = 2121.56（万元）。

九、出售无产权车位的处理

（一）案例描述

丙房地产开发公司（以下简称丙公司）为增值税一般纳税人，开发的 B 小区 2018 年 6 月完成竣工验收开始交付。小区地下一层为人防设施和无产权车位。2018 年 12 月，丙公司通过签订《地下车位使用合同》的方式集中向客户销售地下停车位 850 个，每个 12 万元。合同约定，车位的使用期限为 20 年，使用期限届满，甲方（丙公司）同意将该车位继续无偿提供给乙方（业主）使用，使用期限与该业主购买本小区房屋的土地使用权期限一致，当月款项已收齐。同时期出租人防车位 350 个，租赁合同一年一签，每个车位年租金 0.36 万元，款项已收齐。2019 年 1 月申报期内，丙公司按不动产租赁计算增值税销项税额 =（850 × 12 + 350 × 0.36）÷ (1 + 10%) × 10% = 938.73（万元）。

（二）风险提示

丙公司单独转让无产权车位的使用权，属于销售不动产行为，应按销售不动产相关规定计算缴纳增值税。

根据财税〔2016〕36 号文件附件 1《营业税改征增值税试点实施办法》所附《销售服务、无形资产、不动产注释》规定，销售不动产是指转让不动产所有权的业务活动。不动产，是指不能移动或者移动后会引起性质、形状改变的财产，包括建筑物、构筑物等。

建筑物，包括住宅、商业营业用房、办公楼等可供居住、工作或者进行其他活动的建造物。

构筑物，包括道路、桥梁、隧道、水坝等建造物。

转让建筑物有限产权或者永久使用权的，转让在建的建筑物或构筑物所有权的，以及在转让建筑物或者构筑物时一并转让其所占土地的使用权的，按照销售不动产缴纳增值税。

对于"出售车位或储藏间，没有独立产权，是否按不动产出售处置"，2016年5月16日国家税务总局政策解答作出答复：按照实质重于形式的原则，如果购买方取得了不动产的占有、使用、收益、分配等权利，仍应按照出售不动产处理。

车辆停放服务、道路通行服务（包括过路费、过桥费、过闸费等）等按照不动产经营租赁服务缴纳增值税。

根据上述规定及政策解答，房地产开发企业出售无产权的车位、储藏室，或者其他建筑物、构筑物，只要购买方取得了不动产的占有、使用、收益、分配等权利，应按照出售不动产处理。

（三）防控建议

房地产开发项目无产权车位的处理一直是一个争议比较大的问题，它不仅涉及增值税，还涉及土地增值税和企业所得税，而各地对无产权车位的具体规定也不尽相同，甚至出现税种间相互矛盾的情况，例如，有的地方增值税政策规定："销售无产权车位按销售不动产缴纳增值税。"而土地增值税政策规定，转让国有土地使用权、地上的建筑物及其附着物（以下简称转让房地产）并取得收入的单位和个人，为土地增值税的纳税义务人，因此，销售没有产权的地下车位不属于土地增值税征税范围，其成本费用也不得扣除。

企业应及时了解项目所在地的政策规定，避免涉税风险发生。

（四）税款计算

本案例丙公司出售、出租无产权车位增值税销项税额计算如下：

（1）销售地下无产权车位按销售不动产纳税，因地下车位不在可售面积内，不涉及扣除土地成本问题。

增值税销项税额 =（850×12）÷（1+10%）×10% = 927.27（万元）

（2）出租人防车位按不动产经营租赁服务缴纳增值税。

增值税销项税额 =（350×0.36）÷（1+10%）×10% = 11.45（万元）

十、视同销售、混合销售业务的处理

（一）案例描述

丁房地产开发公司（以下简称丁公司）为增值税一般纳税人，开发的A项目于2017年3月开始预售。2018年10月，为了加快回笼资金，丁公司采取促销措施，规定在活动期间来看房的客户均赠送知名品牌热水器一台；在规定的时间内签订购房合同、支付购房款的客户，将赠送著名品牌冰箱一台。截至2018年12月底竣工交付前，丁公司共销售房屋320套，平均单价18000元，款项已收齐。送出热水器500台、冰箱280台。2019年1月，丁公司根据约定奖励公司销售冠军小李一套120平方米商品房，当月将产权过户到了小李名下。（丁公司购入的热水器近期市场平均售价320元/台，购入的冰箱市场平均售价8600元/台，对方均为增值税一般纳税人。）

（二）风险提示

丁公司赠送看房客户的热水器和奖励公司销售冠军小李的商品房应视同销售，买房送冰箱可参考混合销售原则处理。

对于视同销售，目前有两个文件做了具体规定。

根据《增值税暂行条例实施细则》第四条规定，单位或者个体工商户将自产、委托加工或者购进的货物无偿赠送其他单位或者个人的，视同销售货物。第十六条规定，纳税人有上述第四条所列视同销售货物行为而无销售额者，按下列顺序确定销售额：

（1）按纳税人最近时期同类货物的平均销售价格确定。

（2）按其他纳税人最近时期同类货物的平均销售价格确定。

（3）按组成计税价格确定。组成计税价格的公式为：

$$组成计税价格 = 成本 \times (1 + 成本利润率)$$

根据财税〔2016〕36号文件附件1《营业税改征增值税试点实施办法》第十四条规定，下列情形视同销售服务、无形资产或者不动产：

（1）单位或者个体工商户向其他单位或者个人无偿提供服务，但用于公益事业或者以社会公众为对象的除外。

（2）单位或者个人向其他单位或者个人无偿转让无形资产或者不动产，但用于公益事业或者以社会公众为对象的除外。

（3）财政部和国家税务总局规定的其他情形。

根据财税〔2016〕36号文件附件1《营业税改征增值税试点实施办法》第四十四条规定，纳税人发生应税行为价格明显偏低或者偏高且不具有合理商业目的的，或者发生该办法第十四条所列行为而无销售额的，主管税务机关有权按照下列顺序确定销售额：

（1）按照纳税人最近时期销售同类不动产的平均价格确定。

（2）按照其他纳税人最近时期销售同类不动产的平均价格确定。

（3）按照组成计税价格确定。组成计税价格的公式为：

$$组成计税价格 = 成本 \times (1 + 成本利润率)$$

根据上述规定，视同销售的关键词是"无偿"，丁公司对于来看房的客户，无论其最终有没有买房都赠送一台热水器，以及奖励给销售冠军小李的商品房，均符合视同销售的条件，应按规定确定销售额，计算缴纳增值税。

（三）防控建议

对于房地产开发企业卖房附赠冰箱的行为，建议参考混合销售原则处理。

买房赠送的冰箱（或其他物品）在购房合同内，这应是一种捆绑销售行为，送冰箱的前提是要买房，购房者支付的购房款中实际上包含了冰箱的价值，属于有偿赠送，不符合视同销售"无偿"的条件，具体如何处理也有两种不同的观点。一种观点认为，应根据财税〔2016〕36号文件附件1《营业税改征增值税试点实施办法》第三十九条规定处理，即纳税人兼营销售货物、劳务、服务、无形资产或者不动产，适用不同税率或者征收率的，应当分别核算适用不同税率或者征收率的销售额；未分别核算的，从高适用税率。按照上述规定，房地产开发企业卖房赠送冰箱应分别核算房屋和冰箱的销售额，但这在实务中很难操作，若从高适用税率则显得更不合理。另一种观点认为，可参考混合销售的原则处理，按照主业，即销售房地产适用税率缴纳增值税，笔者倾向于第二种观点。

买房赠送的冰箱（或其他物品）不在购房合同内。例如，本案例中的赠送冰箱，前提也是要购房才赠送，赠品价格实际包含在房款中，其所有权也是随着购买的房屋转移给了购房者，也属于有偿赠送，不符合视同销售的条件，笔者认为也可参考混合销售的原理，按销售房地产适用税率缴纳增值税。

对于买房赠送家电或其他货物如何处理，各地税务机关都有一些具体的解释，企业应详询当地税务机关，避免涉税风险。

税务机关在日常管理和服务中，可关注企业营销方案、购房合同的具体内容，对不同情况应区别对待。

（四）税款计算

本案例中丁公司视同销售行为确认销售额计算如下：

（1）奖励小李商品房销售额 = 18000 × 120 ÷ (1 + 10%) = 1963636.36（元）

（2）赠送热水器销售额 = 320 × 500 ÷ (1 + 16%) = 137931.03（元）

十一、其他提示事项

（一）开发产品完工后应正确开具增值税发票

1. 风险提示

根据国家税务总局编写的《增值税发票开具指南》《国家税务总局

货物和劳务税司关于做好增值税发票使用宣传辅导有关工作的通知》（税总货便函〔2017〕127号）规定：

（1）销售不动产发票开具基本规定。销售不动产，纳税人自行开具或者税务机关代开增值税发票时，应在发票"货物或应税劳务、服务名称"栏填写不动产名称及房屋产权证书号码（无房屋产权证书的可不填写），"单位"栏填写面积单位，备注栏注明不动产的详细地址。

（2）房地产开发企业销售自行开发的房地产项目发票开具规定。

①房地产开发企业中的一般纳税人销售其自行开发的房地产项目（选择简易计税方法的房地产老项目除外），以取得的全部价款和价外费用，扣除受让土地时向政府部门支付的土地价款、在取得土地时向其他单位或个人支付的拆迁补偿费用后的余额为销售额。

房地产开发企业中的一般纳税人销售自行开发的房地产老项目，可以选择适用简易计税方法，以取得的全部价款和价外费用为销售额，不得扣除对应的土地价款。

发票开具：一般纳税人销售自行开发的房地产项目，自行开具增值税发票。一般纳税人销售自行开发的房地产项目，其2016年4月30日前收取并已向主管地税机关申报缴纳营业税的预收款，未开具营业税发票的，可以开具增值税普通发票，不得开具增值税专用发票，此项规定并无开具增值税普通发票的时间限制。一般纳税人向其他个人销售自行开发的房地产项目，不得开具增值税专用发票。

②房地产开发企业中的小规模纳税人，销售自行开发的房地产项目，按照5%的征收率计税。

发票开具：小规模纳税人销售自行开发的房地产项目，自行开具增值税普通发票。购买方需要增值税专用发票的，小规模纳税人向主管税务机关申请代开。小规模纳税人销售自行开发的房地产项目，其2016年4月30日前收取并已向主管地税机关申报缴纳营业税的预收款，未开具营业税发票的，可以开具增值税普通发票，不得申请代开增值税专用发票，此项规定并无开具增值税普通发票的时间限制。小规模纳税人向其他个人销售自行开发的房地产项目，不得申请代开增值税专用发票。

2. 防控建议

房地产开发项目竣工验收合格并办理不动产权首次登记后,应按规定及时开具增值税发票,开具发票时应注意以下三点:

(1)企业应准确区分一般计税项目和简易计税项目,准确选用适用税率和征收率。

(2)发票开具金额应包含收取的全部价款和价外费用,向个人出售房产时不得开具增值税专用发票,准确选择开具发票类型。

(3)发票票面内容填写应完整,备注栏内填写的不动产地址应详细。

(二)试行增值税期末留抵税额退税制度

自2019年4月1日起,试行增值税期末留抵税额退税(以下简称留抵退税)制度。

《国家税务总局关于办理增值税期末留抵税额退税有关事项的公告》(国家税务总局公告2019年第20号)规定如下:

(1)同时符合以下条件的纳税人,可以向主管税务机关申请退还增量留抵税额:

①自2019年4月税款所属期起,连续6个月(按季纳税的,连续2个季度)增量留抵税额均大于零,且第6个月增量留抵税额不低于50万元;

②纳税信用等级为A级或者B级;

③申请退税前36个月未发生骗取留抵退税、出口退税或虚开增值税专用发票情形的;

④申请退税前36个月未因偷税被税务机关处罚两次及以上的;

⑤自2019年4月1日起未享受即征即退、先征后返(退)政策的。

(2)上述所称增量留抵税额,是指与2019年3月底相比新增加的期末留抵税额。

（3）纳税人当期允许退还的增量留抵税额，按照以下公式计算：

允许退还的增量留抵税额＝增量留抵税额×进项构成比例×60%

进项构成比例，为2019年4月至申请退税前一税款所属期内已抵扣的增值税专用发票（含税控机动车销售统一发票）、海关进口增值税专用缴款书、解缴税款完税凭证注明的增值税额占同期全部已抵扣进项税额的比重。

（4）纳税人应在增值税纳税申报期内，向主管税务机关申请退还留抵税额。

（5）纳税人出口货物劳务、发生跨境应税行为，适用免抵退税办法的，办理免抵退税后，仍符合该公告规定条件的，可以申请退还留抵税额；适用免退税办法的，相关进项税额不得用于退还留抵税额。

（6）纳税人取得退还的留抵税额后，应相应调减当期留抵税额。按照规定再次满足退税条件的，可以继续向主管税务机关申请退还留抵税额，但上述第（1）项第①点规定的连续期间，不得重复计算。

（7）以虚增进项、虚假申报或其他欺骗手段，骗取留抵退税款的，由税务机关追缴其骗取的退税款，并按照《税收征管法》等有关规定处理。

十二、财务核算

（一）案例描述

甲房地产开发公司（以下简称甲公司）为增值税一般纳税人，2017年8月通过出让方式取得B开发用地使用权，土地面积40000平方米，支付土地价款50000万元，已取得省级以上财政部门监（印）制的财政票据，当地发展改革委批准建设70000平方米的商品房。项目于2017年11月动工，2018年3开始预售（不考虑其他因素）。

（二）核算过程

（1）2018年3月收到预售购房款8000万元。

①收到款项。

借：银行存款　　　　　　　　　　　　　80000000

　　贷：预收账款　　　　　　　　　　　　80000000

②应预缴增值税=80000000÷(1+11%)×3%=2162162.16（元）

③会计分录。

借：应交税费——预缴增值税　　　　　　2162162.16

　　贷：银行存款　　　　　　　　　　　　2162162.16

（2）截至2019年9月30日，甲公司共取得可抵扣的增值税进项税额3000万元，符合申请退还增量留抵税额条件，10月申报期内，甲公司向主管税务机关申请退还留抵税额1000万元，并于11月收到退还税款。

借：银行存款　　　　　　　　　　　　　10000000

　　贷：应交税费——应交增值税（增值税留抵税额）

　　　　　　　　　　　　　　　　　　　　10000000

（3）2019年12月开发项目竣工交付并办理了不动产权首次登记，经测绘公司实测可售面积为60000平方米，当月已全部售罄，合同总价款120000万元，已预缴增值税3200万元，合同约定交付业主时间为2019年12月31日前，当月已全额开具增值税发票，可抵扣增值税进项税额累计2200万元。

①计算增值税销项税额、结转销售收入。

销项税额=1200000000÷(1+9%)×9%=99082568.81（元）

会计分录：

借：预收账款　　　　　　　　　　　　　1200000000

　　贷：主营业务收入　　　　　　　　　　1100917431.19

　　　　应交税费——应交增值税（销项税额）　99082568.81

②计算土地价款可抵减的销项税额冲减主营业务成本。

根据财会〔2016〕22号文件规定，增值税一般纳税人应当在"应交税费"科目下设置"应交增值税"等明细科目，"应交增值税"明细账内设置"销项税额抵减"等专栏。"销项税额抵减"专栏记录一般纳税人按照现行增值税制度规定因扣减销售额而减少的销项税额。按现行增值税制度规定企业发生相关成本费用允许扣减销售额的，发生成本费用时，按应付或实际支付的金额，借记"主营业务成本""存货""工程施工"等科目，贷记"应付账款""应付票据""银行存款"等科目。待取得合规增值税扣税凭证且纳税义务发生时，按照允许抵扣的税额，借记"应交税费——应交增值税（销项税额抵减）"或"应交税费——简易计税"科目（小规模纳税人应借记"应交税费——应交增值税"科目），贷记"主营业务成本""存货""工程施工"等科目。

可抵减的销项税额 = 500000000 ÷（1 + 9%）× 9% = 41284403.67（元）

会计分录：

借：应交税费——应交增值税（销项税额抵减）
　　　　　　　　　　　　　　　　　41284403.67
　　贷：主营业务成本　　　　　　　41284403.67

③计算当期应纳增值税额。

当期应纳增值税额 = 99082568.81 − 41284403.67 − 22000000.00 = 35798165.14（元）

会计分录：

借：应交税费——应交增值税（转出未交增值税）
　　　　　　　　　　　　　　　　　35798165.14
　　贷：应交税费——未交增值税　　35798165.14

④抵减已预缴税款后，向主管税务机关申报纳税。

应申报缴纳增值税额 = 35798165.14 − 32000000.00 = 3798165.14（元）

会计分录：

借：应交税费——未交增值税　　　　3798165.14
　　贷：银行存款　　　　　　　　　3798165.14

同时，结转预缴增值税余额：

借：应交税费——未交增值税　　　　32000000.00

贷：应交税费——预交增值税　　　　　　　32000000.00

⑤假设，2019年9月甲公司未申请增值税留抵税额退税1000万元，则预缴增值税超过应补缴的增值税金额，情况如下：

当期应纳增值税额 = 99082568.81 - 41284403.67 - 32000000.00 = 25798165.14（元）

当期应纳增值税额25798165.14（元）< 已预缴的增值税额32000000.00（元），差额部分6201834.86元作为预缴税金借方余额，用于今后发生新的增值税纳税义务时抵减应缴税额。

会计分录：

借：应交税费——未交增值税　　　　　　25798165.14
　　贷：应交税费——预交增值税　　　　　　25798165.14

第三节 城镇土地使用税

开发项目竣工验收开始交付使用后,企业应按规定确定城镇土地使用税纳税义务终止时间。

一、案例描述

甲房地产开发公司(以下简称甲公司)于2016年9月通过出让方式获取A地块,合同约定土地交付时间为2017年1月底前,甲公司于1月20日办理好了土地交付手续。该项目整体一次性开发,占地面积10万平方米,可售建筑面积30万平方米。2019年1月该项目完工并验收合格,经测绘公司测绘,在不动产登记中心办理了不动产权首次登记,可销售的房地产登记的土地使用权面积为2.5万平方米,绿化、道路、公共配套设施等全体业主共有土地的登记土地使用权面积为7.5万平方米。2019年3月,房产开始陆续分批交付业主。2019年3月实际交付房地产建筑面积5万平方米,对应的登记土地使用权面积合计为0.5万平方米,当月绿化、道路、公共配套设施全部交付使用;4月实际交付房地产建筑面积20万平方米,对应的登记土地使用权面积合计为1.6万平方米;5月实际交付房地产建筑面积5万平方米,对应的登记土地使用权面积合计为0.4万平方米。(该地块适用税额为9元/平方米/年,按季申报。)

二、风险提示

开发项目竣工后,土地管理部门验收、分割权证,完工产品交付业主,交付部分的土地使用税纳税义务终止。

根据财税〔2008〕152号文件第三条规定,开发用地城镇土地使用税纳税义务终止时间为实物或权利状态发生变化的当月末。

需要说明的是,根据国家税务总局规定,开发用地城镇土地使用税纳税义务终止时间可以按照实物或者权利状态两种方式执行。在实践中,购房者办理商品房不动产权属转移登记一般来说都是在办理房屋交付手续之后,因此,采用房屋交付时间节点截止计算城镇土地使用税,对房地产开发企业更为有利。

税务机关在服务与管理中应关注企业房屋交付时间和面积,与房产税、城镇土地使用税两税税源登记信息进行比对,进而分析判断企业有无涉税风险。

三、防控建议

由于房屋交付是个持续的过程,而城镇土地使用税是按季申报(有些地区规定按半年申报),企业应建立台账,按月登记交付土地信息,按月计算应纳税款,按季汇总申报。

四、税款计算

本案例中,甲公司城镇土地使用税计算如下:

(1) 2017年1月取得土地,从2月起计算缴纳城镇土地使用税。

2—12月应纳税额 = $10 \times 9 \div 12 \times 11 = 82.5$(万元)

(2) 2018年应纳城镇土地使用税。

1—12月应纳税额 = $10 \times 9 \div 12 \times 12 = 90$(万元)

（3）2019年第一季度应纳城镇土地使用税。

1—3月应纳税额 = 10 × 9 ÷ 12 × 3 = 22.5（万元）

（4）2019年3月交付房屋对应的土地面积0.5万平方米，全体业主共有的绿化、道路、公共配套设施土地面积7.5万平方米，合计8万平方米从4月起终止纳税义务。

4月应纳税额 =（10 - 0.5 - 7.5）× 9 ÷ 12 × 1 = 1.5（万元）

（5）2019年4月交付的土地面积1.6万平方米从5月起终止纳税义务。

2019年5月应纳税额 =（10 - 0.5 - 7.5 - 1.6）× 9 ÷ 12 × 1 = 0.3（万元）

（6）2019年5月剩余0.4万平方米土地交付后，该项目全部交付完毕，无应税土地面积。

上述计算方法主要按照登记的土地使用权面积以及交付情况来计算。需要说明的是，如A项目为分期开发项目，则未交付的分期项目对应的土地面积应按规定缴纳城镇土地使用税。

此外，也有部分地区规定了不同的计算方法，企业在计算申报时的具体方法应按照各地规定执行。例如，《重庆市地方税务局关于明确房地产开发企业城镇土地使用税纳税义务终止有关问题的公告》（重庆市地方税务局公告2012年第6号）规定，房地产开发企业已销售房屋的占地面积，可从房地产开发企业的计税土地面积中扣除，已销售房屋占地面积按照建筑面积的占比计算。

假设甲公司在交付当月与业主办理完毕款项结算、发票开具手续，即完成销售。那么，以销售建筑面积比例扣除的方法，甲公司的城镇土地使用税计算如下：

（1）交付前与前述计算结果一样。

（2）2019年第二季度应纳城镇土地使用税7.5万元。其中：

4月可扣除土地面积 = 10 ×（5 ÷ 30）= 1.67（万平方米）

4月应纳税额 =（10 - 1.67）× 9 ÷ 12 × 1 = 6.25（万元）

5月可扣除土地面积 = 10 ×（25 ÷ 30）= 8.33（万平方米）

5月应纳税额 = (10 − 8.33) × 9 ÷ 12 × 1 = 1.25（万元）

6月可扣除土地面积 = 10 × (30 ÷ 30) = 10(万平方米)

6月应纳税额 = (10 − 10) × 9 ÷ 12 × 1 = 0

五、财务核算

采用2017年数据，从2月起每月应纳城镇土地使用税 = 10 × 9 ÷ 12 × 1 = 7.5（万元）。

1. 月度计提城镇土地使用税

借：税金及附加——城镇土地使用税　　　　　75000
　　贷：应交税费——应交城镇土地使用税　　　75000

2. 2017年第一季度申报缴纳2个月的城镇土地使用税

借：应交税费——应交城镇土地使用税　　　　150000
　　贷：银行存款　　　　　　　　　　　　　　150000

第四节 房产税

一、案例描述

乙房地产开发公司（以下简称乙公司）为增值税一般纳税人，开发的B项目于2018年12月竣工交付，2019年4月结算计税成本，可售建筑面积单位成本10200元。住宅部分已经售罄，沿街店面尚余3800平方米。2019年6月，该公司与G公司签订房屋租赁合同，将其中2500平方米租给G公司，租期1年（从2019年7月1日至2020年6月30日），年租金65万元，按季提前15天支付，当月收到2019年第三季度房租16.25万元。乙公司将剩余1300平方米作为仓库，安装了25万元的消防设备后于6月底投入使用，仓库土地面积460平方米。当地房产税按原值减除30%后的余值计算缴纳，按季申报。

二、风险提示

乙公司建造的商品房，在售出前，不征收房产税；但对售出前房地产开发企业已使用或出租、出借的商品房应按规定征收房产税。

根据国税发〔2003〕89号文件第一条规定，鉴于房地产开发企业开发的商品房在出售前，对房地产开发企业而言是一种产品，因此，对房地产开发企业建造的商品房，在售出前，不征收房产税；但对售出前房地产开发企业已使用或出租、出借的商品房应按规定征收房产税。

根据（1986）财税地字第8号文件第十九条规定，纳税人自建的房屋，自建成之次月起征收房产税。纳税人委托施工企业建设的房屋，从办理验收手续之次月起征收房产税。纳税人在办理验收手续前已使用或出租、出借的新建房屋，应按规征收房产税。

根据财税〔2008〕152号文件第一条规定，对依照房产原值计税的房产，不论是否记载在会计账簿固定资产科目中，均应按照房屋原价计算缴纳房产税。房屋原价应根据国家有关会计制度规定进行核算。对纳税人未按国家会计制度规定核算并记载的，应按规定予以调整或重新评估。

根据国税发〔2005〕173号文件第一条规定，为了维持和增加房屋的使用功能或使房屋满足设计要求，凡以房屋为载体，不可随意移动的附属设备和配套设施，如给排水、采暖、消防、中央空调、电气及智能化楼宇设备等，无论在会计核算中是否单独记账与核算，都应计入房产原值，计征房产税。

根据财税〔2010〕121号文件第三条规定，对按照房产原值计税的房产，无论会计上如何核算，房产原值均应包含地价，包括为取得土地使用权支付的价款、开发土地发生的成本费用等。宗地容积率低于0.5的，按房产建筑面积的2倍计算土地面积并据此确定计入房产原值的地价。

根据财税〔2016〕43号文件规定，房产出租的，计征房产税的租金收入不含增值税。

三、防控建议

关于房产税纳税期限各地规定有所不同，例如：原东莞市地方税务局发布的《关于调整房产税和城镇土地使用税纳税期限的公告》（东莞市地方税务局公告2017年第2号）规定，自2018年1月1日起依照房产余值计算缴纳的房产税和城镇土地使用税，实行按年征收，一次申报缴纳，申报缴纳期限为税款所属年度的10月1日至12月31日；依照租金收入计算缴纳的房产税，其申报缴纳期限依照不动产出租的增值税申报缴纳期限执行。原江苏省地方税务局发布的《关于明确部分税种纳税期限有关事项的公告》（苏地税规〔2013〕6号）规定，按房产原值计征房产税的，企业按季、个人按半年分期缴纳，纳税人应于期满之日起15日内申报纳税；按租金收入计征房产税的，纳税人应于实际收取租金收入的次月15日内申报纳税。

企业应及时了解当地具体规定，避免涉税风险。

税务部门可通过企业不动产租赁发票的开具信息与从租房产税申报数据进行比对，分析判断企业有无涉税风险。

四、税款计算

本案例中，乙公司应申报缴纳房产税计算如下：

（1）收到的2019年第三季度房屋租金应于2019年7月申报缴纳的从租计征房产税 = $16.25 \div (1 + 9\%) \times 12\% = 1.79$（万元）

（2）自用部分应于投入使用的次月起申报缴纳从价计征房产税，房产原值应包含消防设备。

房产原值 = $10200 \times 1300 \div 10000 + 25 = 1351$（万元）

2019年每月计提从价计征房产税 = $1351 \times (1 - 30\%) \times 1.2\% \div 12 = 0.95$（万元）

2019年第三季度应申报缴纳从价计征房产税 = $0.95 \times 3 = 2.85$（万元）

五、财务核算

采用从价计征房产税。

1. 按月计提房产税

借：税金及附加——房产税　　　　　　　　9500
　　贷：应交税费——应交房产税　　　　　　　9500

2. 2019 年第三季度申报缴纳房产税
借：应交税费——应交房产税　　　　　　　　28500
　　贷：银行存款　　　　　　　　　　　　　　　28500

第五节 土地增值税

一、案例描述

丙房地产开发公司（以下简称丙公司）为增值税一般纳税人，2017年3月通过出让方式取得了A地块建设用地，土地价款97400万元，项目总建筑面积162300平方米，可售面积137600平方米，项目于2017年6月动工，2017年10月预售，2019年10月竣工交付并办理了不动产权首次登记。2019年11月，丙公司销售2650平方米，合同金额5300万元，收到款项2385万元，余款在办理银行按揭贷款，收到的款项已开具了增值税普通发票。根据当地规定，清算前转让房地产的，应按规定预缴土地增值税，预征率2%。

二、风险提示

丙公司在开发项目清算前转让房地产取得的收入应按规定预缴土地增值税。

1. 关于开发项目竣工后清算前取得的收入是否需要预缴土地增值税问题

根据财税字〔1995〕48号文件第十四条"关于预售房地产所取得的收入是否申报纳税的问题"规定，对纳税人在项目全部竣工结算前转让房地产取得的收入可以预征土地增值税。具体办法由各省、自治区、直辖市地方税务局根据当地情况制定。因此，对纳税人预售房地产所取得的收入，当地税务机关规定预征土地增值税的，纳税人应当到主管税务机关办理纳税申报，并按规定比例预缴，待办理决算后，多退少补；当地税务机关规定不预征土地增值税的，也应在取得收入时先到税务机关登记或备案。

根据上述规定，纳税人在开发项目全部竣工结算前转让房地产取得的收入是否预征土地增值税由各省、自治区、直辖市税务局根据当地情况制定，很多省市也都制定了相关政策，但对于开发项目竣工结算后土地增值税清算审核前转让房地产取得的收入是否要预征土地增值税则存在一定争议。

根据《国家税务总局关于加强土地增值税征管工作的通知》（国税发〔2010〕53号）第二条规定，预征是土地增值税征收管理工作的基础，是实现土地增值税调节功能、保障税收收入均衡入库的重要手段。通过上述规定可以了解，在清算前，房地产开发项目土地增值税的应纳税额尚不确定，税务机关通过土地增值税预征这项征管措施，来实现土地增值税调节功能和保障税收收入均衡入库这一目标。

笔者认为，根据上述规定土地增值税采用预征办法的，预征的截止时间应为清算审核前。但土地增值税预征办法是由各省、自治区、直辖市税务局制定，企业应及时了解当地具体规定，避免涉税风险。例如，《国家税务总局广东省税务局土地增值税清算管理规程的公告》（国家税务总局广东省税务局公告2019年第5号）第四十三条规定，土地增值税清算审核期间转让房地产的，按规定预征土地增值税，待税务机关出具清算结论后，纳税人按照清算后再转让的规定汇总申报缴纳土地增值税，多退少补。

本案例丙公司项目所在地相关政策明确，清算前转让房地产的，应按规定预缴土地增值税，因此，丙公司应按规定预缴土地增值税。

2. 关于增值税销项税额问题

根据国家税务总局公告2016年第70号规定，营改增后，纳税人转让房地产的土地增值税应税收入不含增值税。适用增值税一般计税方法的纳税人,其转让房地产的土地增值税应税收入不含增值税销项税额;适用简易计税方法的纳税人,其转让房地产的土地增值税应税收入不含增值税应纳税额。

根据上述规定,一般计税方法的纳税人,其转让房地产的土地增值税应税收入不含增值税销项税额,而关于"销项税额"目前有两种不同的理解;第一种观点认为应根据国家税务总局公告2016年第18号第四条规定计算销售额乘以适用税率计算出的销项税额;第二种观点认为应该是企业财务核算、《增值税纳税申报表》或开具销售不动产发票上的销项税额。

关于销项税额,财税〔2016〕36号文件附件1第二十二条规定,销项税额,是指纳税人发生应税行为按照销售额和增值税税率计算并收取的增值税额。这里的关键词是"收取的增值税额",房地产开发企业销售房地产在收取增值税时并不受扣除土地价款的影响,从这个意义上理解,似乎第二种观点更合理,这样处理也使纳税人转让房地产的增值税、土地增值税、企业所得税应税收入以及购房者缴纳契税的计税价格相一致。但这会带来另一个问题,即土地价款可抵减的销项税额如何处理。根据财会〔2016〕22号文件规定,一般纳税人按照现行增值税制度规定因扣减销售额而减少的销项税额,通过借记"应交税费——应交增值税(销项税额抵减)"科目,贷记"主营业务成本"等科目来处理。这一规定解决了增值税和企业所得税问题,但土地增值税相关问题却没有解决,因为计算土地增值税的扣除项目是以开发成本中实际支付的金额,土地价款抵减的销项税额若不作出相应的处理,将会造成清算项目少计入问题,但若调减土地成本又缺乏政策依据,因此,笔者建议,在没有相关政策明确前,应选择第一种方式计算土地增值税应税收入。

三、防控建议

房地产开发企业销售不动产多数都是采用按揭贷款的方式，购房款不能一次性收齐，每个月都会有滚动收到的款项，这就给计算土地增值税预征的计税依据增加了一定的困难，建议为了方便纳税人，竣工后清算前土地增值税应税收入采用与增值税保持一致的方式，预缴税款可采用不含税价，即：

土地增值税预缴税款 = 收到的购房款 ÷ (1 + 适用税率或征收率) × 预征率

四、税款计算

本案例中丙公司采用第一种方式计算应预缴土地增值税。

（一）计算增值税销项税额

根据财税〔2016〕36 号文件附件 1 第四十五条规定，该项目已竣工验收并办理了不动产权登记，发生应税行为应按规定确认纳税义务发生，2019 年 11 月收到 2385 万元款项应按规定计算缴纳增值税。

1. 计算销售额

增值税销售额 = (全部价款和价外费用 − 当期允许扣除的土地价款) ÷ (1 + 适用税率)

当期允许扣除的土地价款 = (当期销售房地产项目建筑面积 ÷ 房地产项目可供销售建筑面积) × 支付的土地价款

2019 年 11 月，丙公司销售 2650 平方米，合同金额 5300 万元，收到款项 2385 万元，占比 45%（2385 ÷ 5300），其所对应的土地价款也只能扣除 45%。

当期允许扣除的土地价款 = 2650 ÷ 137600 × 97400 × 45% = 844.11（万元）

2. 计算销项税额

销项税额 = (2385 - 844.11) ÷ (1 + 9%) × 9% = 127.23（万元）

（二）计算预缴土地增值税

国家税务总局公告 2016 年第 70 号规定，"营改增后，纳税人转让房地产的土地增值税应税收入不含增值税。适用增值税一般计税方法的纳税人，其转让房地产的土地增值税应税收入不含增值税销项税额"。

乙公司在 12 月申报期内应预缴土地增值税 = (2385 - 127.23) × 2% = 45.16（万元）

五、财务核算

1. 计提土地增值税时

借：税金及附加——土地增值税　　　　　451600
　　贷：应交税费——应交土地增值税　　　　　451600

2. 缴纳土地增值税时

借：应交税费——应交土地增值税　　　　451600
　　贷：银行存款　　　　　　　　　　　　　　451600

第六节 企业所得税

一、完工产品应及时计算其实际毛利额

（一）案例描述

乙房地产开发公司（以下简称乙公司）开发的 B 项目总建筑面积 12 万平方米，可售面积 10 万平方米，2016 年 10 月开始预售，2018 年 12 月 20 日办理了竣工备案手续。截至 2018 年 12 月底，B 项目已售面积 8.5 万平方米，合同金额 127500 万元，均采用银行按揭贷款方式销售，合同约定房屋交付时间为 2018 年 12 月 31 日前。累计收到首付款和银行按揭贷款 112000 万元（其中，2018 年 5 月 1 日前 102000 万元，5 月 1 日后 10000 万元），已在收到当季按预计计税毛利率计算出当期预计毛利额，并计入了当期应纳税所得额。当年移交业主房屋面积 7 万平方米，乙公司选择 2019 年 4 月 30 日为确定计税成本核算的终止日，结算 B 项目单位可售面积计税成本为 11500 元，在 2018 年度企业所得税汇算清缴中，乙公司计算已经交付的 7 万平方米销售收入 105000 万元的实际毛利额，将其与预计毛利额之间的差额计入当年应纳税所得额，据此进行了企业所得税汇算清缴申报（当地规定销售未完工开发产品的计税毛利率为 10%）。

2019 年 6 月，税务机关在对乙公司开展风险应对时发现，该公司开发的 B 项目已于 2018 年 12 月竣工备案，符合完工条件，但"预收账款"科目贷方余额尚有 22500 万元，经进一步核实，发现乙公司在企业

所得税汇算清缴时,少计算销售收入的实际毛利额及与其对应的预计毛利额之间的差额,应对人员在对该公司财务人员进行相关政策宣传辅导后,对少计算的部分按规定进行了处理。

(二)风险提示

乙公司应计算 112000 万元销售收入的实际毛利额,将其与预计毛利额之间的差额计入 2018 年度应纳税所得额。

根据国税发〔2009〕31 号文件第三条规定,企业房地产开发经营业务包括土地的开发,建造、销售住宅、商业用房以及其他建筑物、附着物、配套设施等开发产品。除土地开发之外,其他开发产品符合下列条件之一的,应视为已经完工:

(1)开发产品竣工证明材料已报房地产管理部门备案。

(2)开发产品已开始投入使用。

(3)开发产品已取得了初始产权证明。

根据《国家税务总局关于房地产开发企业开发产品完工条件确认问题的通知》(国税函〔2010〕201 号)规定,房地产开发企业建造、开发的开发产品,无论工程质量是否通过验收合格,或是否办理完工(竣工)备案手续以及会计决算手续,当企业开始办理开发产品交付手续(包括入住手续),或已开始实际投入使用时,为开发产品开始投入使用,应视为开发产品已经完工。房地产开发企业应按规定及时结算开发产品计税成本,并计算企业当年度应纳税所得额。

上述规定对开发产品完工条件进行了明确,乙公司开发的 B 项目在 2018 年 12 月 20 日办理了竣工备案手续后即为开发产品已完工。

根据国税发〔2009〕31 号文件第三十五条规定,开发产品完工以后,企业可在完工年度企业所得税汇算清缴前选择确定计税成本核算的终止日,不得滞后。凡已完工开发产品在完工年度未按规定结算计税成本,主管税务机关有权确定或核定其计税成本,据此进行纳税调整,并按《税收征管法》的有关规定对其进行处理。

上述规定明确了完工产品确定计税成本终止日的时间,即完工年度企业所得税汇算清缴前。

根据国税发〔2009〕31号文件第九条规定,企业销售未完工开发产品取得的收入,应先按预计计税毛利率分季(或月)计算出预计毛利额,计入当期应纳税所得额。开发产品完工后,企业应及时结算其计税成本并计算此前销售收入的实际毛利额,同时将其实际毛利额与其对应的预计毛利额之间的差额,计入当年度企业本项目与其他项目合并计算的应纳税所得额。

在年度纳税申报时,企业须出具对该项开发产品实际毛利额与预计毛利额之间差异调整情况的报告以及税务机关需要的其他相关资料。

根据上述规定,乙公司B项目开发产品已经完工,应按规定及时结算其计税成本,开发产品均采用银行按揭方式销售,应按国税发〔2009〕31号文件第六条第三款规定确认收入实现,即采取银行按揭方式销售开发产品的,应按销售合同或协议约定的价款确定收入额,其首付款应于实际收到日确认收入的实现,余款在银行按揭贷款办理转账之日确认收入的实现。因此,已收到的112000万元购房款均应按规定计算其销售收入的实际毛利额,同时将其实际毛利额与其对应的预计毛利额之间的差额,计入当年度企业本项目与其他项目合并计算的应纳税所得额。

(三)防控建议

开发产品符合国税发〔2009〕31号文件第三条和国税函〔2010〕201号文件规定条件的,即为开发产品已完工,企业应及时结算其计税成本。对符合国税发〔2009〕31号文件第六条规定的确认销售收入实现条件的,无论实际是否交付业主,均应按规定计算此前销售收入的实际毛利额,同时将其实际毛利额与其对应的预计毛利额之间的差额,计入当年度企业本项目与其他项目合并计算的应纳税所得额。

税务机关应进一步加大税法宣传力度,在实务中,部分企业对税收政策规定的计算实际毛利额并将差额计入当年应纳税所得额的时间一直存在误解,认为要等与业主办完交房手续才算风险转移。在日常风险分析监控中,可通过房地产管理部门开发项目竣工备案登记信息、企业开具不动产销售发票信息等判断企业开发项目状态,进而分析企业有无涉税风险。在实施风险应对中,在核对开发项目竣工备案表及发票开具情况的同时,应比对"预收账款"科目、销售合同、销售清单等数据信息,发现问题应按规定处理。

(四)税款计算

本案例中,乙公司销售未完工开发产品的实际毛利额与其对应的预计毛利额之间的差额计算如下。

1. 实际毛利额

截至 2018 年 12 月底,乙公司累计销售房屋面积 8.5 万平方米,合同金额 127500 万元,应确认收入实现的金额为 112000 万元,占合同金额的 87.84%(112000÷127500),单位计税成本 11500 元,2019 年 4 月 1 日后适用的增值税税率为 9%。

实际毛利额 = 112000 ÷ (1 + 9%) - 11500 × 8.5 × 87.84% = 16888.69(万元)

2. 预计毛利额

乙公司 2018 年 5 月 1 日前收到预收款 102000 万元,适用的增值税税率为 11%;5 月 1 日后收到预收款 10000 万元,适用的增值税税率为 10%。

预计毛利额 = 102000 ÷ (1 + 11%) × 10% + 10000 ÷ (1 + 10%) × 10% = 10098.28(万元)

3. 实际毛利额与预计毛利额之间的差额

实际毛利额与预计毛利额之间的差额 = 16888.69 - 10098.28 = 6790.41(万元)

二、视同销售应按规定处理

（一）案例描述

丙房地产开发公司（以下简称丙公司）为一般纳税人，开发的C项目由70%的住宅和30%的商业用房组成，商业用房部分含8500平方米的超市。2018年12月项目竣工交付，当月住宅的销售均价为19500元/每平方米。2019年1月，丙公司奖励年度销售冠军小王商品房一套，面积120平方米，当月办理了产权过户手续；3月，丙公司用8500平方米的超市对价置换丁公司的6800平方米写字楼；4月底丙公司结算B项目计税成本，其中，商业用房部分的单位计税成本为7500元/每平方米（当地成本利润率15%）。

（二）风险提示

丙公司用开发产品奖励员工和置换其他企业的非货币性资产应视同销售。

根据国税发〔2009〕31号文件第七条规定，企业将开发产品用于捐赠、赞助、职工福利、奖励、对外投资、分配给股东或投资人、抵偿债务、换取其他企事业单位和个人的非货币性资产等行为，应视同销售，于开发产品所有权或使用权转移，或于实际取得利益权利时确认收入（或利润）的实现。确认收入（或利润）的方法和顺序为：

（1）按本企业近期或本年度最近月份同类开发产品市场销售价格确定；

（2）由主管税务机关参照当地同类开发产品市场公允价值确定；

（3）按开发产品的成本利润率确定。开发产品的成本利润率不得低于15%，具体比例由主管税务机关确定。

根据上述规定，丙公司奖励年度销售冠军小王的商品房和以超市置换丁公司写字楼的行为应视同销售，应按规定确认收入的实现。

(三) 防控建议

判断一项行为是否属于视同销售，房产的所有权是否发生转移是关键。

确认视同销售收入会导致当年收入总额增加，相应的税前扣除的业务招待费、广告宣传费的基数也会增大，企业应重新计算上述费用。

税务机关可通过对不动产登记部门的登记信息、企业申报的所得税汇算清缴申报数据、财务报表数据进行比对，分析企业有无非正常销售的不动产所有权变动情况，进而判断企业有无涉税风险。税务人员可通过查看完工产品可售面积、销售台账、库存商品、合同签订及备案情况等，并与发票开具及主营业务收入比对分析有无差异，以防控风险。

(四) 税款计算

本案例中，奖励给小王的商品房应于 2019 年 1 月确认收入实现，近期的市场售价为 19500 元/每平方米，销售收入 = 19500 × 120 ÷ (1 + 10%) = 212.73（万元）。

超市应于所有权转移时确认收入实现，因没有近期、最近月份以及当地同类开发产品可参照，按开发产品成本利润率确定销售收入；

销售收入 = 8500 × 7500 ÷ (1 − 15%) = 7500（万元）

三、财政性资金的处理应符合规定

(一) 案例描述

甲公司为房地产开发企业（以下简称甲公司），2016 年 6 月在某市竞得一块文化旅游用地，土地面积 380 亩，每亩成交价格 110 万元。该市文化旅游局为了扶持文化产业而制定了文件，根据文件规定，该公司如能按照设计要求在规定的时间节点完成建设计划，则给予每亩 15 万元的文化产业专项扶持资金，用于该项目的文化产业建设，专项资金按工程进度支付。2017年12月，甲公司收到了第一笔扶持资金1980万元，在2017年度企业所得税汇算清缴中，该公司将该笔资金作为不征税收入的财政性资金，在计算应纳税所得额时从收入总额中减除。

2018年6月，税务机关在对该公司2017年度申报数据比对分析时，发现企业所得税纳税调整项目明细表—收入类调整项目中不征税收入金额较大，经进一步核实，该笔资金不符合《财政部 国家税务总局关于专项用途财政性资金企业所得税处理问题的通知》（财税〔2011〕70号）的要求，即甲公司无法提供"财政部门或其他拨付资金的政府部门对该资金有专门的资金管理办法或具体管理要求"，同时甲公司也未对该资金以及以该资金发生的支出单独核算。经税务机关政策辅导后，甲公司按规定进行了纳税调整。

（二）风险提示

甲公司取得的文化产业扶持资金不符合相关规定，不能从收入总额中减除。

根据财税〔2011〕70号文件规定，企业取得的专项用途财政性资金企业所得税处理问题如下：

（1）企业从县级以上各级人民政府财政部门及其他部门取得的应计入收入总额的财政性资金，同时符合以下条件的，可以作为不征税收入，在计算应纳税所得额时从收入总额中减除：

①企业能够提供规定资金专项用途的资金拨付文件。

②财政部门或其他拨付资金的政府部门对该资金有专门的资金管理办法或具体管理要求。

③企业对该资金以及以该资金发生的支出单独核算。

（2）根据《企业所得税法实施条例》第二十八条的规定，上述不征税收入用于支出所形成的费用，不得在计算应纳税所得额时扣除；用于支出所形成的资产，其计算的折旧、摊销不得在计算应纳税所得额时扣除。

（3）企业将符合上述第（1）项规定条件的财政性资金作不征税收

入处理后，在5年（60个月）内未发生支出且未缴回财政部门或其他拨付资金的政府部门的部分，应计入取得该资金第6年的应税收入总额；计入应税收入总额的财政性资金发生的支出，允许在计算应纳税所得额时扣除。

（三）防控建议

对于财政性资金，必须符合条件方可作为不征税收入，特别是上述第（1）项第②点，企业应严格把握，避免涉税风险。

四、企业与其关联方之间的业务往来，应符合独立交易原则

（一）成交价格应符合独立交易原则

1. 案例描述

2018年7月，某市税务机关在对2017年度企业所得税汇算清缴申报数据进行监控分析时发现，乙房地产开发公司（以下简称乙公司）申报的数据异常，于是对该公司开展进一步深入分析。通过第三方数据交换平台调取该公司网上备案数据发现，乙公司2016年12月商品房备案数据中，有3套分别为480平方米的住宅单价为19000元，而同期同类其他住宅的平均单价为28000元；2017年5月商品房备案数据中有9000平方米的商业用房平均单价为7800元，明显低于该项目周边同期同类商品单价12000元的市场价格；通过分析乙公司所得税年度汇算清缴申报及财务报表数据发现，其销售成本明显偏高。经进一步外围调查、大数据分析发现，乙公司2016年12月备案的3套商品房购房者均为乙公司投资方甲公司的股东；2017年5月备案的商业用房购房者为甲公司投资的丙公司；向乙公司销售钢材的丁贸易公司投资方是甲公司；建筑工程总包方戊建筑公司的投资方也是甲公司。通过对上述信息

进行判断，税务机关认为乙公司有明显的利用关联交易，虚列支出、少计收入，逃避国家税款的嫌疑。经过充分准备之后，税务机关针对乙公司可能存在的疑点问题，制作约谈通知书，提醒该公司按照疑点认真开展自查。乙公司开始并不承认其存在涉税问题，百般狡辩，但在税务干部不断对其进行政策宣传、告知其可能承担的后果后，乙公司在大量的事实面前最终承认了如下问题并按规定进行了调整，补缴了相关税费及滞纳金：

（1）以低于市场平均单价9000元的价格销售给投资方股东3套住房，少计收入 = 480 × 3 × (28000 − 19000) ÷ (1 + 11%) = 11675675.68（元）。

（2）以低于市场平均单价4200元的价格销售给关联方丙公司商业用房9000平方米，少计收入 = 9000 × (12000 − 7800) ÷ (1 + 11%) = 34054054.05（元）。

（3）向关联方丁贸易公司实际购买8000吨钢筋，但购销合同及取得的发票显示购买数量均为8800吨，单价2570元/吨为市场指导价，虚增成本 = (8800 − 8000) × 2570 = 2056000（元）。

（4）通过总包方要求专业分包方虚开增值税专用发票，涉及税款金额850万元。

2. 风险提示

乙公司发生的关联交易应符合独立交易原则。

（1）根据《企业所得税法》第四十一条规定，企业与其关联方之间的业务往来，不符合独立交易原则而减少企业或者其关联方应纳税收入或者应纳税所得额的，税务机关有权按照合理方法调整。

企业与其关联方共同开发、受让无形资产，或者共同提供、接受劳务发生的成本，在计算应纳税所得额时应当按照独立交易原则进行分摊。

（2）根据《企业所得税法》第四十三条规定，企业向税务机关报送年度企业所得税纳税申报表时，应当就其与关联方之间的业务往来，附送年度关联业务往来报告表。

税务机关在进行关联业务调查时，企业及其关联方，以及与关联业务调查有关的其他企业，应当按照规定提供相关资料。

(3) 根据《企业所得税法》第四十四条规定，企业不提供与其关联方之间业务往来资料，或者提供虚假、不完整资料，未能真实反映其关联业务往来情况的，税务机关有权依法核定其应纳税所得额。

(4) 根据《企业所得税法》第四十七条规定，企业实施其他不具有合理商业目的的安排而减少其应纳税收入或者所得额的，税务机关有权按照合理方法调整。

(5) 根据《企业所得税法》第四十八条规定，税务机关依照相关规定作出纳税调整，需要补征税款的，应当补征税款，并按照国务院规定加收利息。

(6) 根据《企业所得税法实施条例》第一百零九条规定，《企业所得税法》第四十一条所称关联方，是指与企业有下列关联关系之一的企业、其他组织或者个人：

①在资金、经营、购销等方面存在直接或者间接的控制关系；

②直接或者间接地同为第三者控制；

③在利益上具有相关联的其他关系。

(7) 根据《企业所得税法实施条例》第一百一十条规定，《企业所得税法》第四十一条所称独立交易原则，是指没有关联关系的交易各方，按照公平成交价格和营业常规进行业务往来遵循的原则。

(8) 根据《企业所得税法实施条例》第一百一十一条规定，《企业所得税法》第四十一条所称合理方法，包括：

①可比非受控价格法，是指按照没有关联关系的交易各方进行相同或者类似业务往来的价格进行定价的方法；

②再销售价格法，是指按照从关联方购进商品再销售给没有关联关系的交易方的价格，减除相同或者类似业务的销售毛利进行定价的方法；

③成本加成法，是指按照成本加合理的费用和利润进行定价的

方法；

④交易净利润法，是指按照没有关联关系的交易各方进行相同或者类似业务往来取得的净利润水平确定利润的方法；

⑤利润分割法，是指将企业与其关联方的合并利润或者亏损在各方之间采用合理标准进行分配的方法；

⑥其他符合独立交易原则的方法。

（9）根据《企业所得税法实施条例》第一百一十五条规定，税务机关依照《企业所得税法》第四十四条的规定核定企业的应纳税所得额时，可以采用下列方法：

①参照同类或者类似企业的利润率水平核定；

②按照企业成本加合理的费用和利润的方法核定；

③按照关联企业集团整体利润的合理比例核定；

④按照其他合理方法核定。

企业对税务机关按照上述规定的方法核定的应纳税所得额有异议的，应当提供相关证据，经税务机关认定后，调整核定的应纳税所得额。

（10）根据《企业所得税法实施条例》第一百二十条规定，《企业所得税法》第四十七条所称不具有合理商业目的，是指以减少、免除或者推迟缴纳税款为主要目的。

（11）根据《企业所得税法实施条例》第一百二十一条规定，税务机关根据税收法律、行政法规的规定，对企业作出特别纳税调整的，应当对补征的税款，自税款所属纳税年度的次年 6 月 1 日起至补缴税款之日止的期间，按日加收利息。加收的利息，不得在计算应纳税所得额时扣除。

3. 防控建议

关联交易是近年来税务机关关注的重点，企业应严格按照税法规定执行，避免涉税风险发生。

税务机关在日常服务与管理中，可关注如下四个方面；

（1）通过工商登记信息，了解企业关联关系情况，重点关注与房地产企业开发相关的关联方企业。

（2）通过施工登记信息，了解是否有关联方大额交易存在。

（3）通过企业所得税年度纳税申报表附表：《企业年度关联业务往来报告表》，确认关联方关系。

（4）如企业有关联交易发生，了解关联方交易的目的及定价政策，核查有关发票、协议、合同，以及其他有关商品和资产的购销活动的文件，确定企业与关联方之间的购销业务是否按独立企业之间公平价格作价。

（二）关联方利息支出应按规定处理

1. 案例描述

2019年，税务机关在对A房地产开发公司（以下简称A公司）风险评估时，发现该公司2017年分摊的企业集团统一向金融机构借款利息情况异常，经进一步核实，该公司分摊的利息包含了企业集团向金融机构借款过程中发生的金融服务费、咨询费等利息之外的费用。同时还发现，A公司支付给境内关联方利息1050万元，虽然实际税负不高于关联方，但A公司入账的票据为关联方自制凭证。A公司财务人员解释这两笔业务都是对方未按规定开具票据所致，在税务机关对相关税收政策进行宣传辅导并责令其限期改正后，A公司在规定时间内进行了整改。

2. 风险提示

根据《财政部　国家税务总局关于企业关联方利息支出税前扣除标准有关税收政策问题的通知》（财税〔2008〕121号）相关规定，企业接受关联方债权性投资利息支出税前扣除可按以下方式进行：

（1）企业集团或其成员企业统一向金融机构借款，分摊至集团内部其他成员企业使用的，借入方凡能出具从金融机构取得借款的证明文件，可以在使用借款的企业间合理地分摊利息费用，使用借款的企业分摊的合理利息准予在税前扣除。

（2）在计算应纳税所得额时，企业实际支付给关联方的利息支出，不超过以下规定比例和《企业所得税法》及其实施条例有关规定计算的部分，准予扣除，超过的部分不得在发生当期和以后年度扣除。

企业实际支付给关联方的利息支出，其接受关联方债权性投资与其权益性投资比例为：

①金融企业，为5:1；

②其他企业，为2:1。

（3）企业如果能够按照《企业所得税法》及其实施条例的有关规定提供相关资料，并证明相关交易活动符合独立交易原则的；或者该企业的实际税负不高于境内关联方的，其实际支付给境内关联方的利息支出，在计算应纳税所得额时准予扣除。

3. 防控建议

企业在实际操作中应着重把握好以下几方面：

（1）将利息分摊适用的范围把握在集团内同一控制的企业内部，不具控制权的企业慎用；

（2）借入方的借款应来源于金融机构或对外发行债券取得资金，即向非金融机构借款利息不适用于费用分摊；

（3）参与利息分摊的企业应存在实际使用借入资金的行为，未实际使用借入资金的企业不得参与利息分摊；

（4）费用分摊过程中不得存在转贷获利的行为，即借入方应不得在分摊过程中取得息差收益；

（5）费用分摊的方法和标准应合理，企业集团不得通过费用分摊人为地调整成员企业间利润；

（6）分摊的利息不得高于支付给金融机构借款利率水平或支付的债券票面利率水平，不应包含利息之外的服务费、发行费等。

税务机关在"企业集团核准登记"取消后，根据国市监企注

〔2018〕139号文件第一条规定来判定企业集团，即：各地工商和市场监管部门要按照《国务院关于取消一批行政许可等事项的决定》要求，不再单独登记企业集团，不再核发《企业集团登记证》，并认真做好以下衔接工作。一是放宽名称使用条件。企业法人可以在名称中组织形式之前使用"集团"或者"（集团）"字样，该企业为企业集团的母公司。企业集团名称应与母公司名称的行政区划、字号、行业或者经营特点保持一致。需要使用企业集团名称和简称的，母公司应当在申请企业名称登记时一并提出，并在章程中记载。母公司全资或者控股的子公司、经母公司授权的参股公司可以在名称中冠以企业集团名称或者简称。各级工商和市场监管部门对企业集团成员企业的注册资本和数量不做审查。二是强化企业集团信息公示。取消企业集团核准登记后，集团母公司应当将企业集团名称及集团成员信息通过国家企业信用信息公示系统向社会公示。国市监企注〔2018〕139号文件下发前已经取得《企业集团登记证》的，可以不再公示。三是依法加强对企业集团的监督管理。综合运用各种监管手段，依法对辖区内企业集团及其成员企业进行动态监测和核查，形成长效监管机制。发现有违反市场监督管理法律法规行为的，依据相关规定进行处理。

五、成本、费用的扣除应符合规定

（一）实际发生的支出应取得合法凭据

1. 案例描述

2017—2018年度，某市税务机关对丙房地产开发企业进行风险评估时发现如下情况：该企业开发的C项目于2017年12月竣工交付，销售比例78%，该企业确定2018年4月30日为计税成本核算的终止日，实际发生成本支出9.47亿元，其中0.27亿元未取得票据。该企业扣除已销售开发产品的成本为实际发生的成本支出乘以销售比例，即：扣除已销售开发产品的成本 = 9.47 × 78% = 7.39（亿元），多扣除未取得发票部分 = 0.27 × 78% = 0.21（亿元），评估人员遂对该笔多扣除的部分进行了纳税调整，并按规定进行了处理。

2. 风险提示

根据国税发〔2009〕31 号文件第三十四条规定，企业在结算计税成本时其实际发生的支出应当取得但未取得合法凭据的，不得计入计税成本，待实际取得合法凭据时，再按规定计入计税成本。

3. 防控建议

税务机关和企业一直以来习惯于将开发项目竣工备案后的所得税处理称之为结转收入，实际上房地产企业在预售阶段签订购房合同时就按规定确认收入实现了，竣工交付这个环节应该称之为结算成本，企业应根据规定在企业所得税汇算清缴申报截止时间前确定结算成本日期，并与前期、工程、销售等部门做好协调，及时取得合法有效凭证。企业可采用见票付款的方式，避免案例中的类似风险的发生。

（二）合理确定开发产品成本对象、按规定报送相关资料

1. 案例描述

甲房地产开发公司（以下简称甲公司）开发的 A 项目共分二期，一期为小高层住宅和别墅，小高层住宅为毛坯交付，别墅为精装交付，2016 年 6 月开始预售，2018 年 6 月交付；二期为高层住宅与小高层住宅，均为毛坯交付，于 2017 年 3 月开始预售，2018 年 12 月交付。

2018 年度企业所得税汇算清缴时，甲公司将完工开发产品的成本对象确定原则、依据，共同成本分配原则、方法，以及开发项目基本情况、开发计划等出具了专项报告，随同《企业所得税年度纳税申报表》一并报送主管税务机关，相关内容如下：

（1）项目一期：虽然一期是同时完工交付，但由于产品业态差异

很大，根据成本差异及定价差异原则，确定为两个成本对象，即：精装别墅、毛坯小高层住宅。

（2）项目二期：由于高层住宅与小高层住宅交付及销售计划一致，成本与定价差异较小，在2019年度申报成本对象时作为一个成本对象处理。

2. 风险提示

（1）国税发〔2009〕31号文件已经对成本对象的确定做了明确，前文在"开发建设"环节已经做了介绍。

（2）根据国家税务总局公告2014年第35号规定：

①房地产开发企业应依据计税成本对象确定原则确定已完工开发产品的成本对象，并就确定原则、依据，共同成本分配原则、方法，以及开发项目基本情况、开发计划等出具专项报告，在开发产品完工当年企业所得税年度纳税申报时，随同《企业所得税年度纳税申报表》一并报送主管税务机关。

房地产开发企业将已确定的成本对象报送主管税务机关后，不得随意调整或相互混淆。如确需调整成本对象的，应就调整的原因、依据和调整前后成本变化情况等出具专项报告，在调整当年企业所得税年度纳税申报时报送主管税务机关。

②房地产开发企业应建立健全成本对象管理制度，合理区分已完工成本对象、在建成本对象和未建成本对象，及时收集、整理、保存成本对象涉及的证据材料，以备税务机关检查。

③各级税务机关要认真清理以前的管理规定，今后不得以任何理由进行变相审批。

主管税务机关应对房地产开发企业报送的成本对象确定专项报告做好归档工作，及时进行分析，加强后续管理。对资料不完整、不规范的，应及时通知房地产开发企业补齐、修正；对成本对象确定不合理或共同成本分配方法不合理的，主管税务机关有权进行合理调整；对成本对象确定情况异常的，主管税务机关应进行专项检查；对不如实出具专项报告或不出具专项报告的，应按《税收征管法》的相关规定进行处理。

3. 防控建议

成本对象的归集、扣除应符合规定，竣工后第一个汇算清缴年度应报送相关资料。

税务机关可通过下列方法分析企业有无涉税风险：

（1）当年度企业所得税申报表首次出现较大金额的营业收入，但未报送房地产企业开发项目计税成本计算表及汇总表。

（2）报送的房地产企业开发项目计税成本计算表及汇总表成本对象与企业开发情况不一致：如多期开发的只有一个成本对象；住宅、商业、别墅等多个业态开发的只有一个成本对象；或一次性开发相同类型房产的存在多个成本对象等情况。

（三）小区内配套设施、停车场所处理应符合规定

1. 案例描述

乙房地产开发公司（以下简称乙公司）开发的 B 项目于 2017 年 4 月预售，因临湖靠山环境优美，2018 年 10 月竣工验收前已全部售罄。该项目属于高档住宅，乙公司根据规划投入大量资金建造了幼儿园、游泳馆、高级会所、地下停车场等一系列配套设施。2018 年度企业所得税汇算清缴申报时，乙公司将所有的配套设施成本全部在税前予以扣除。

2019 年 6 月，税务机关在对乙公司申报情况开展风险评估时，发现如下问题：

（1）幼儿园尚未办理移交手续，乙公司称区教育部门已上门验收并对部分设施提出了整改意见，需整改到位后方能办理移交。

（2）游泳馆现在对小区居民开放，并可按优惠办理年卡或季卡，费用由乙公司收取，乙公司称游泳馆的收费很低，实际属于亏损状态，它也想移交业主后由业主自行聘请专业机构管理。但由于资产规模较大，

无偿移交的手续在等集团审批，目前游泳馆的亏损暂时由企业承担。

（3）高级会所已由乙公司对外出租。

（4）配建的两个地下停车场中，A停车场利用地下基础设施建造，对全体业主开放，但需每月缴纳停车费用，费用由乙公司收取；B停车场建在会所及公共绿地的下方，属于单独建造，已与会所一并对外出租。

针对上述问题，风险评估人员对乙公司提出以下整改措施：

（1）尽快办理幼儿园的移交手续，移交后按公建配套处理，其成本费用允许在企业所得税税前扣除。

（2）游泳馆在未移交全体业主之前，不能按公建配套处理，其成本费用不得在企业所得税税前扣除，其经营产生的日常费用属于与经营有关，允许在企业所得税税前扣除。

（3）高级会所已用于出租，属于营利性质，应单独核算成本，按开发产品处理。

（4）A地下停车场是利用地下基础设施形成的，可以作为公建配套处理，其收取的停车费按收入处理。B地下停车场属于单独建造的停车场所，应单独核算成本，已对外出租，属于营利性质，按开发产品处理。

2. 风险提示

（1）根据国税发〔2009〕31号文件第十七条规定，企业在开发区内建造的会所、物业管理场所、电站、热力站、水厂、文体场馆、幼儿园等配套设施，按以下规定进行处理：

①属于非营利性且产权属于全体业主的，或无偿赠与地方政府、公用事业单位的，可将其视为公共配套设施，其建造费用按公共配套设施费的有关规定进行处理。

②属于营利性的，或产权归企业所有的，或未明确产权归属的，或无偿赠与地方政府、公用事业单位以外其他单位的，应当单独核算其成本。除企业自用应按建造固定资产进行处理外，其他一律按建造开发产品进行处理。

（2）根据国税发〔2009〕31号文件第三十三条规定，企业单独建造的停车场所，应作为成本对象单独核算。利用地下基础设施形成的停车场所，作为公共配套设施进行处理。

3. 防控建议

企业对于需办理移交的配套设施应及时办理移交手续，避免涉税风险发生。

税务机关在风险应对中，应实地查看配套设施状态，有无营利性，按规定应办理移交的有无办理移交手续。

（四）与有关部门、单位合建的设施应按规定处理

1. 案例描述

丙房地产开发企业（以下简称丙企业）开发的C项目，应政府相关部门要求与区教育部门合资在项目内建造一所小学，区教育部门提供技术支持与图纸设计，丙企业负责建设，2018年10月建设完成，建造成本3200万元，区教育部门于12月审计完毕后办理了移交手续，并按经审计后成本价的80%即2560万元补偿给丙企业。该企业在2018年度企业所得税汇算清缴中，将建造小学成本价与区教育部门补偿价之间的差额调整了当期应纳税所得额。

2. 风险提示

根据国税发〔2009〕31号文件第十八条规定，企业在开发区内建造的邮电通讯、学校、医疗设施应单独核算成本，其中，由企业与国家有关业务管理部门、单位合资建设，完工后有偿移交的，国家有关业务管理部门、单位给予的经济补偿可直接抵扣该项目的建造成本，抵扣后的差额应调整当期应纳税所得额。

3. 防控建议

对于与有关部门、单位合建设施的企业，应尽早与相关部门沟通，

说明情况，及时办理移交手续，避免涉税风险发生。

（五）按揭贷款保证金、支付境外机构的销售费用应按规定处理

1. 案例描述

丁房地产公司（以下简称丁公司）与乙银行签署合作协议，由乙银行办理丁公司房屋销售的按揭贷款业务，协议约定，在办理按揭贷款的购房者未办理他项权证之前，由丁公司提供担保，承担按揭贷款的连带责任。

2018年9月项目竣工交付时，购房业主林某因个人原因已连续3个月没有还贷，也未办理他项权证，银行根据协议要求丁公司履行担保责任，将林某的按揭贷款余额一次性付清，丁公司在收到银行信函后于次月支付了上述款项并向法院提起诉讼，要求与林某解除购房合同，截至2018年年末法院尚未进行判决。2018年度企业所得税汇算清缴申报时，丁公司将该笔支出作为资产损失在企业所得税税前扣除。

税务机关在风险应对中发现上述问题，认为法院尚未判决，还不能确认损失实际发生，因此不得在税前扣除。

2. 风险提示

根据国税发〔2009〕31号文件第十九条规定，企业采取银行按揭方式销售开发产品的，凡约定企业为购买方的按揭贷款提供担保的，其销售开发产品时向银行提供的保证金（担保金）不得从销售收入中减除，也不得作为费用在当期税前扣除，但实际发生损失时可据实扣除。

3. 防控建议

目前，银行办理房屋销售按揭贷款都要求房地产开发公司提供担保，而近些年业主断供的现象也比较多，企业支付的保证金或者因连带责任而发生的损失应该在实际发生时据实扣除。

（六）符合条件的损失、折旧可按有关规定税前扣除

1. 案例描述

甲房地产开发公司（以下简称甲公司）开发的 B 项目分两期，一期已竣工交付，二期已封顶。2018 年 3 月，甲公司将一期未出售的商铺转作自用，并计提了折旧。2018 年 9 月，因当地政府调整规划，马路拓宽，二期沿路边的两幢楼房需要拆除，两幢楼已发生建造成本 2800 万元。2018 年 10 月，某超市连锁公司看中甲公司已转作自用的商铺，双方谈妥价格后，于 11 月签订了《房地产销售合同》，合同约定房屋交付时间为 12 月 31 日前。

2. 风险提示

甲公司已转作自用的商铺又销售，实际使用时间累计未超过 12 个月，计提的折旧不得在税前扣除。因规划调整而拆除的两幢楼房所发生的损失可以税前扣除。

（1）根据国税发〔2009〕31 号文件第二十二条规定，企业因国家无偿收回土地使用权而形成的损失，可作为财产损失按有关规定在税前扣除。

（2）根据国税发〔2009〕31 号文件第二十三条规定，企业开发产品（以成本对象为计量单位）整体报废或毁损，其净损失按有关规定审核确认后准予在税前扣除。

（3）根据国税发〔2009〕31 号文件第二十三条规定，企业开发产品转为自用的，其实际使用时间累计未超过 12 个月又销售的，不得在税前扣除折旧费用。

根据上述规定，本案例中甲公司因当地政府规划调整而拆除的两幢楼已发生建造成本 2800 万元，按有关规定审核确认后准予在税前扣除；一期转作自用又销售的商铺未超过 12 个月，其计提的折旧不得在税前扣除。

3. 防控建议

企业在项目开发建设中可能会发生规划调整、签证变更等事项，而相关业务处理应符合规定，手续、资料要齐全，避免形成涉税风险。

（七）预提费用应符合规定

1. 案例描述

乙房地产开发企业（以下简称乙企业）开发建设的 A 项目出包工程总额 9.84 亿元，项目于 2016 年 1 月动工，2017 年 11 月竣工，截至 2018 年 5 月 31 日前取得建筑安装发票 9.21 亿元，乙企业办理 2017 年度企业所得税汇算清缴时按不超过合同总金额的 10% 预提了费用 0.71 亿元。2018 年 9 月，出包工程最终办理了决算，决算金额 9.63 亿元。至 2019 年 5 月 31 日，尚有 0.21 亿元建筑安装发票未取得。乙企业在 2018 年度企业所得税汇算清缴时申报预提了建筑安装成本 0.21 亿元。

2019 年 8 月，税务机关在对乙企业开展风险评估时，发现乙企业 2017 年度企业所得税汇算清缴时预提费用 0.71 亿元，而发票金额为 0.63 亿元，多提了 800 万元，2018 年度企业所得税汇算清缴时出包工程已办理结算，预提费用 0.21 亿元不符合规定，遂对该企业两个年度的企业所得税汇算清缴按规定进行了纳税调整处理。

2. 风险提示

根据国税发〔2009〕31 号文件第三十二条规定，除以下三项预提（应付）费用外，计税成本均应为实际发生的成本。

（1）出包工程未最终办理结算而未取得全额发票的，在证明资料充分的前提下，其发票不足金额可以预提，但最高不得超过合同总金额的 10%。

（2）公共配套设施尚未建造或尚未完工的，可按预算造价合理预提建造费用。此类公共配套设施必须符合已在售房合同、协议或广告、模型中明确承诺建造且不可撤销，或按照法律法规规定必须配套建造的条件。

（3）应向政府上交但尚未上交的报批报建费用、物业完善费用可以按规定预提。物业完善费用是指按规定应由企业承担的物业管理基金、公建维修基金或其他专项基金。

3. 防控建议

企业出包工程预提费用应把握三点：一是工程未办理决算；二是发票不足金额方可预提；三是最高不可超过合同总金额的10%。

税务机关可根据企业所得税年度纳税申报表纳税调整项目明细表调整情况进行分析，特别是大额成本调增调减项，分析计税成本和会计成本是否存在差异。在风险应对中，可通过如下方法进行核实：

（1）核对"预提费用""应付账款"等科目，并关注开发项目计税成本明细表及预提费用明细表，出包工程预提成本金额较大的，核对是否符合规定。

（2）关注公司出包合同工程台账，核对发票取得及付款情况。

（3）检对企业所得税年度申报表纳税调增调减项目，关注预提成本纳税调整情况。

（八）合理的工资、薪金支出按规定进行税前扣除

1. 案例描述

2019年6月，税务机关对2018年度企业纳税申报数据比对分析时发现，丙房地产开发公司（以下简称丙公司）企业所得税申报表填列的工资、薪金支出746万元，而2018年度代扣代缴的个人所得税工资、薪金总额为694万元，相差52万元，存在少代扣代缴个人所得税或虚列工资、薪金支出的风险，逐向丙公司发出涉税风险提醒。经核实，该公司2018年度计提工资总额为746万元，截至年度企业所得税汇算清

缴申报前尚有52万元未发放,对于未发生的工资、薪金支出不允许在税前扣除,经税务机关辅导后,丙公司将该笔未支付的工资、薪金支出及据此计算的职工福利费、工会经费、职工教育经费按规定进行了纳税调整,补缴了税款和滞纳金。

2. 风险提示

丙公司未实际发生的工资、薪金不允许在税前扣除。

(1) 根据《企业所得税法实施条例》第三十四条规定,企业发生的合理的工资、薪金支出,准予扣除。

工资、薪金,是指企业每一纳税年度支付给在本企业任职或者受雇的员工的所有现金形式或者非现金形式的劳动报酬,包括基本工资、奖金、津贴、补贴、年终加薪、加班工资,以及与员工任职或者受雇有关的其他支出。

(2) 根据《企业所得税法实施条例》第三十五条规定,企业依照国务院有关主管部门或者省级人民政府规定的范围和标准为职工缴纳的基本养老保险费、基本医疗保险费、失业保险费、工伤保险费、生育保险费等基本社会保险费和住房公积金,准予扣除。

企业为投资者或者职工支付的补充养老保险费、补充医疗保险费,在国务院财政、税务主管部门规定的范围和标准内,准予扣除。

(3) 根据《企业所得税法实施条例》第四十条规定,企业发生的职工福利费支出,不超过工资薪金总额14%的部分,准予扣除。

(4) 根据《企业所得税法实施条例》第四十一条规定,企业拨缴的工会经费,不超过工资薪金总额2%的部分,准予扣除。

(5) 根据《企业所得税法实施条例》第四十二条规定,除国务院财政、税务主管部门另有规定外,企业发生的职工教育经费支出,不超过工资薪金总额2.5%的部分,准予扣除;超过部分,准予在以后纳税年度结转扣除。

(6) 根据《国家税务总局关于企业工资薪金及职工福利费扣除问题的通知》(国税函〔2009〕3号)规定:

①关于合理工资薪金问题。

《企业所得税法实施条例》第三十四条所称的"合理工资薪金"，是指企业按照股东大会、董事会、薪酬委员会或相关管理机构制订的工资薪金制度规定实际发放给员工的工资薪金。税务机关在对工资薪金进行合理性确认时，可按以下原则掌握：

A. 企业制订了较为规范的员工工资薪金制度；

B. 企业所制订的工资薪金制度符合行业及地区水平；

C. 企业在一定时期所发放的工资薪金是相对固定的，工资薪金的调整是有序进行的；

D. 企业对实际发放的工资薪金，已依法履行了代扣代缴个人所得税义务；

E. 有关工资薪金的安排，不以减少或逃避税款为目的。

②关于工资薪金总额问题。

《企业所得税法实施条例》第四十条、第四十一条、第四十二条所称的"工资薪金总额"，是指企业按照上述第①项规定实际发放的工资薪金总和，不包括企业的职工福利费、职工教育经费、工会经费以及养老保险费、医疗保险费、失业保险费、工伤保险费、生育保险费等社会保险费和住房公积金。属于国有性质的企业，其工资薪金，不得超过政府有关部门给予的限定数额；超过部分，不得计入企业工资薪金总额，也不得在计算企业应纳税所得额时扣除。

③关于职工福利费扣除问题。

《企业所得税法实施条例》第四十条规定的企业职工福利费，包括以下内容：

A. 尚未实行分离办社会职能的企业，其内设福利部门所发生的设备、设施和人员费用，包括职工食堂、职工浴室、理发室、医务所、托儿所、疗养院等集体福利部门的设备、设施及维修保养费用和福利部门工作人员的工资薪金、社会保险费、住房公积金、劳务费等。

B. 为职工卫生保健、生活、住房、交通等所发放的各项补贴和非货币性福利，包括企业向职工发放的因公外地就医费用、未实行医疗统筹企业职工医疗费用、职工供养直系亲属医疗补贴、供暖费补贴、职工防暑降温费、职工困难补贴、救济费、职工食堂经费补贴、职工交通补贴等。

C. 按照其他规定发生的其他职工福利费，包括丧葬补助费、抚恤费、安家费、探亲假路费等。

D. 关于职工福利费核算问题。

企业发生的职工福利费，应该单独设置账册，进行准确核算。没有单独设置账册进行准确核算的，税务机关应责令企业在规定的期限内进行改正。逾期仍未改正的，税务机关可对企业发生的职工福利费进行合理的核定。

3. 防控建议

企业实际支付的工资薪金金额与个人所得税申报表中工资薪金总额应当相符。一般企业下月发放上月工资薪金，下一年发放上一年年终奖，应重点关注预提费用或往来科目中预提的工资薪金，在年度企业所得税纳税申报前是否发放完毕，对于未发放完毕或多计提的工资薪金，应进行纳税调整。

（九）税前扣除的凭证应证明与取得收入有关、支出金额合理并实际发生

1. 案例描述

2019年8月，税务机关在对甲房地产开发公司（以下简称甲公司）开展风险评估时发现，该公司开发的B项目于2016年12月动工，2018年12月竣工交付，已销售比例为75%。期间向银行贷款80000万元，年利率6%，取得银行利息发票9600万元均计入开发成本，但2018年3—8月，甲公司将其中的5000万元贷款无偿借给其关联企业C房地产公司，评估人员认为，甲公司向银行贷款再无偿借给其关联企业使用，为此而支付的利息虽然取得了利息发票，但属于《企业所得税法》第十条规定的"与取得收入无关的其他支出"，不得在税前扣除，遂对甲

公司2018年度企业所得税汇算清缴做纳税调整，调增应纳税所得额 = $5000 \times 6\% \div 12 \times 6 \times 75\% = 112.5$（万元）。

2. 风险提示

（1）根据《企业所得税法》第十条规定，在计算应纳税所得额时，下列支出不得扣除：

①向投资者支付的股息、红利等权益性投资收益款项；

②企业所得税税款；

③税收滞纳金；

④罚金、罚款和被没收财物的损失；

⑤《企业所得税法》第九条规定以外的捐赠支出；

⑥赞助支出；

⑦未经核定的准备金支出；

⑧与取得收入无关的其他支出。

（2）根据《企业所得税法实施条例》第二十七条规定，《企业所得税法》第八条所称有关的支出，是指与取得收入直接相关的支出。

（3）根据《国家税务总局关于发布〈企业所得税税前扣除凭证管理办法〉的公告》（国家税务总局公告2018年第28号）规定：

①税前扣除凭证，是指企业在计算企业所得税应纳税所得额时，证明与取得收入有关的、合理的支出实际发生，并据以税前扣除的各类凭证。

②税前扣除凭证在管理中遵循真实性、合法性、关联性原则。真实性是指税前扣除凭证反映的经济业务真实，且支出已经实际发生；合法性是指税前扣除凭证的形式、来源符合国家法律、法规等相关规定；关联性是指税前扣除凭证与其反映的支出相关联且有证明力。

③税前扣除凭证按照来源分为内部凭证和外部凭证。

内部凭证是指企业自制用于成本、费用、损失和其他支出核算的会计原始凭证。内部凭证的填制和使用应当符合国家会计法律、法规等相关规定。

外部凭证是指企业发生经营活动和其他事项时，从其他单位、个人取得的用于证明其支出发生的凭证，包括但不限于发票（包括纸质发票和电子发票）、财政票据、完税凭证、收款凭证、分割单等。

④企业在境内发生的支出项目属于增值税应税项目（以下简称应税项目）的，对方为已办理税务登记的增值税纳税人，其支出以发票（包括按照规定由税务机关代开的发票）作为税前扣除凭证；对方为依法无须办理税务登记的单位或者从事小额零星经营业务的个人，其支出以税务机关代开的发票或者收款凭证及内部凭证作为税前扣除凭证，收款凭证应载明收款单位名称、个人姓名及身份证号、支出项目、收款金额等相关信息。

小额零星经营业务的判断标准是个人从事应税项目经营业务的销售额不超过增值税相关政策规定的起征点。

税务总局对应税项目开具发票另有规定的，以规定的发票或者票据作为税前扣除凭证。

⑤企业在境内发生的支出项目不属于应税项目的，对方为单位的，以对方开具的发票以外的其他外部凭证作为税前扣除凭证；对方为个人的，以内部凭证作为税前扣除凭证。

企业在境内发生的支出项目虽不属于应税项目，但按税务总局规定可以开具发票的，可以发票作为税前扣除凭证。

3. 防控建议

企业应加强内控，尤其是要加强对财务部门以外人员的培训，使其了解取得凭证的相关规定。加强内部管理，将与税前扣除凭证相关的资料，包括合同协议、支出依据、付款凭证等留存备查，以证实税前扣除凭证的真实性。发生的与其取得收入无关的支出应按规定进行税务处理，不得在税前扣除。

（十）按规定区分已销开发产品和未销开发产品

1. 案例描述

乙房地产开发公司（以下简称乙公司）开发的 A 项目建筑面积

15.64万平方米，总可售面积13.46万平方米，出包合同总金额4.7亿元。A项目于2017年12月竣工备案，累计销售可售面积10.77万平方米，合同约定交房时间为2017年12月底前，款项已收讫。2018年4月30日结算计税成本，总成本为11.72亿元。已经取得发票金额为10.89亿元，预提工程成本0.45亿元。2018年10月完成工程决算，当年销售可售面积1.39万平方米，合同约定交付和付款时间已到，当年取得成本发票0.63亿元，预提工程成本0.21亿元。

2. 风险提示

（1）根据国税发〔2009〕31号文件第十一条规定，企业在进行成本、费用的核算与扣除时，必须按规定区分期间费用和开发产品计税成本、已销开发产品计税成本与未销开发产品计税成本。

（2）根据国税发〔2009〕31号文件第十四条规定，已销开发产品的计税成本，按当期已实现销售的可售面积和可售面积单位工程成本确认。可售面积单位工程成本和已销开发产品的计税成本按下列公式计算确定：

可售面积单位工程成本＝成本对象总成本÷成本对象总可售面积

已销开发产品的计税成本＝已实现销售的可售面积×

可售面积单位工程成本

3. 防控建议

开发项目竣工验收年度因工程尚未决算，开发成本票据不齐部分在今后年度会陆续取得，因此，可售面积单位工程成本应每年计算。企业应督促相关方提高效率，尽早完成决算，避免不必要的损失。

4. 税款计算

本案例中，2017年和2018年两个年度乙公司应结转已售开发产品计税成本计算如下：

（1）2017年度。

①可售面积单位工程成本＝（10.89＋0.45）÷13.46＝8424.96（元）

②已销开发产品的计税成本 = 10.77×8424.96 = 9.07（亿元）

（2）2018年度。

当年已经完成工程决算，预提的工程成本不符合税前扣除条件。

①可售面积单位工程成本 =（10.89 + 0.63）÷ 13.46 = 8558.69（元）

②已销开发产品的计税成本 =（10.77 + 1.39）× 8558.69 − 9.07 = 1.34（亿元）

（十一）企业应严格区分收益性支出和资本性支出

1. 案例描述

丙房地产开发公司（以下简称丙公司）于2016年4月取得A地块，向某银行申请到贷款50000万元用于A项目（不考虑其他因素），年利率6%。贷款期限为2016年6月至2018年12月，项目于2016年6月动工，2018年10月31日完成竣工备案，并办理不动产权首次登记。截至2018年12月底贷款到期累计发生贷款利息7500万元，均计入A项目开发成本。

2. 风险提示

丙公司开发的A项目借款利息资本化停止时点应为2018年10月31日的竣工验收日。

（1）根据《企业所得税法实施条例》第二十八条规定，企业发生的支出应当区分收益性支出和资本性支出。收益性支出在发生当期直接扣除；资本性支出应当分期扣除或者计入有关资产成本，不得在发生当期直接扣除。

（2）根据国税发〔2009〕31号文件第二十一条规定，企业的利息支出按以下规定进行处理：

企业为建造开发产品借入资金而发生的符合税收规定的借款费用，可按《企业会计准则》的规定进行归集和分配，其中属于财务费用性质的借款费用，可直接在税前扣除。

企业集团或其成员企业统一向金融机构借款分摊集团内部其他成员企业使用的，借入方凡能出具从金融机构取得借款的证明文件，可以在使用借款的企业间合理地分摊利息费用，使用借款的企业分摊的合理利息准予在税前扣除。

3. 防控建议

借款费用首先要符合税收规定，才可按《企业会计准则》的规定进行归集和分配。

（1）《企业会计准则》具体规定。

借款费用确认的基本原则：企业发生的借款费用可直接归属于符合资本化条件的资产购建或者生产的，应当予以资本化，计入相关资产成本；其他借款费用应当在发生时根据其发生额确认为费用，计入当期损益。

借款费用应予资本化的借款范围，既包括专门借款，也可包括一般借款。专门借款是为购建或者生产符合资本化条件的资产而专门借入的款项。只有在购建或者生产某项符合资本化条件的资产占用了一般借款时，才应将与该部分一般借款相关的借款费用资本化；否则，所发生的借款费用应当计入当期损益。

（2）借款费用资本化期间的确定。

①借款费用开始时点。

只有发生在资本化期间内的有关借款费用才允许资本化，借款费用资本化期间是从借款费用开始资本化时点到停止资本化时点的期间，但不包括借款费用暂停资本化的期间。

借款费用同时满足下列条件的，才能开始资本化：

A. 资产支出已经发生。

资产支出只包括为购建或者生产符合资本化条件的资产而以支付现金、转移非现金资产或者承担带息债务形式发生的支出。

B. 借款费用已经发生。

借款费用已经发生，是指企业已经发生了因构建或者生产符合资本化条件的资产而专门借入款项的借款费用，或者占用了一般借款的借款费用。

C. 为使资产达到预定可使用或可销售状态所必要的购建或者生产活动已经开始。

②借款费用停止时点。

购建或者生产符合资本化条件的资产达到预定可使用或者可销售状态时，借款费用应当停止资本化。在符合资本化条件的资产达到预定可使用或者可销售状态之后所发生的借款费用，应当在发生时根据其发生额确认为费用，计入当期损益。

根据上述规定，丙公司开发的 A 项目借款利息资本化停止时点应为 2018 年 10 月 31 日的竣工备案日，该时点符合关于"购建或者生产符合资本化条件的资产达到预定可使用或者可销售状态时借款费用应当停止资本化"的规定，10 月 31 日以后发生的借款利息应计入当期损益。

4. 税款计算

本案例中，丙公司支付的利息费用应做如下调整：

（1）2018 年应资本化的利息：

2018 年应资本化的利息 = 50000×6%÷12×10 = 2500（万元）

（2）2018 年应费用化的利息：

2018 年应费用化的利息 = 50000×6%÷12×2 = 500（万元）

（十二）土地成本分摊应符合规定

1. 案例描述

甲房地产开发公司（以下简称甲公司）于 2016 年 6 月通过出让方式取得 C 地块，支付土地价款 43000 万元（不考虑其他情况），开发的 C 项目于 2018 年 9 月竣工备案，建筑面积 82968.24 平方米，土地使用权面积 38226.3 平方米，该项目一次性开发，采用分类归集原则确定商业用房和小高层住宅两个成本对象，每幢楼基本数据如表 6-1 所示。

表 6-1　　　　　　　　　　分类型房地产面积

楼号	类型	可售面积（平方米）	占地面积（平方米）
1	商业用房	724.5	362.3
2	小高层住宅	9240	997.4
3	小高层住宅	7920	700
4	商业用房	675	337.5
5	小高层住宅	5720	403
6	小高层住宅	5720	403
7	小高层住宅	10560	800
8	小高层住宅	5720	403
9	小高层住宅	5720	403
10	商业用房	877.2	292.4
11	小高层住宅	8580	590.4
12	小高层住宅	8800	1998.6
合计		70256.7	7690.6

若按占地面积法分配土地成本，则甲公司 C 项目土地成本该如何分配呢？

根据规定，占地面积法是指按已动工开发成本对象占地面积占开发用地总面积的比例进行分配。

一次性开发的，按某一成本对象占地面积占全部成本对象占地总面积的比例进行分配。

分期开发的，先按本期全部成本对象占地面积占开发用地总面积的比例进行分配，然后再按某一成本对象占地面积占期内全部成本对象占地总面积的比例进行分配。期内全部成本对象应负担的占地面积为期内开发用地占地面积减除应由各期成本对象共同负担的占地面积。

（1）商业用房占地面积 = 362.3 + 337.5 + 292.4 = 992.2（平方米）

商业分配土地成本 = 992.2 ÷ 7690.6 × 43000 = 5547.63（万元）

（2）小高层住宅占地面积：

小高层住宅占地面积 = 997.4 + 700 + 403 + 403 + 800 + 403 + 403 + 590.4 + 1998.6 = 6698.4（平方米）

小高层住宅分配土地成本 = 6698.4 ÷ 7690.6 × 43000 = 37452.37（万元）

2. 风险提示

根据国税发〔2009〕31号文件第三十条规定，土地成本一般按占地面积法进行分配。如果确需结合其他方法进行分配的，应商税务机关同意。

土地开发同时连结房地产开发的，属于一次性取得土地分期开发房地产的情况，其土地开发成本经商税务机关同意后可先按土地整体预算成本进行分配，待土地整体开发完毕再行调整。

3. 防控建议

根据国税发〔2009〕31号文件规定，土地成本一般按占地面积法分配，这里并没有要求只能按占地面积法，但其他方法并不能单独使用，且占地面积法结合其他方法一起使用，且需商税务机关同意。

税务机关人员在风险应对中，可核查国有土地使用权出让合同及相关协议、用地规划许可证、项目规划图（鸟瞰图）企业土地成本分摊方法的说明等资料，核实企业是否按规定进行了土地成本的分摊。

六、企业所得税其他注意事项

（一）企业所得税年度纳税申报表应按《房地产开发经营业务企业所得税处理办法》填写

准确填列企业所得税年度纳税申报表中的《视同销售和房地产开发企业特定业务纳税调整明细表》（A105010）中调增调减事项。

对于会计与税法收入确认原则不同造成的收入确认差异,应在企业所得税年度纳税申报表纳税调整事项明细表中进行纳税调整。

(二) 符合条件的维修费用、维修基金可以扣除

根据国税发〔2009〕31号文件第十五条规定,企业对尚未出售的已完工开发产品和按照有关法律、法规或合同规定对已售开发产品(包括共用部位、共用设施设备)进行日常维护、保养、修理等实际发生的维修费用,准予在当期据实扣除。

根据国税发〔2009〕31号文件第十六条规定,企业将已计入销售收入的共用部位、共用设施设备维修基金按规定移交给有关部门、单位的,应于移交时扣除。

(三) 企业内部收取管理费、品牌使用费应按规定核算

根据《国家税务总局关于母子公司间提供服务支付费用有关企业所得税处理问题的通知》(国税发〔2008〕86号)规定,在中国境内,属于不同独立法人的母子公司之间提供服务支付费用有关企业所得税问题处理如下:

(1) 母公司为其子公司(以下简称子公司)提供各种服务而发生的费用,应按照独立企业之间公平交易原则确定服务的价格,作为企业正常的劳务费用进行税务处理。

母子公司未按照独立企业之间的业务往来收取价款的,税务机关有权予以调整。

(2) 母公司向其子公司提供各项服务,双方应签订服务合同或协议,明确规定提供服务的内容、收费标准及金额等,凡按上述合同或协议规定所发生的服务费,母公司应作为营业收入申报纳税;子公司作为成本费用在税前扣除。

(3) 母公司向其多个子公司提供同类项服务,其收取的服务费可以采取分项签订合同或协议收取;也可以采取服务分摊协议的方式,即由母公司与各子公司签订服务费用分摊合同或协议,以母公司为其子公

司提供服务所发生的实际费用并附加一定比例利润作为向子公司收取的总服务费，在各服务受益子公司（包括盈利企业、亏损企业和享受减免税企业）之间按《企业所得税法》第四十一条第二款规定合理分摊。

（4）母公司以管理费形式向子公司提取费用，子公司因此支付给母公司的管理费，不得在税前扣除。

（5）子公司申报税前扣除向母公司支付的服务费用，应向主管税务机关提供与母公司签订的服务合同或者协议等与税前扣除该项费用相关的材料。不能提供相关材料的，支付的服务费用不得税前扣除。

（四）合作或合资开发房地产项目的应按规定进行税务处理

根据国税发〔2009〕31号文件第三十六条规定，企业以本企业为主体联合其他企业、单位、个人合作或合资开发房地产项目，且该项目未成立独立法人公司的，按下列规定进行处理：

（1）凡开发合同或协议中约定向投资各方（即合作、合资方，下同）分配开发产品的，企业在首次分配开发产品时，如该项目已经结算计税成本，其应分配给投资方开发产品的计税成本与其投资额之间的差额计入当期应纳税所得额；如未结算计税成本，则将投资方的投资额视同销售收入进行相关的税务处理。

（2）凡开发合同或协议中约定分配项目利润的，应按以下规定进行处理：

①企业应将该项目形成的营业利润额并入当期应纳税所得额统一申报缴纳企业所得税，不得在税前分配该项目的利润。同时不能因接受投资方投资额而在成本中摊销或在税前扣除相关的利息支出。

②投资方取得该项目的营业利润应视同股息、红利进行相关的税务处理。

（五）以土地投资换取开发产品的应按规定处理

根据国税发〔2009〕31号文件第三十七条规定，企业以换取开发产品为目的，将土地使用权投资其他企业房地产开发项目的，按以下规定进行处理：

企业应在首次取得开发产品时，将其分解为转让土地使用权和购入开发产品两项经济业务进行所得税处理，并按应从该项目取得的开发产品（包括首次取得的和以后应取得的）的市场公允价值计算确认土地使用权转让所得或损失。

（六）企业以非货币交易方式取得土地使用权的，应按下列规定确定其成本

根据国税发〔2009〕31号文件第三十一条规定，企业以非货币交易方式取得土地使用权的，应按下列规定确定其成本：

（1）企业、单位以换取开发产品为目的，将土地使用权投资企业的，按下列规定进行处理：

①换取的开发产品如为该项土地开发、建造的，接受投资的企业在接受土地使用权时暂不确认其成本，待首次分出开发产品时，再按应分出开发产品（包括首次分出的和以后应分出的）的市场公允价值和土地使用权转移过程中应支付的相关税费计算确认该项土地使用权的成本。如涉及补价，土地使用权的取得成本还应加上应支付的补价款或减除应收到的补价款。

②换取的开发产品如为其他土地开发、建造的，接受投资的企业在投资交易发生时，按应付出开发产品市场公允价值和土地使用权转移过程中应支付的相关税费计算确认该项土地使用权的成本。如涉及补价，土地使用权的取得成本还应加上应支付的补价款或减除应收到的补价款。

（2）企业、单位以股权的形式，将土地使用权投资企业的，接受投资的企业应在投资交易发生时，按该项土地使用权的市场公允价值和土地使用权转移过程中应支付的相关税费计算确认该项土地使用权的取得成本。如涉及补价，土地使用权的取得成本还应加上应支付的补价款或减除应收到的补价款。

七、财务核算

(一) 开发项目完工后结算计税成本

1. 案例描述

甲房地产开发公司（以下简称甲公司）开发的 B 项目分两期开发，一期产品类型为写字楼和普通住宅，写字楼可售面积 25000 平方米，普通住宅可售面积 75000 平方米，根据成本差异及定价差异原则，确定为两个成本对象，即：写字楼和普通住宅。B 项目于 2018 年 12 月竣工验收合格后，甲公司在完工当年企业所得税汇算清缴前结算计税成本，土地征用及拆迁补偿费 53800 万元，其中：写字楼 11000 万元，普通住宅 42800 万元；前期工程费 3000 万元，其中：写字楼 500 万元，普通住宅 2500 万元；基础设施费 5000 万元，其中：写字楼 1800 万元，普通住宅 3200 万元；建筑安装工程费 22000 万元，其中：写字楼 8000 万元，普通住宅 14000 万元；公共配套设施费 6000 万元，其中：写字楼 2000 万元，普通住宅 4000 万元；开发间接费 1200 万元，其中：写字楼 300 万元，普通住宅 900 万元；借款费用 9000 万元，其中：写字楼 2000 万元，普通住宅 7000 万元，将"开发成本"结转到"开发产品"账户。

2. 会计分录

借：开发产品——一期写字楼　　　　　　256000000
　　　　　　——一期普通住宅　　　　　　744000000
　贷：开发成本——一期写字楼（土地征用及拆迁费）
　　　　　　　　　　　　　　　　　　　110000000
　　　　　　　　　　（前期工程费）　　　5000000
　　　　　　　　　　（基础设施费）　　 18000000

（建筑安装工程费）

80000000

（公共配套设施费）

20000000

（开发间接费） 3000000

（借款费用） 20000000

——一期普通住宅（土地征用及拆迁费）

428000000

（前期工程费） 25000000

（基础设施费） 32000000

（建筑安装工程费）

140000000

（公共配套设施费）

40000000

（开发间接费） 9000000

（借款费用） 70000000

（二）2018年度结转已售部分的主营业务成本

1. 案例描述

承上述案例，假设2018年写字楼已售面积15000平方米，可售建筑面积单位成本10240元/平方米，确认收入实现20250万元；普通住宅销售50000平方米，可售建筑面积单位成本9920元/平方米，确认收入实现75000万元。（以上金额均为不含税价）

根据销售的面积结转主营业务成本：

写字楼计税成本 = 15000 × 10240 = 15360（万元）

普通住宅计税成本 = 50000 × 9920 = 49600（万元）

2. 会计分录

借：预收账款 952500000

```
    贷：主营业务收入——写字楼            202500000
                ——普通住宅              750000000
借：主营业务成本——一期（写字楼）        153600000
                  一期（普通住宅）        496000000
    贷：开发产品——一期（写字楼）        153600000
                  一期（普通住宅）        496000000
```

（三）销售完工产品

1. 案例描述

承上述案例，2019年，写字楼销售5000平方米，确认收入实现6900万元；普通住宅销售12000平方米，确认收入实现18300万元。收到2018年汇算清缴前未收到的建筑发票，经分配计算，写字楼可售建筑面积单位成本11200元/平方米，普通住宅可售建筑面积单位成本10200元/平方米。（以上金额均为不含税价）

根据已售面积结转主营业务成本：

写字楼2019年应结转主营业务成本=（15000+5000）×11200÷10000-15360=7040（万元）

普通住宅应结转主营业务成本=（50000+12000）×10200÷10000-49600=13640（万元）

2. 会计分录

```
借：银行存款                              274680000
    贷：主营业务收入——写字楼             69000000
                ——普通住宅              183000000
        应交税费——应交增值税（销项税额）   22680000
借：主营业务成本——一期（写字楼）          70400000
                  一期（普通住宅）        136400000
    贷：开发产品——一期（写字楼）          70400000
```

——一期（普通住宅）　　　　　　　136400000

（四）开发产品出租

1. 案例描述

承上述案例，2019年6月，甲公司将1000平方米写字楼对外出租，当月收取租金80万元（不含税）。写字楼的折旧年限为20年，残值率为5%。

增值税销项税额 = 80 × 9% = 7.2（万元）

出租房产原值 = 11200 × 1000 ÷ 10000 = 1120（万元）

2. 会计分录

（1）转为出租时。

借：投资性房地产　　　　　　　　　11200000
　　贷：开发产品　　　　　　　　　　11200000

（2）收取租金时。

借：银行存款　　　　　　　　　　　872000
　　贷：其他业务收入　　　　　　　　800000
　　　　应交税费——应交增值税（销项税额）　　72000

（3）出租的房屋按月计提折旧时。

每月计提的折旧 = 11200000 × (1 − 5%) ÷ 20 ÷ 12 = 44333.33（元）

借：其他业务成本　　　　　　　　　44333.33
　　贷：累计折旧——投资性房地产　　44333.33

（五）开发产品转作固定资产

承上述案例，2019年12月，甲公司将1500平方米写字楼转为固定资产自用。

房产原值 = 11200 × 1500 ÷ 10000 = 1680（万元）

根据《国家税务总局关于企业处置资产所得税处理问题的通知》

（国税函〔2008〕828号）规定，企业发生的处置资产，除将资产转移至境外以外，由于资产所有权属在形式和实质上均不发生改变，可作为内部处置资产，不视同销售确认收入，相关资产的计税基础延续计算。

  借：固定资产   16800000

    贷：开发产品   16800000

第七节 本环节需留存备查的资料

本环节需留存备查的资料如下：

（1）建设工程施工许可证、总平面图等建规证附件；

（2）测绘报告；

（3）《房屋建筑工程竣工验收备案表》；

（4）依法配建的人防工程验收合格证明资料；

（5）公共配套设施验收表；

（6）《商品房预售许可证》《房产权属准予登记通知（证明）》、房屋测量成果报告书、商品房权属证明、商品房购销合同统计表、销售明细表等资料。

第七章

土地增值税清算

土地增值税清算，是指纳税人在符合土地增值税清算条件后，依照税收法律、法规及土地增值税有关政策规定，计算房地产开发项目应缴纳的土地增值税税额，并填写《土地增值税清算申报表》，向主管税务机关提供有关资料，办理土地增值税清算手续，结清该房地产项目应缴纳土地增值税税款的行为。

税务机关应当为纳税人提供优质纳税服务，加强土地增值税政策宣传辅导。

主管税务机关应及时对纳税人清算申报的收入、扣除项目金额、增值额、增值率以及税款计算等情况进行审核，依法征收土地增值税。

第一节　主要涉税事项及税种

一、土地增值税清算

房地产开发项目满足土地增值税清算条件后，按规定完成项目清算申报、清算审核与税款补退手续。

二、企业所得税退税

企业按规定对开发项目进行土地增值税清算后，当年企业所得税汇算清缴出现亏损，且没有后续开发项目的，可以按照规定的方法，计算出该项目由于土地增值税原因导致的项目开发各年度多缴企业所得税税款，并申请退税。

三、尾盘销售申报

对土地增值税清算申报后销售的房地产，按规定方法办理土地增值税的计算和申报。

四、主要涉及税种

本章主要涉及的税种为：土地增值税、企业所得税。

第二节　土地增值税

一、基本规定

（一）纳税义务人

转让国有土地使用权、地上的建筑物及其附着物并取得收入的单位和个人，为土地增值税的纳税义务人，应当依照《土地增值税暂行条例》缴纳土地增值税。

单位是指各类企业单位、事业单位、国家机关和社会团体及其他组织；个人，包括个体经营者。

（二）征税范围

《土地增值税暂行条例》第二条所称的转让国有土地使用权、地上的建筑物及其附着物并取得收入，是指以出售或者其他方式有偿转让房地产的行为。不包括以继承、赠与方式无偿转让房地产的行为。

国有土地是指国家法律规定属于国家所有的土地；地上的建筑物是指建于土地上的一切建筑物，包括地上地下的各种附属设施；附着物是指附着于土地上的不能移动，一经移动即遭损坏的物品；收入包括转让房地产的全部价款及有关的经济收益。

国税函发〔1995〕110号文件第四条规定，根据《土地增值税暂行条例》的规定，凡转让国有土地使用权、地上的建筑物及其附着物并取得收入的行为都应缴纳土地增值税。这样界定有三层含意：一是土地增值税仅对转让国有土地使用权的征收,对转让集体土地使用权的不征税。这是因为根据《中华人民共和国土地管理法》的规定,国家为了公共利益,可以依照法律规定对集体土地实行征用,依法被征用后的土地属于国家所有。未经国家征用的集体土地不得转让。如要自行转让是一种违法行为。对这种违法行为应由有关部门依照相关法律来处理,而不应纳入土地增值税的征税范围。二是只对转让的房地产征收土地增值税,不转让的不征税。如房地产的出租,虽然取得了收入,但没有发生房地产的产权转让,不应属于土地增值税的征收范围。三是对转让房地产并取得收入的征税,对发生转让行为,而未取得收入的不征税。如通过继承、赠与方式转让房地产的,虽然发生了转让行为,但未取得收入,就不能征收土地增值税。

(三) 预征与清算

纳税人在项目全部竣工结算前转让房地产取得的收入,由于涉及成本确定或其他原因,而无法据以计算土地增值税的,可以预征土地增值税,待该项目全部竣工、办理结算后再进行清算,多退少补。具体办法由各省、自治区、直辖市税务局根据当地情况制定。

(四) 转让房地产取得的收入

纳税人转让房地产所取得的收入,包括转让房地产的全部价款及有关的经济收益。

营改增后,纳税人转让房地产的土地增值税应税收入不含增值税。适用增值税一般计税方法的纳税人,其转让房地产的土地增值税应税收入不含增值税销项税额;适用简易计税方法的纳税人,其转让房地产的土地增值税应税收入不含增值税应纳税额。

(五) 计算增值额的扣除项目

纳税人转让房地产所取得的收入减除以下扣除项目金额后的余额,为增值额:

(1) 取得土地使用权所支付的金额；

(2) 开发土地的成本、费用；

(3) 新建房及配套设施的成本、费用，或者旧房及建筑物的评估价格；

(4) 与转让房地产有关的税金；

(5) 财政部规定的其他扣除项目。

（六）房地产开发费用

房地产开发费用，是指与房地产开发项目有关的销售费用、管理费用、财务费用。

(1) 财务费用中的利息支出，凡能够按转让房地产项目计算分摊并提供金融机构证明的，允许据实扣除，但最高不能超过按商业银行同类同期贷款利率计算的金额。其他房地产开发费用，在按照"取得土地使用权所支付的金额"与"房地产开发成本"金额之和的5%以内计算扣除。

(2) 凡不能按转让房地产项目计算分摊利息支出或不能提供金融机构证明的，房地产开发费用在按"取得土地使用权所支付的金额"与"房地产开发成本"金额之和的10%以内计算扣除。

全部使用自有资金，没有利息支出的，按照以上方法扣除。

上述具体适用的比例按省级人民政府规定的比例执行。

(3) 房地产开发企业既向金融机构借款，又有其他借款的，其房地产开发费用计算扣除时不能同时适用以上第(1)、(2)项所述两种办法。

(4) 土地增值税清算时，已经计入房地产开发成本的利息支出，应调整至财务费用中计算扣除。

（七）财政部规定的其他扣除项目

根据《土地增值税暂行条例》第六条第（五）项规定，对从事房地产开发的纳税人可按"取得土地使用权所支付的金额"与"房地产开发成本"规定计算的金额之和，加计20%的扣除。

（八）土地增值税实行四级超率累进税率

增值额未超过扣除项目金额50%的部分，税率为30%。

增值额超过扣除项目金额50%、未超过扣除项目金额100%的部分，税率为40%。

增值额超过扣除项目金额100%、未超过扣除项目金额200%的部分，税率为50%。

增值额超过扣除项目金额200%的部分，税率为60%。

计算土地增值税税额，可按增值额乘以适用的税率减去扣除项目金额乘以速算扣除系数的简便方法计算，具体公式如下：

应纳税额＝增值额×适用税率－扣除项目金额×速算扣除系数

（1）增值额未超过扣除项目金额50%，土地增值税税额＝增值额×30%。

（2）增值额超过扣除项目金额50%，未超过100%的土地增值税税额＝增值额×40%－扣除项目金额×5%。

（3）增值额超过扣除项目金额100%，未超过200%的土地增值税税额＝增值额×50%－扣除项目金额×15%。

（4）增值额超过扣除项目金额200%，土地增值税税额＝增值额×60%－扣除项目金额×35%。

上述公式中的5%、15%、35%为速算扣除系数。

（九）免征土地增值税的情形

有下列情形之一的，免征土地增值税：

（1）纳税人建造普通标准住宅出售，增值额未超过扣除项目金额20%的。

普通标准住宅，是指按所在地一般民用住宅标准建造的居住用住宅。高级公寓、别墅、度假村等不属于普通标准住宅。普通标准住宅与其他住宅的具体划分界限由各省、自治区、直辖市人民政府规定。

根据《财政部 国家税务总局关于土地增值税普通标准住宅有关政策的通知》（财税〔2006〕141号）规定，"普通标准住宅"的认定，可在各省、自治区、直辖市人民政府根据《国务院办公厅转发建设部等部门关于做好稳定住房价格工作意见的通知》（国办发〔2005〕26号）制定的"普通住房标准"的范围内从严掌握。

国办发〔2005〕26号文件规定，享受优惠政策的住房原则上应同时满足以下条件：住宅小区建筑容积率在1.0以上、单套建筑面积在120平方米以下、实际成交价格低于同级别土地上住房平均交易价格1.2倍以下。各省、自治区、直辖市要根据实际情况，制定本地区享受优惠政策普通住房的具体标准。允许单套建筑面积和价格标准适当浮动，但向上浮动的比例不得超过上述标准的20%。

纳税人建造普通标准住宅出售，增值额未超过《土地增值税暂行条例》第六条所列的计算增值额的扣除项目金额之和20%的，免征土地增值税；增值额超过扣除项目金额之和20%的，应就其全部增值额按规定计税。

（2）因国家建设需要依法征用、收回的房地产。

因国家建设需要依法征用、收回的房地产，是指因城市实施规划、国家建设的需要而被政府批准征用的房产或收回的土地使用权。因城市实施规划、国家建设的需要而搬迁，由纳税人自行转让原房地产的，按照《土地增值税暂行条例实施细则》免征土地增值税。

符合上述免税规定的单位和个人，须向房地产所在地税务机关提出免税申请，经税务机关审核后，免予征收土地增值税。

（十）纳税地点

纳税人应当向房地产所在地主管税务机关办理纳税申报。纳税人转让房地产坐落在两个或两个以上地区的，应按房地产所在地分别申报纳税。

二、清算条件

（一）符合应清算条件的项目，纳税人应主动办理清算手续

1. 案例描述

2019年5月，主管税务机关通过对房地产管理部门、不动产登记部门发布的房地产开发项目相关数据进行比对时发现，辖区内甲房地产开发公司（以下简称甲公司）开发的A项目已于2018年6月竣工备案，至2018年12月所有房源已全部办理网签，但甲公司尚未办理土地增值税清算手续，于是向该公司发出风险提醒。经核实，该项目确已达到应清算条件，但甲公司由于财务人员变动，新来财务人员不了解情况，并未意识到A项目应该进行土地增值税清算。主管税务机关随即向甲公司发出了《限期改正通知书》，责令其限期办理A项目土地增值税清算手续，甲公司接到通知后，及时组织人员并邀请第三方税务中介机构出具鉴证报告，在规定时间内办理了清算申报，并附报了清算报告、鉴证报告等资料。

2. 风险提示

对于符合清算条件，应进行土地增值税清算的项目，纳税人应当在满足条件之日起90日内到主管税务机关办理清算手续。纳税人符合下列条件之一的，应进行土地增值税的清算：

（1）房地产开发项目全部竣工、完成销售的；

（2）整体转让未竣工决算房地产开发项目的；

（3）直接转让土地使用权的；

（4）纳税人申请注销税务登记的，应当在办理注销登记前进行土地增值税清算。

3. 防控建议

在以上 4 个条件涉及的具体事项中，后三个由于企业必须办理不动产的转让过户手续，或者办理税收清理，而过户登记中土地增值税等税收完税（减免税）证明是不动产登记过户的前置必备资料，需要在税务机关办理土地增值税清算完毕之后才能进行下去，因此一般不会疏漏。而第一个条件如果企业关注不及时到位，则容易形成风险，建议企业应做好销售台账，当符合清算条件时按规定及时办理土地增值税清算手续。

需要说明的是，上述条件中的第（4）项在国家税务总局发布的国税发〔2009〕91 号文件中是作为可清算条件之一，但实际上企业申请注销，土地增值税清算是必须完成的，即使企业未申报，税务机关也应主动通知其办理清算。因此，此处将这项归入应清算条件。

税务机关对于房地产开发企业未在规定期限内对应清算项目办理清算手续的行为，可通过建立风险指标体系，结合外部门信息、企业申报信息等，定期对满足应清算条件的项目开展自动风险扫描。对发现的应清算未清算项目，主管税务机关可送达《限期改正通知书》，责令纳税人限期改正，限期办理清算手续。对于逾期纳税人仍不办理的，根据国税发〔2009〕91 号文件第三十四条的规定，启动核定征收程序，经过核定事项告知—核定核查—核定审议决定—核定通知等流程，对项目的土地增值税实行核定征收。而根据《国家税务总局关于加强土地增值税征管工作的通知》（国税发〔2010〕53 号）规定，核定征收率不得低于 5%。

（二）符合可清算条件的项目，纳税人应在规定时间内办理清算手续

1. 案例描述

乙房地产开发公司（以下简称乙公司）在某地开发 B 房地产项目，该项目 2018 年 10 月竣工验收，总可售面积为 10 万平方米，至 2019 年

1月15日已销售面积为8.6万平方米，已销售比例达到86%。由于该公司急于资金回笼等原因，项目售价不高，乙公司自行测算该项目中的普通住宅增值率低于20%，预计清算后可以免税并退回预缴税金，因此，该公司在2019年2月主动向主管税务机关申请办理土地增值税清算手续。主管税务机关经对照国税发〔2009〕91号文件有关规定，确认该项目符合清算条件之一——"已竣工验收的房地产开发项目，已转让的房地产建筑面积占整个项目可售建筑面积的比例在85%以上"，经评估决定对该项目启动清算程序，于2019年3月15日送达土地增值税清算通知书。该公司在2019年4月22日提交了清算申报表以及其他资料。在税务机关审核小组开展审核时发现，该项目虽已办理竣工验收，但建设单位与施工单位的竣工结算尚未完成，提交的已办理结算工程量只占全部工程量的65%，难以对项目开展进一步的审核。因此，税务机关向该公司送达了《限期提供资料通知书》，通知乙公司限期提供工程结算资料。经乙公司内部各部门会商，发现由于该公司与施工方在工程价款结算等方面还存在一定争议，结算尚处于僵持阶段，工程部门暂时无法提供有关资料，并且实际付款金额与发票开具金额也存在较大差异，存在大额开票未支付情况。该公司认识到问题的严重性，请求税务机关撤回清算通知或者暂缓审核。

2. 风险提示

国税发〔2009〕91号文件第十四条规定，主管税务机关进行项目管理时，对符合税务机关可要求纳税人进行清算情形的，应当作出评估，并经分管领导批准，确定何时要求纳税人进行清算的时间。对确定暂不通知清算的，应继续做好项目管理，每年作出评估，及时确定清算时间并通知纳税人办理清算。

对满足可清算条件，税务机关通知清算的项目，企业应当自接到税务机关的《土地增值税清算通知书》之日起90日内办理清算手续。

符合以下条件之一的为可清算项目，主管税务机关可要求纳税人进行土地增值税清算。

（1）已竣工验收的房地产开发项目，已转让的房地产建筑面积占整个项目可售建筑面积的比例在85%以上，或该比例虽未超过85%，但剩余的可售建筑面积已经出租或自用的；

（2）取得销售（预售）许可证满3年仍未销售完毕的；

（3）省（自治区、直辖市、计划单列市）税务机关规定的其他情况。

3. 防控建议

在实务中，对符合税务机关可要求纳税人进行清算情形的项目，大多数都是对满足上述"2. 风险提示"第（1）项条件的项目开展清算。因此，建议开发项目竣工验收后，企业根据清算相关要求做好各项准备，当收到清算通知时，能够及时完成清算工作。许多满足第（1）项条件的项目，往往存在工程价款结算拖延时间较长，应付款较多，实际付款金额与发票开具金额差异较大，未能及时取得合法凭证等情况。因此，若开发项目有特殊情况暂时无法清算的，如尚未进行结算等，一方面应尽早与主管税务机关沟通，说明情况；另一方面要做好内部沟通、抓紧工程结算与财务核算工作，避免如案例中发生的情况。

对于本案例发生的情况，税务机关在对满足可清算条件的项目通知清算前，需要做好的一项重要工作就是对清算条件进行评估，除了对照税务总局文件规定的清算条件之外，应结合日常管理掌握的情况，对该项目包括收入成本概况、结算进度与凭证取得情况等与企业进行沟通了解，避免发生类似情况，对于本案例，如果情况属实的，可确定暂缓审核，给予企业一定合理期限补充有关资料。

三、清算单位

（一）清算单位的确定要符合相关规定

1. 案例描述

丙房地产开发公司在某地开发A项目，因该项目占地面积较大，且部分地块尚未完成拆迁工作，该公司分期滚动开发该项目。办理项目登记（清算单位确认）时，按照该公司申领的 10 张预售许可证作为分期范围，分为 10 期办理项目登记和作为清算单位。主管税务机关开展清算条件评估时发现，该公司在项目开发销售过程中，实际分为 4 期进行开发建设和对外销售，办理的建设工程规划许可证也是 4 张，但根据销售方案的安排，每期领取 1～3 张不等的预售许可。根据国税发〔2006〕187 号文件规定："土地增值税以国家有关部门审批的房地产开发项目为单位进行清算，对于分期开发的项目，以分期项目为单位清算。"税务机关告知该公司，分期销售不等于分期开发，上述按照预售许可证范围作为项目登记和清算单位的做法依据不充分，应按照税务总局和当地税务机关的有关规定办理。

2. 风险提示

土地增值税以国家有关部门审批的房地产开发项目为单位进行清算，对于分期开发的项目，以分期项目为单位清算。在实践中，容易在清算单位确定上产生的问题包括：①未按有关批文项目执行；②自行分期不准确或者未经税务机关备案；③项目分期开发，多项目同时开发、重叠开发，其收入、成本、费用未按规定正确归集核算与划分，不符合各地关于分期的规定。

3. 防控建议

税务总局发布的文件对上文提到的国家有关部门、以何种方式或者批件来确认分期范围以及清算单位并未明确，由各地根据本地情况作出具体的规定。例如，《宁波市地方税务局关于进一步加强房地产开发项目土地增值税清算工作的通知》（甬地税二〔2009〕104 号）规定，清算项目以规划部门审批的建设工程规划许可证中所列建设项目为准。《天津市土地增值税清算管理办法》（天津市地方税务局公告 2016 年第 24 号）规定，土地增值税以纳税人与国土、房管部门签订的土地出让合同所列范围内的房地产开发项目为单位进行清算；对于分期开发的项目以区级（含）以上发展改革部门备案的项目为单位进行清算，各期的清算方式和扣除项目金额的计算分摊方法应保持一致。国家税务总局广东省税务局公告 2019 年第 5 号规定，土地增值税以房地产主管部门审批、备案的房地产开发项目为单位进行清算；对于分期开发的项目，以分期项目为单位清算，具体结合项目立项、用地规划、方案设计审查（修建性详细规划）、工程规划、销售（预售）、竣工验收等确定。苏地税规〔2015〕8 号规定，土地增值税以国家有关部门审批、备案的项目为单位进行清算；对于国家有关部门批准分期开发的项目，以分期项目为单位进行清算；对开发周期较长，纳税人自行分期的开发项目，可将自行分期项目确定为清算单位，并报主管税务机关备案。

对于分期开发的项目，项目整体清算与分期清算的税收负担在多数情况下有所差异，因此，一方面主管税务机关应按照税务总局土地增值税管理规程的要求，及时开展项目管理，在有关批文发布后，与企业认真核实项目分期情况，在项目登记同时确定好清算单位，避免后期税企之间发生争议，防范由于税负差异大而进行不合理的避税策划；另一方面，企业应积极与项目所在地主管税务机关事先沟通，了解当地政策，结合项目开发计划执行，避免涉税风险。此外，笔者也建议能出台或者各地都能制定较为明确的可操作的具体划分标准，便于征纳双方掌握执行。

（二）不同类型房产应分别计算增值额

1. 案例描述

甲公司在某地开发 A 房地产项目，达到可清算条件后，主管税务机关通知其办理清算申报手续。甲公司根据项目情况进行测算发现，如分类型清算，适用税收优惠的普通标准住宅增值额为 -2000 万元，非普通标准住宅增值额为 1000 万元，非住宅增值额为 1000 万元，如申请税收优惠，则普通标准住宅预征税款可以退税，其他类型房产需要缴税；如不申请普通标准住宅税收优惠而并入其他类型房产合并申报，则总体增值额为零，更为有利，因此，甲公司按一种类型进行清算申报，增值额为零，申请退还各类型房地产预缴税款。

主管税务机关经审核认为，该公司未按照税务总局及该省关于分类型清算的规定执行，对其重新进行了分类型房地产增值额、增值率、分类型房地产应纳税款的计算，最终审定该项目普通标准住宅增值额为 -1500 万元，应退预征税款 100 万元；非普通标准住宅应缴税款 300 万元，已预征 250 万元，应补缴税款 50 万元；非住宅应缴税款 200 万元，已预征 120 万元，应补缴税款 80 万元，合计该项目清算审核最终应补缴税款 = 50 + 80 - 100 = 30（万元），并通知甲公司在规定期限内补缴相应税款。

2. 风险提示

土地增值税以纳税人房地产成本核算的最基本的核算项目或核算对象为单位计算。开发项目中同时包含不同类型房地产的应分别计算增值额、增值率，缴纳土地增值税。对纳税人既建普通标准住宅又搞其他房地产开发的，应分别核算增值额。不分别核算增值额或不能准确核算增值额的，其建造的普通标准住宅不能适用《土地增值税暂行条例》中的免税规定。

3. 防控建议

关于房地产类型的划分，以往各地差异较大，有采用两分法，即分为普通标准住宅、其他类型房产，或采用三分法分为普通标准住宅、非普通标准住宅、其他类型房产，以及采用四分法等。在税务总局于 2015 年修订土地增值税申报表之后，各地划分类型按照申报表上的分类逐步趋同，比如，苏地税规〔2015〕8 号文件规定，"同一清算单位中包含普通住宅、非普通住宅、其他类型房产的，应分别计算收入、扣除项目金额、增值额、增值率和应纳税额"。宁波市地方税务局公告 2015 年第 1 号规定，房地产清算项目按以下三种房地产类型分别计算增值额和增值率：第一类普通住宅、第二类非普通住宅、第三类其他类型房地产，与江苏仅有一字之差。《四川省地方税务局关于土地增值税清算单位等有关问题的公告》(四川省地方税务局公告 2015 年第 5 号)规定，同一清算单位中同时包含多种房地产类型的，应按普通标准住宅、非普通标准住宅、非住宅三种类型分别计算增值额、增值率，并据此申报土地增值税。各地的分类基本上都是按照税务总局申报表分类执行。目前也有少数地区规定较为灵活，如《国家税务总局深圳市税务局关于发布〈土地增值税征管工作规程〉的公告》(国家税务总局深圳市税务局公告 2019 年第 8 号) 规定，如纳税人申请享受免征普通标准住宅的土地增值税优惠政策，应分别计算增值额、增值率以及应缴的土地增值税，给予了纳税人选择权。主管税务机关在审核土地增值税清算申报内容时，应通过比对住建部门信息、实地查看核对等多种方式，确认房地产开发项目实际开发销售的房地产类型，从而对各类型销售面积、收入、成本费用等作准确的归集与计算。

房地产分类型计算增值额、增值率和土地增值税税款，对房地产开发项目税负影响较大。在此种方式计算下，不同类型的增值额正负值不能相抵，很多情况下，分类型计算与项目总体合并计算的税额有差异。而房地产项目开发是整体行为，对于企业而言项目整体有增值才是真正取得了增值收益，因此，同类型的增值额正负值不能相抵并不合理。笔者建议，在土地增值税立法中取消分类型清算的做法，按项目整体清算更为客观合理；另外，对于《土地增值税暂行条例》规定的普通标准住宅的优惠政策适用，也应该是项目整体均为普通标准住宅项目才可以适用，从而解决优惠政策适用与必须分类型计算之间的矛盾。

四、清算应提供的资料

(一) 风险提示

纳税人办理土地增值税清算应报送以下资料：

（1）房地产开发企业清算土地增值税书面申请、土地增值税清算表及其附表。

（2）项目竣工决算报表、取得土地使用权所支付的地价款凭证、国有土地使用权出让合同、银行贷款利息结算通知单、项目工程合同结算单、商品房购销合同统计表、销售明细表、预售许可证等与转让房地产的收入、成本和费用有关的证明资料。主管税务机关需要相应项目记账凭证的，纳税人还应提供记账凭证复印件。

（3）房地产开发项目清算说明，主要内容应包括房地产开发项目立项、用地、开发、销售、关联方交易、融资、税款缴纳等基本情况及主管税务机关需要了解的其他情况。

（4）纳税人委托税务中介机构审核鉴证的清算项目，还应报送中介机构出具的《土地增值税清算税款鉴证报告》。

（5）主管税务机关要求报送的其他与土地增值税清算有关的证明资料等。

留存备查资料主要包括以下内容：

（1）房地产开发项目立项批文。

（2）房地产开发情况报告表。

（3）取得土地使用权所支付的地价款凭证、国有土地使用权出让合同或转让合同、《国有土地使用证》；对于接受投资或其他方式取得国有土地使用权的，需提供相关合同或协议、股东会决议、土地作价评估报告和土地增值税完税证明（投资、分立、合并时提供）等资料。

（4）《城市房屋拆迁许可证》及其拆迁计划、拆迁方案，拆迁（回迁）合同，支付凭证、花名册和签收凭证。

（5）《建设用地规划许可证》及其附件、修建性详细规划图及其附件、《建设工程规划许可证》及其附件、《建设工程施工许可证》及其附件。

（6）项目规划、设计、勘察、工程招投标、工程施工、材料采购等相关合同及其有效凭证。

（7）前期工程阶段、土建施工阶段、装饰装修阶段、园林绿化阶段等工程支出的特殊情况说明，以及工程施工图、竣工图、工程量清单、材料苗木清单等证明资料。

（8）房地产项目的预算、概算书、项目工程合同结算单、项目竣工决算报表、甲供材设备购领存明细表。

（9）《房屋建筑工程竣工验收备案表》、依法配建的人防工程验收合格证明资料、公共配套设施验收表，以及建成后产权属于全体业主所有和建成后无偿移交给政府、公用事业单位用于非营利性社会公共事业的相关证明资料。

（10）利息支出据实扣除的，包括：银行贷款合同、贷款利息结算通知单，以及其他与项目直接相关的证明资料。

（11）《商品房预售许可证》《房产权属准予登记通知（证明）》、房屋测量成果报告书、商品房权属证明、商品房购销合同统计表、销售明细表等资料。

（12）其他与转让房地产的收入、成本和费用有关的证明资料。

（二）防控建议

土地增值税清算时需要提供的资料很多，有些需要报送，有些是留存备查，企业应了解项目所在地税务机关的具体要求，并在项目开发的不同阶段、不同环节就将相应的资料留存备好。由于房地产开发资料在企业内部多个部门管理与留存，建议企业应做好日常管理，明确各个部门提供与保管资料项目的职责，由一个部门（如财务或者总务）做好定期汇总存档工作，避免项目清盘时资料难以补齐影响清算结果认定。作为主管税务机关，在日常项目管理过程中，应做好政策宣传，提前告知和辅导企业将该留存备查的资料保管好、留存全；在通知清算申报时，应将需要申报的各项资料名录以及内容要求说明清楚、解释明白，以便于下一步的清算审核工作实施。

五、房地产转让收入

（一）按规定确认转让房地产取得的收入

转让房地产所取得的收入，包括转让房地产的全部价款及有关的经济收益。

1. 案例描述

甲房地产开发公司（以下简称甲公司）开发的 A 项目，2019 年 1 月办理土地增值税清算申报。申报信息及附报资料显示，该项目于 2018 年 9 月交付，至 2019 年 1 月清算申报时尚有未售房屋 10 套。主管税务机关审核人员查看了甲公司提供的未售房屋明细表，其中：住宅 8 套，面积为 2500 平方米；商铺 2 套，面积为 500 平方米。审核人员随即登录住建部门房地产市场网，从新建商品房信息公示查看该楼盘销售情况，查询结果如下：该楼盘尚未备案房屋有 5 套，面积共计 1800 平方米，其中：住宅 4 套，面积共计 1500 平方米；商铺 1 套，面积为 300 平方米，其他均已在网上进行了合同备案，与甲公司提供的未售房屋明细表的差异为 1200 平方米，其中差异：住宅 4 套面积共计 1000 平方米、商铺 1 套面积为 200 平方米；另外审核人员还发现，甲公司收取购房客户延期付款违约金 75 万元，未计入收入总额。关于上述问题，审核人员对甲公司财务人员进行了约谈，在审核人员出示相关证据后，甲公司财务人员表示上述情况属实，但收取的延期付款违约金不是购房款，已备案未计入收入总额的房屋尚没有办理交付手续，也没有开具销售发票，因此，在清算申报中没有计入土地增值税清算收入总额内。

审核人员告知甲公司，根据《土地增值税暂行条例实施细则》第五条规定，《土地增值税暂行条例》第二条所称的收入，包括转让房地产的全部价款及有关的经济收益。该公司收取的延期付款违约金属于有关的经济收益，应计入收入总额；根据国税函〔2010〕220 号文件第一条规定，土地增值税清算时，已全额开具商品房销售发票的，按照发票所载金额确认收入；未开具发票或未全额开具发票的，以交易双方签订的销售合同所载的售房金额及其他收益确认收入。审核人员按合同金额调增房地产销售收入 800 万元，同时将已售面积由 70000 平方米调整为 71100 平方米（增加住宅 3 套面积 900 平方米，增加商铺 1 套面积 200 平方米）。需要说明的是，差异信息中，房号为 88-801 的住宅（面积 100 平方米）备案日期在 2019 年 2 月 1 日，在清算申报日期之后，故该套房屋对应的面积和销售收入未纳入清算收入调整范围，由甲公司在尾盘申报中予以补申报调整。

2. 风险提示

（1）根据《土地增值税暂行条例》第五条规定，纳税人转让房地产所取得的收入，包括货币收入、实物收入和其他收入；《土地增值税暂行条例实施细则》第五条规定，《土地增值税暂行条例》第二条所称的收入，包括转让房地产的全部价款及有关的经济收益。

（2）土地增值税清算时，已全额开具商品房销售发票的，按照发票所载金额确认收入；未开具发票或未全额开具发票的，以交易双方签订的销售合同所载的售房金额及其他收益确认收入。销售合同所载商品房面积与有关部门实际测量面积不一致，在清算前已发生补、退房款的，应在计算土地增值税时予以调整。

（3）营改增后，纳税人转让房地产的土地增值税应税收入不含增值税。适用增值税一般计税方法的纳税人，其转让房地产的土地增值税应税收入不含增值税销项税额；适用简易计税方法的纳税人，其转让房地产的土地增值税应税收入不含增值税应纳税额。

房地产开发企业在营改增后进行房地产开发项目土地增值税清算时，按以下方法确定相关金额：

土地增值税应税收入 = 营改增前转让房地产取得的收入 +
　　　　　　　　　　营改增后转让房地产取得的不含增值税收入

3. 防控建议

"有关的经济收益"具体内容国家税务总局并未明确,各地有一些具体规定。如《江苏省地方税务局关于土地增值税有关业务问题的公告》(苏地税规〔2012〕1号)规定,纳税人因转让房地产收取的违约金、滞纳金、赔偿金、分期付款(延期付款)利息以及其他各种性质的经济收益,应当确认为房地产转让收入。因房地产购买方违约,导致房地产未能转让,转让方收取的该项违约金不作为与转让房地产的有关的经济利益,不确认为房地产转让收入。原江苏省地方税务局在解读中进一步明确:确认"有关的经济利益"的前提是纳税人发生了转让房地产行为,即房地产交易完成。企业应了解项目所在地的相关规定,并遵照执行。

关于不含增值税的应税收入计算问题。参见本书"第六章第五节　土地增值税"。

(二)视同销售的收入确定

1. 案例描述

乙房地产开发公司(以下简称乙公司)在某地开发B项目,因该地块为老城改造项目,取得该地块时,尚有部分属于丙公司的房产300平方米未拆除,为此乙公司与丙公司协商,双方约定将建成的商业用房300平方米以"拆一还一"的方式返还给丙公司作为交换安置。乙公司在办理B项目土地增值税清算申报时,认为用于交换安置的商业用房300平方米未取得收入,因此未作为清算销售收入申报。主管税务机关经审核后,向该公司说明:根据国税发〔2006〕187号文件规定,房地产开发企业将开发产品用于职工福利、奖励、对外投资、分配给股东或投资人、抵偿债务、换取其他单位和个人的非货币性资产等,发生所有权转移时应视同销售房地产。因此,用于交换安置的商业用房应视同销售收入,收入按照该公司在同一地区、同一年度销售的同类房地产的平均价格确定;如无上述平均价格的,由主管税务机关参照当地当年、同类房地产的市场价格或评估价值确定。

2. 风险提示

根据国税发〔2006〕187号文件第三条规定，非直接销售和自用房地产的收入按如下规则确定。

（1）房地产开发企业将开发产品用于职工福利、奖励、对外投资、分配给股东或投资人、抵偿债务、换取其他单位和个人的非货币性资产等，发生所有权转移时应视同销售房地产，其收入按下列方法和顺序确认：

①按本企业在同一地区、同一年度销售的同类房地产的平均价格确定；

②由主管税务机关参照当地当年、同类房地产的市场价格或评估价值确定。

（2）房地产开发企业将开发的部分房地产转为企业自用或用于出租等商业用途时，如果产权未发生转移，不征收土地增值税，在税款清算时不列收入，不扣除相应的成本和费用。

3. 防控建议

视同销售行为在取得未拆迁土地、多方合作开发、楼盘销售不景气等情况下，发生的可能性较大。主管税务机关应积极关注清算项目在取得土地、与施工方结算和销售行为中是否涉及视同销售，关注企业对外投资、往来等科目核算并按规定方法和顺序确认收入。此外，近些年来，企业因债务纠纷，开发产品被司法拍卖抵债的情况比较多，但此种拍卖抵债与视同销售的以开发产品直接抵债是不同的，司法拍卖抵债本就属于销售行为，一般来说可按照拍卖成交价作为土地增值税应税收入确认。

（三）代收费用的处理

1. 案例描述

丁房地产开发公司（以下简称丁公司）开发的C项目，与有线电视公司约定，由丁公司在交房时统一向住户收取有线电视安装费用，每户300元，合计60万元。丁公司进行土地增值税清算申报时，将该项费用60万元计入开发成本进行了扣除。主管税务机关审核发现，该项有线电视安装费用是该市政府规定要求开发企业销售时必须代收的费用，该项费用由丁公司向购房人单独收取，并未在销售房屋合同价款中，也不在合同内体现。因此，根据财税字〔1995〕48号文件规定，该费用作为代收费用，不作为土地增值税转让房地产的收入，也不得作为成本费用扣除。

2. 风险提示

根据财税字〔1995〕48号文件第六条规定，关于地方政府要求房地产开发企业代收的费用如何计征土地增值税的问题。对于县级及县级以上人民政府要求房地产开发企业在售房时代收的各项费用，如果代收费用是计入房价中向购买方一并收取的，可作为转让房地产所取得的收入计税；如果代收费用未计入房价中，而是在房价之外单独收取的，可以不作为转让房地产的收入。对于代收费用作为转让收入计税的，在计算扣除项目金额时，可予以扣除，但不允许作为加计20%扣除的基数；对于代收费用未作为转让房地产的收入计税的，在计算增值额时不允许扣除代收费用。

3. 防控建议

对于代收费用要先作区分，一类是政府要求代收，另一类是其他委托代收。对于前者，应按照财税字〔1995〕48号文件规定的条件，确定是否作为收入，是否可以扣除，并且要与行政事业性收费相区别。对于后者，应判定是否属于"有关的经济收益"确定为收入。行政事业性收费的性质、收取的内容、标准各地并不一致，哪些属于代收费用应严格区分并按规定处理。例如，苏地税规〔2012〕1号文件规定，市政公用基础设施配套费、人防工程异地建设费不得加计扣除，也不作为房地产开发费用扣除的计算基数。

（四）房地产成交价格要合理

1. 案例描述

甲房地产开发公司（以下简称甲公司）开发的 A 商业项目，房屋类型全部是非住宅（商铺），2019 年 10 月办理清算申报，申请退税。主管税务机关审核人员根据该公司提供的销售分户明细表、未售商铺明细表、销售合同、发票开具信息及房管部门可销售面积测绘报告等，对该公司商铺销售的时间、面积、单价、收入的确认逐户进行了审核，并抽样进行了上门实地核实。审核人员发现有部分商铺成交价格异常：同一时段相同地理位置的商铺中部分成交价格明显偏低，地理位置悬殊的商铺成交价格差异反而不大。审核人员分析了销售记录，对其中价格存疑的 12 户商铺客户进行了归类分析，其中：5 个商铺为同一个客户乙在同一时段买下，该客户是项目的施工方，但该时段是本地楼市低迷期，其成交价格存在一定的合理性；另有 7 个商铺则是另一个客户丙在另一时段买下，而该时段本地楼市已走出低迷，进入市场火爆期。再通过明细申报数据发现，客户丙的个人所得税扣缴义务人正是该公司的控股股东。经与甲公司约谈，该公司坦陈：在咨询了相关中介机构之后，筹划将剩余的商铺以低价销售给利益相关人用于出租收取租金，并向税务部门申请项目清算，同时完成销售、清算退税、收取租金，一举多得。审核人员告知甲公司，根据当地税务局发布的《房地产开发项目土地增值税管理办法》规定，房地产开发企业房屋销售价格明显偏低又无正当理由的，其收入按下列顺序确认：①按本企业清算项目当月或最近月份同类开发产品市场销售的平均价格确定；②按本企业在同一地区、同一年度销售的同类开发产品市场销售的平均价格确定；③由主管税务机关参照当地、当年同类开发产品市场售价或评估价格确定。

由于甲公司当月以及同一地区、同一年度没有其他销售，且周边无同类房地产项目。经协商，聘请了双方均认可的有资质的房地产评估机构进行了价格评估，最终参照评估价格合计调增 7 个商铺应税收入近 3000 万元。

2. 风险提示

（1）根据《土地增值税暂行条例》第九条规定，纳税人有下列情形之一的，按照房地产评估价格计算征收：

①隐瞒、虚报房地产成交价格的；

②提供扣除项目金额不实的；

③转让房地产的成交价格低于房地产评估价格，又无正当理由的。

（2）根据《土地增值税暂行条例细则》第十三条规定，《土地增值税暂行条例》第九条所称的房地产评估价格，是指由政府批准设立的房地产评估机构根据相同地段、同类房地产进行综合评定的价格。评估价格须经当地税务机关确认。

（3）根据《土地增值税暂行条例细则》第十四条规定，《土地增值税暂行条例》第九条第（一）项所称的隐瞒，虚报房地产成交价格，是指纳税人不报或有意低报转让土地使用权、地上建筑物及其附着物价款的行为。

第九条第（二）项所称的提供扣除项目金额不实的，是指纳税人在纳税申报时不据实提供扣除项目金额的行为。

第九条第（三）项所称的转让房地产的成交价格低于房地产评估价格，又无正当理由的，是指纳税人申报的转让房地产的实际成交价低于房地产评估机构评定的交易价，纳税人又不能提供凭据或无正当理由的行为。

隐瞒、虚报房地产成交价格，应由评估机构参照同类房地产的市场交易价格进行评估。税务机关根据评估价格确定转让房地产的收入。

提供扣除项目金额不实的，应由评估机构按照房屋重置成本价乘以成新度折扣率计算的房屋成本价和取得土地使用权时的基准地价进行评估。税务机关根据评估价格确定扣除项目金额。

转让房地产的成交价格低于房地产评估价格，又无正当理由的，由税务机关参照房地产评估价格确定转让房地产的收入。

3. 防控建议

在实务中，受各种因素影响，同一个项目开发产品的价格可能相差比较大，如何认定属于价格明显偏低又无正当理由比较难。苏地税规〔2012〕1号文件对此作了明确：对纳税人申报的房地产转让价格低于同期同类房地产平均销售价格10%的，税务机关可委托房地产评估机构对其评估。纳税人申报的房地产转让价格低于房地产评估机构评定的交易价，又无正当理由的，应按照房地产评估机构评定的价格确认转让收入。这样税务机关对于明显偏低的判断就有了10%这样一个比较明确可操作的标准。

同时，苏地税规〔2012〕1号文件对于正当理由也作出了规定，对以下情形的房地产转让价格，即使明显偏低，可视为有正当理由：

（1）法院判定或裁定的转让价格；

（2）以公开拍卖方式转让房地产的价格；

（3）政府物价部门确定的转让价格；

（4）经主管税务机关认定的其他合理情形。

此处所称"正当理由"主要包括两方面因素：一是开发产品本身存瑕疵；二是市场供求关系发生变化。其他因素（如销售给关联方，销售给企业股东和管理人员的亲朋好友等）一般不得认定为存在正当理由。"法院判定或裁定的转让价格""以公开拍卖方式转让房地产的价格"和"政府物价部门确定的转让价格"，一般都是在特定的市场供求关系等特殊条件下形成的价格，这些价格能够反映特殊条件下房地产的公允价值。因此，上述三类价格即使明显偏低，也应视为有正当理由。

另外，有不少省份将国税发〔2006〕187号文件中视同销售的收入确认方法（①按本企业在同一地区、同一年度销售的同类房地产的平均价格确定；②由主管税务机关参照当地当年、同类房地产的市场价格或评估价值确定），也同样作为了价格明显偏低的调整方法，上述典型案例所在地就是如此。企业在经营中应多了解项目所在地的具体规定，避免涉税风险发生。

关于价格明显偏低的延伸探讨：

在司法实践中，对于因房地产转让价格明显偏低，税务机关核定计税价格而引发的涉税诉讼不少，典型案例有广州德发案、新疆瑞成案、海南澄迈案等。在这些案例中，争议的核心焦点就是转让价格偏低，其理由是否正当合理。例如，在新疆瑞成案中，法院认为：瑞成房产公司降低企业收入以低于同期销售价格20%向某投资发展有限公司离退休职工优惠售房并无不当，此举应视为瑞成房产公司解决老国企退休职工住房困难，防止群体事件发生，化解社会矛盾的善意之举。而在广州德发案中，最高人民法院认为：拍卖行为的效力与应纳税款核定权，分别受民事法律规范和行政法律规范调整，拍卖行为有效并不意味税务机关不能行使应纳税额核定权，另行核定应纳税额也并非否定拍卖行为的有效性。保障国家税收的足额征收是税务机关的基本职责，税务机关对作为计税依据的交易价格采取严格的判断标准符合《税收征管法》的目的。如果不考虑案件实际，一律要求税务机关必须以拍卖成交价格作为计税依据，则既可能造成以当事人意思自治为名排除税务机关的核定权，还可能因市场竞价不充分导致拍卖价格明显偏低而造成国家税收流失。因此，有效的拍卖行为并不能绝对地排除税务机关的应纳税额核定权，但税务机关行使核定权时仍应有严格限定。"计税依据明显偏低，又无正当理由"的判断，具有较强的裁量性，人民法院一般应尊重税务机关基于法定调查程序作出的专业认定，除非这种认定明显不合理或者滥用职权。

综上所述，对于价格明显偏低的理由是否正当，除有效文件明确规定的情形之外，征纳双方都必须有充分的理由。税务机关认定价格偏低应依据充分，要有详细的证据举证和事实调查，并通过集体审议等规范程序予以实施。

六、土地增值额的扣除项目

（一）清算报送的凭证和资料要符合要求

1. 风险提示

房地产开发企业办理土地增值税清算所附送的前期工程费、建筑安装工程费、基础设施费、开发间接费用的凭证或资料不符合清算要求或不实的，税务机关可参照当地建设工程造价管理部门公布的建安造价定额资料，结合房屋结构、用途、区位等因素，核定上述四项开发成本的单位面积金额标准，并据以计算扣除。

2. 防控建议

关于清算报送的资料，税务总局已作了明确，各地税务机关也有更具体的要求，企业应高度重视，严格遵照税务总局和各地税务机关的具体规定执行，避免涉税风险。

税务总局发布的文件规定的清算应报送的资料如下：

（1）土地增值税清算表及其附表。

（2）房地产开发项目清算说明，主要内容应包括房地产开发项目立项、用地、开发、销售、关联方交易、融资、税款缴纳等基本情况及主管税务机关需要了解的其他情况。

（3）项目竣工决算报表、取得土地使用权所支付的地价款凭证、国有土地使用权出让合同、银行贷款利息结算通知单、项目工程合同结算单、商品房购销合同统计表、销售明细表、预售许可证等与转让房地产的收入、成本和费用有关的证明资料。主管税务机关需要相应项目记账凭证的，纳税人还应提供记账凭证复印件。

（4）纳税人委托税务中介机构审核鉴证的清算项目，还应报送中介机构出具的《土地增值税清算税款鉴证报告》。

土地增值税清算鉴证，是指税务师事务所接受委托对纳税人土地增值税清算税款申报的信息实施必要审核程序，提出鉴证结论或鉴证意见，并出具鉴证报告，增强税务机关对该项信息信任程度的一种鉴证业务。税务师事务所出具的《土地增值税清算税款鉴证报告》必须符合《土地增值税清算鉴证业务准则》（国税发〔2007〕132号）的规范要求，不符合鉴证业务准则的鉴证报告，房地产企业不应接受和提交给税务机关，税务机关也不能予以受理。

（二）取得票据要符合规定

1. 案例描述

乙房地产开发公司（以下简称乙公司）开发的A项目共分五期，2019年10月第五期项目办理清算申报，主管税务机关审核人员经审核发现，申报的房地产开发成本中有以下三处支付凭证存在疑点：①取得的土地出让金支付凭证为镇政府出具的收据；②支付的部分建筑安装款取得的增值税发票上未注明项目所在地的地区名称；③支付的部分行政部门收费取得的是自制收据，不是行政收费专用票据。经调查并与企业沟通了解，乙公司反馈的具体情况为：①该项目的土地取得时间比较早，因拆迁等因素第五期土地2016年6月才具备施工条件，而当初拿地时当地土地出让尚未由土地储备中心按照"招拍挂"流程办理，土地出让主要由乙公司与当地政府商谈，出让金支付给当地政府，因此取得的是镇政府收据；②由于当时营改增刚刚推开，政策不熟悉，对方确实未按照税务总局规定填写建筑安装发票项目所在地名称；③支付的行政部门收费是社区收取的服务费，社区没有行政事业单位结算单据。审核人员经与当地政府了解情况，确认乙公司说明的土地出让流程情况属实，当时确实是普遍按此种方式操作，因此认可了政府的票据；对于不符合规定的建筑安装服务发票，要求乙公司换票；对社区收取的服务费未取得合法凭证不予在开发成本中扣除。

2. 风险提示

根据国税发〔2006〕187号文件规定，除另有规定外，扣除取得土地使用权所支付的金额、房地产开发成本、费用及与转让房地产有关税金，须提供合法有效凭证；不能提供合法有效凭证的，不予扣除。

根据国家税务总局公告2016年第70号规定，营改增后，土地增值税纳税人接受建筑安装服务取得的增值税发票，应按照国家税务总局公告2016年第23号规定，在发票的备注栏注明建筑服务发生地县（市、区）名称及项目名称，否则不得计入土地增值税扣除项目金额。

3. 防控建议

扣除项目取得合法有效凭证，既是土地增值税清算的规定要求，也是房地产开发企业日常核算的规范要求。房地产开发企业应在各项成本费用支出时，根据支付项目取得相应的凭证票据，如支付土地出让金应取得出让金专用票据，支付应税商品劳务等应取得发票，支付行政事业收费应取得行政收费结算专用收据或者发票等。主管税务机关在审核中，应重点关注发票真伪、发票是否被认定为虚开、发票开具方与收款方是否一致等情况。

（三）扣除项目应符合规定

土地增值税计算增值额的扣除项目有以下五项：一是取得土地使用权所支付的金额；二是开发土地的成本、费用；三是新建房及配套设施的成本、费用，或者旧房及建筑物的评估价格；四是与转让房地产有关的税金；五是财政部规定的其他扣除项目。此处先以一个典型案例作介绍，后面将按各个扣除项目逐一举例说明。

1. 案例描述

丙房地产公司开发的A项目分三期开发，2019年10月办理第一期的清算申报，审核人员经审核发现，该公司申报的房地产开发成本中有以下三处存在疑点：①申报的建筑安装工程费均已取得发票，但申报扣除的总金额中有700万元在应付款中，尚未支付。②在前期工程费中列支销售环节支付给不动产登记中心的登记费7万元、支付给交易中心的预售公告费8000元，列支营销装修费用70万元；列支房地产软件费用1000元。③该项目配建了幼儿园，造价支出1000万元，全部列入第一期公共配套设施费中。

审核人员经与该公司沟通了解详细情况，调整如下：①未实际支付的700万元应付款不予扣除；②对归集项目错误，列支的不属于前期工程费的登记费、公告费、软件费、营销装修费等不在前期工程费中扣除，调整进入房地产开发费用等项目；③配建的幼儿园是为整个A项目配套，A项目三期的业主子女均可以按规定申请入学，该公共配套设施费用1000万元应在三期之间分摊扣除，根据三期可售建筑面积比例分配，第一期给予分摊扣除400万元。

2. 风险提示

根据国税发〔2009〕91号文件第二十一条规定，审核扣除项目是否符合下列要求：

（1）在土地增值税清算中，计算扣除项目金额时，其实际发生的支出应当取得但未取得合法凭据的不得扣除。

（2）扣除项目金额中所归集的各项成本和费用，必须是实际发生的。

（3）扣除项目金额应当准确地在各扣除项目中分别归集，不得混淆。

（4）扣除项目金额中所归集的各项成本和费用，必须是在清算项目开发中直接发生的或应当分摊的。

（5）纳税人分期开发项目或者同时开发多个项目的，或者同一项目中建造不同类型房地产的，应按照受益对象，采用合理的分配方法，分摊共同的成本费用。

属于多个房地产项目共同的成本费用，应按清算项目可售建筑面积占多个项目可售总建筑面积的比例或其他合理的方法，计算确定清算项目的扣除金额。

（6）对同一类事项，应当采取相同的会计政策或处理方法。会计核算与税务处理规定不一致的，以税务处理规定为准。

3. 防控建议

土地增值税扣除项目内容繁多而复杂，涉税风险也比较大，后面将分项逐一说明。此处先重点探讨一下共同成本费用的分摊问题。房地产开发成本涉及不同类型房地产或者属于多个项目共同的成本费用，应采取合理的方法分摊（此处讨论范围不含取得土地使用权支付金额，土地使用权金额另行讨论）。根据国税发〔2006〕187号文件规定，属于多个房地产项目共同的成本费用，应按清算项目可售建筑面积占多个项目可售总建筑面积的比例或其他合理的方法，计算确定清算项目的扣除金额。即对于多个项目明确了按照可售建筑面积分摊这一种方法，当然也可以按照其他合理方法。根据国税发〔2009〕91号文件规定，纳税人分期开发项目或者同时开发多个项目的，或者同一项目中建造不同类型房地产的，应按照受益对象，采用合理的分配方法，分摊共同的成本费用。国税发〔2009〕91号文件明确分摊的基本原则是按照受益对象，采用合理的分配方法，分摊共同的成本费用，并且政策范围扩大到既包括项目之间也包括同一项目内不同类型的分摊方法。

合理的方法如何确定呢？各省出台了许多具体的规定。例如，苏地税规〔2012〕1号文件规定对同一开发项目中建设的不同类型房地产发生的建筑安装工程费、前期工程费、基础设施费、公共配套设施费、开发间接费用，如不能按不同类型房地产分别归集的，按照建筑面积比例分摊。广东与江苏规定类似，国家税务总局广东省税务局公告2019年第5号规定，同一清算单位内发生的成本、费用，能按照受益对象直接归集的，按照直接成本法计入相应房地产类型扣除；不能按照受益对象直接归集的成本、费用，原则上按照不同类型房地产可售建筑面积比例计算分摊；对占地相对独立的不同类型房地产，可按占地面积法计算分摊取得土地使用权所支付的金额、土地征用及拆迁补偿费。《山东省地方税务局土地增值税"三控一促"管理办法》（山东省地方税务局公告2017年第5号）规定，扣除项目金额的分摊比例，可按实际转让的土地使用权面积占可转让的土地使用权面积的比例计算，或按已售建筑面积占可售建筑面积的比例计算，也可按税务机关确认的其他方式计算。《天津市地方税务局关于土地增值税清算有关问题的公告》（天津市地方税务局公告2016年第25号）规定，服务于整体项目的公共配套设施费按各宗地（期）可售建筑面积占整体项目可售建筑面积比例进行分摊，等等。

共同成本的分摊，对于土地增值税清算结果影响较大，应把握以下原则：一是能准确归集到某类房地产某项扣除项目的，应直接予以准确归集；二是对多种房地产类型共同受益的或者共同发生的，或者多个房地产项目共同受益或者发生的，应按照合理方法分摊，分摊方法有些省市作了直接规定，例如只能采用建筑面积比例分摊，有些地区没有明确或者规定了多种方法，那么就需要企业与税务机关共同研究，根据项目不同情况采取合理的方法分配，企业应在遵照上述分摊原则的基础上，按照税务机关认可的方法计算分摊共同的成本费用。

（四）取得土地使用权所支付的金额

取得土地使用权所支付的金额，是指纳税人为取得土地使用权所支付的地价款和按国家统一规定缴纳的有关费用。地价款具体为：以出让方式取得土地使用权的，为支付的土地出让金；以行政划拨方式取得土地使用权的，为转让土地使用权时按规定补缴的出让金；以转让方式取得土地使用权的，为支付的地价款。按国家统一规定缴纳的有关费用一般包括：土地契税、土地使用权登记费、土地交易费。

1. 案例描述

甲公司在某地开发B项目，地块区域东部均为高层（普通住宅），地块西部为别墅（非普通住宅），别墅北面有一幢小高层（普通住宅），南部有一幢小高层（普通住宅），南边沿马路是一圈商铺（非住宅）。满足清算条件后，该公司按照主管税务机关的通知时限于 2019 年 10 月办理了清算申报。该公司认为该项目不同类型的房产占地相对独立，因此，申报时采取的土地成本分摊方法为：按自行划分的各类型房地产占地面积占该项目总占地面积的比例计算分摊取得土地使用权所支付的金额和土地征用及拆迁补偿费用。土地成本分摊方法具体见表 7-1。

表 7-1　　　　　　　　　　土地成本分摊表

取得土地使用权成本（元）	房产类型	自行划分占地面积（平方米）	分摊土地成本（万元）	收入（万元）
160000000	普通住宅	30000	6000	40000
	非普通住宅	36000	7200	27000
	其他类型房产	14000	2800	8800

按照企业提交的申报表，非普通住宅将分摊近一半的土地成本，普通住宅可享受税收优惠，申报整个项目应缴土地增值税为 0，已预缴的 1800 万元税款申请全部退还。

经主管税务机关审核，对取得土地使用权金额的申报内容、分摊方法提出了异议。主管税务机关认为：①该楼盘别墅区域西北角有一栋高层普通住宅、南部有一栋小高层普通住宅，占地情况并非相对独立，因此不符合按占地面积分摊土地成本的条件。②根据《土地增值税暂行条例实施细则》规定，土地征用及拆迁补偿费用应列入房地产开发成本项目扣除，不在取得土地使用权支付金额项目扣除。主管税务机关采用建筑面积法计算分摊，按此方法调整后，该项目应缴纳土地增值税 2000 万元，已预缴 1800 万元，清算应补缴 200 万元。甲公司对第②点认定表示接受，但对第①点的改为建筑面积法分摊认为非常不合理。由于税企双方争议较大，请示至上级税务机关。

上级税务机关经研究认为，产生争议的原因是别墅（非普通住宅）实际占地面积大，但按建筑面积分配的成本低，项目多种类型区域划分并不完全清晰。从占地独立性看，不能按照甲公司所采用的按测绘的占地面积比例分摊，但简单的按照建筑面积法分摊，成本分配也不尽合理。对此，上级税务机关认为可按照售价法（按各类型房地产销售收入占比）分摊土地成本方法分摊，按此方法分摊计算该项目应缴土地增值税1200万元，已预缴1800万元，清算应退税款600万元。

2. 风险提示

（1）国税发〔2009〕91号文件对取得土地使用权支付金额和土地征用及拆迁补偿费的审核作了如下规定：

①同一宗土地有多个开发项目，土地成本的分摊办法应合理、合规，具体金额的计算要正确。

②不得将房地产开发费用记入取得土地使用权支付金额以及土地征用及拆迁补偿费。

③实际发生的拆迁补偿费允许扣除，支付给个人的拆迁补偿款、拆迁（回迁）合同和签收花名册或签收凭证应一一对应。

（2）根据国税函〔2010〕220号文件第四条规定，房地产开发企业逾期开发缴纳的土地闲置费不得扣除。

（3）根据国税函〔2010〕220号文件第五条规定，房地产开发企业为取得土地使用权所支付的契税，应视同"按国家统一规定缴纳的有关费用"，计入"取得土地使用权所支付的金额"中扣除。

（4）根据国税函〔2010〕220号文件第六条规定，关于拆迁安置土地增值税计算问题：

①房地产企业用建造的本项目房地产安置回迁户的，安置用房视同销售处理，按国税发〔2006〕187号文件第三条第（一）款规定确认收入，同时将此确认为房地产开发项目的拆迁补偿费。房地产开发企业支付给回迁户的补差价款，计入拆迁补偿费；回迁户支付给房地产开发企业的补差价款，应抵减本项目拆迁补偿费。

根据国税发〔2006〕187号文件第三条第（一）款规定，房地产开发企业将开发产品用于职工福利、奖励、对外投资、分配给股东或投资人、抵偿债务、换取其他单位和个人的非货币性资产等，发生所有权转移时应视同销售房地产，其收入按下列方法和顺序确认：A. 按本企业在同一地区、同一年度销售的同类房地产的平均价格确定；B. 由主管税务机关参照当地当年、同类房地产的市场价格或评估价值确定。

②开发企业采取异地安置，异地安置的房屋属于自行开发建造的，房屋价值按国税发〔2006〕187号文件第三条第（一）款的规定计算，计入本项目的拆迁补偿费；异地安置的房屋属于购入的，以实际支付的购房支出计入拆迁补偿费。

③货币安置拆迁的，房地产开发企业凭合法有效凭据计入拆迁补偿费。

3. 防控建议

企业发生的土地闲置费、地价款滞纳金应予以剔除。

关于地价款：企业应关注项目所在地税务机关对地价款扣除的具体规定，如苏地税规〔2012〕1号、苏地税规〔2015〕8号文件规定：

（1）纳税人为取得土地使用权所支付的地价款，在计算土地增值税时，应以纳税人实际支付土地出让金（包括后期补缴的土地出让金），减去因受让该宗土地政府以各种形式支付给纳税人的经济利益后予以确认；

（2）土地成本仅在能够办理权属登记手续的建筑物及其附着物之间进行分摊。在不同清算单位或同一清算单位不同类型房产之间分摊土地成本时，可直接归集的，应直接计入该清算单位或该类型房产的土地成本；不能直接归集的，可按建筑面积法计算分摊，也可按税务机关认可的其他合理方法计算分摊。

需要说明的是，与上述案例不同的是，也有部分地区〔如《重庆市地方税务局关于土地增值税若干政策执行问题的公告》（重庆市地方税务局公告2014年第9号）〕规定将土地征用及拆迁补偿费用归入土地成本项目计算扣除。

关于取得土地使用权所支付的金额分摊的延伸探讨：

取得土地使用权所支付的金额在不同类型房地产之间如何分摊，是个经常引起征纳双方关注或者争议的难点问题。就政策规定而言，《土地增值税暂行条例实施细则》规定，纳税人成片受让土地使用权后，分期分批开发、转让房地产的，其扣除项目金额的确定，可按转让土地使用权的面积占总面积的比例计算分摊，或按建筑面积计算分摊，也可按税务机关确认的其他方式计算分摊。这给了税务机关结合实际情况合理判断适用的自由裁量权，给了征纳双方一定的政策弹性，应该说是充分考虑了各类项目现实情况的较为灵活的政策规定。不过在实际操作中，究竟使用何种方式分摊，由于没有硬性规定，征纳双方的政策适用导向差异很大。企业会认为采用综合税负最低的分摊方法就是合理的方法；而税务机关可能会更倾向于征收税额最高的分摊方法，避免自由裁量的执法风险。本案例就十分典型。

笔者建议：土地使用权支付金额的分摊与房地产开发成本的分摊不应等同，亦无须考虑适用多种方法。办理土地增值税清算的项目已经竣工交付，国有土地管理部门已经对土地进行了分割，据笔者了解，国有土地管理部门仅对可售的房屋占地面积进行分割，依法属于全体业主共有的道路、绿化等公共场所占有的土地不进行分割，其使用权由建筑区域内全体业主共有。鉴于此，土地增值税清算时，土地成本的分摊应根据国有土地管理部门分割的结果，仅在可售房屋中按每个类型房产占地面积占总的可售房屋占地面积比例进行分摊，如果一幢楼内有不同类型房产的，先确定各幢不同类型房产的土地面积，再按不同类型房产土地面积合计数占总可售房产的土地面积的比例计算分摊土地成本。

例如：某项目取得土地使用权支付金额为15000万元，土地总面积10000平方米，开发的房地产分为普通住宅、非普通住宅、非住宅三类，共5幢楼。在国有土地管理部门分割登记的土地占地面积如下：1、2号楼每幢楼占地面积500平方米，每幢楼内普通住宅与非普通住宅的登记土地面积比例为45∶55；3、4号楼每幢楼占地面积450平方米，均为非普通住宅；5号楼每幢楼占地面积600平方米，均为非住宅，即以上可售房屋占地总面积为2500平方米。其余占地面积为业主共有的绿化、道路、配套用地。土地成本分摊计算如下：

1、2 号楼：普通住宅占地面积 = 500 × 45% × 2 = 450（平方米）
　　　　　 非普通住宅占地面积 = 500 × 55% × 2 = 550（平方米）
3、4 号楼：非普通住宅占地面积 = 900（平方米）
5 号楼：非住宅占地面积 = 600（平方米）

该项目普通住宅占地面积合计 450 平方米、非普通住宅占地面积合计 1450 平方米、非住宅占地面积合计 600 平方米。

该项目各类型分摊土地成本如下：

普通住宅 = 15000 × 450 ÷ 2500 = 2700（万元）

非普通住宅 = 15000 × 1450 ÷ 2500 = 8700（万元）

非住宅 = 15000 × 600 ÷ 2500 = 3600（万元）

理由：①土地使用权支付金额与土地使用权面积直接相关，每套不同类型房地产的最终登记土地面积就是从取得的土地使用权分割而来，按此面积分摊其应有的成本最符合成本分摊的理念；②征纳双方对分摊政策的适用导向差异，主要是考虑税负差异，而税负差异产生的根本原因是分类型清算政策，不是土地使用权分摊方法，因此，需要解决的是分类型政策的问题，不能通过对每个不同项目适用不同的"合理"分摊方法或者创造更多的分摊方法去解决问题。

（五）房地产开发成本

1. 前期工程费

前期工程费包括规划、设计、项目可行性研究和水文、地质、勘察、测绘、"三通一平"等支出。

（1）案例描述。

乙房地产开发公司（以下简称乙公司）开发的 A 项目分三期，于 2019 年 1 月办理一期清算申报，主管税务机关经审核，在乙公司申报的前期工程费中发现以下疑点：①根据乙公司前期工程费用账册及乙公司申报情况显示，该项目前期工程费用共计发生 6000 余万元，其中该项目的设计费与可行性研究费高达 2800 余万元，该项目总共为 6 幢高层住宅，建筑面积10余万平方米，承担如此高的设计费，每平方米设计费用明显偏高。但经税务机关审核凭证，每笔支出均有对应发票及支出证明。②该项目公建配套（物业用房、人防等）相关设计费、行政规费、报批建费等全部放在了"前期工程费"科目核算，未归集至公建配套费用，可能是导致其前期工程费偏高的原因之一。为此，主管税务机关引入了工程造价事务所协助审核确认申报前期工程费的合理性。经工程造价事务所的审核，认为该项目前期工程费中确实存在分期开发的项目共同发生的费用未合理分摊、费用重复列支（如整个项目的设计费均计入一期、招标多个方案，均为境外设计公司，对每家提交方案的设计方均支付了高额的方案设计费，但最后仅采用一家方案），应计入房地产开发费用的支出计入前期工程费等。经税务机关对该公司进行约谈，乙公司对上述问题无法给出合理的理由。最终在前期工程费项目中调减重复列支的设计费等900万余元；对申报项目不准确的公建配套建设费用调整至公共配套设施费、房地产开发费用等项目。

（2）风险提示。

国税发〔2009〕91号文件第二十三条对审核前期工程费作了如下明确：

①前期工程费、基础设施费是否真实发生，是否存在虚列情形。

②是否将房地产开发费用记入前期工程费、基础设施费。

③多个（或分期）项目共同发生的前期工程费、基础设施费，是否按项目合理分摊。

（3）防控建议。

企业应及时了解项目所在地的税收政策，严格区分哪些支出计入开发成本、哪些计入开发费用。例如，根据苏地税规〔2012〕1号文件规定，企业建造房屋建筑物时特有的费用和基金，按其是否与开发建造活动相关的原则进行划分。凡与开发活动直接相关，且可直接计入或分配计入开发对象的，允许计入开发成本；反之，则应计入开发费用。对企业非建造房屋建筑物时特有的费用和基金，应计入开发费用。允许计入开发成本的费用、基金，如果是在开发项目竣工验收之后发生的，则也应计入开发费用。

2. 建筑安装工程费

建筑安装工程费是指以出包方式支付给承包单位的建筑安装工程费，以自营方式发生的建筑安装工程费。

（1）发生的建筑安装工程费应真实、合理。

①案例描述一。

丙房地产开发公司开发的 A 项目于 2019 年 1 月办理清算申报，主管税务机关经初步审核，在该公司申报的建筑安装工程费中发现以下疑点：首先，该公司建筑工程承包方 B 同时承接该公司多个项目，开具的工程款发票与工程项目不能一一对应，存在混淆扣除申报项目的可能性；其次，A 项目申报的建筑安装工程费平均造价达 4000 元/平方米，远高于当地税务局与住建部门联合发布的当地建筑安装造价标准，而该项目与同类型项目相比，并不存在建造品质特别突出，或者设施水准特别高档等情况；最后，该项目取得的建安成本涉及营改增前后两种计税方式，可能存在将抵扣的销项税金列入成本扣除的情况。经实地查验，并请工程造价机构协助审核，发现该公司存在工程量变更支出无变更签证，重复计算工程量、工程项目支出不实等情况，在大量事实面前，该公司最终承认了上述问题。

最终审核调整如下：根据当地税务局与住建部门联合发布的《×× 市 2005—2017 年度土地增值税清算建筑安装工程费扣除参考标准》规定，建筑安装工程费用采取核定扣除，计算如下：多层框架（7 层及以下）建筑面积 50000 平方米×2015 年建筑安装工程费扣除指标 2500 元/平方米＝12500（万元）；高层（11 层及以上）建筑面积 150000 平方米×2015 年建筑安装工程费扣除指标 3100 元/平方米＝46500（万元）。

②案例描述二。

丁房地产开发公司（以下简称丁公司）开发的 B 项目清算申报后，税务机关在对其审核中发现如下问题：首先，某项专业分包工程预算造价 850 万元，但工程决算及支付金额为 1560 万元；其次，项目竣工前发生4000万元的整数大额建筑安装工程支出不合理。针对上述情况，审核人员进行了进一步调查，核实情况如下：该专业分包为闭口合同，合同期内价格不做调整，增加的金额710万元为分包公司应丁公司要求虚开；竣工前支付的4000万元建筑安装工程款，经核实对方为非正常企业，丁公司无法提供与对方业务往来的证据资料，对该笔支出没有给出合理的解释。针对上述情况，审核人员对丁公司的上述两笔支出从扣除项目中剔除。

③风险提示。

根据国税发〔2006〕187号文件第四条第二款规定，房地产开发企业办理土地增值税清算所附送的前期工程费、建筑安装工程费、基础设施费、开发间接费用的凭证或资料不符合清算要求或不实的，税务机关可参照当地建设工程造价管理部门公布的建安造价定额资料，结合房屋结构、用途、区位等因素，核定上述四项开发成本的单位面积金额标准，并据以计算扣除。具体核定方法由省税务机关确定。

企业发生的建筑安装工程费应与决算报告、审计报告、工程结算报告、工程施工合同记载的内容相符，多个（或分期）项目共同发生的建筑安装工程费应按项目合理分摊。

④防控建议。

建筑安装工程费是各方关注的重点，企业应严谨对待，对于有重大变更的内容，相关手续、资料要齐全，特别是对专业分包要加强内控，避免存在不实支出。作为主管税务机关，一方面应联合当地建设工程造价管理部门制定发布用于核定扣除的造价标准，既用于对不合理造价的核定计算，也引导纳税人准确申报、避免虚报；另一方面，建筑安装费用审核较为专业，可聘请专业造价机构协助审核，确认合理性，减少税务机关自身执法风险。

（2）取得建安票据要符合规定。

①案例描述。

甲公司在某地开发A项目，2019年10月办理清算申报，经主管税务机关初步审核，在该公司申报的建筑安装工程费中发现以下疑点：首先，取得的黄沙水泥等材料发票，经从增值税情报交换平台中数据核对，开票单位已是注销户；其次，取得的若干建筑安装增值税发票上未注明项目名称和地址。审核人员进一步核对了资金流、运输流、合同等关键性资料发现，该公司取得的黄沙水泥材料未签订合同，也没有货物运输记录，且账面会计分录贷方科目为"现金"，存在虚开的可能性。经与甲公司核对，该笔业务是前期项目经理领取的材料费用，当时未取得发票，直到土地增值税清算时到外地取得的发票。根据国税发〔2009〕91号文件规定，在土地增值税清算中，计算扣除项目金额时，其实际发生的支出应当取得但未取得合法凭据的不得扣除。因此，主管税务机关对上述情况作出如下处理：一是对虚开的发票金额不予在清算成本中扣除；二是取得的对不符合规定的建筑安装增值税发票不得计入土地增值税扣除项目金额；三是按照增值税发票相关规定处理。

②风险提示。

根据国税发〔2006〕187号文件第四条第一款规定，房地产开发企业办理土地增值税清算时计算与清算项目有关的扣除项目金额，应根据《土地增值税暂行条例》第六条及《土地增值税暂行条例实施细则》第七条的规定执行。除另有规定外，扣除取得土地使用权所支付的金额、房地产开发成本、费用及与转让房地产有关税金，须提供合法有效凭证；不能提供合法有效凭证的，不予扣除。

根据国家税务总局公告2016年第70号第五条规定，营改增后，土地增值税纳税人接受建筑安装服务取得的增值税发票，应按照国家税务总局公告2016年第23号规定，在发票的备注栏注明建筑服务发生地县（市、区）名称及项目名称，否则不得计入土地增值税扣除项目金额。

③防控建议。

土地增值税扣除项目对凭证的要求比企业所得税还要高，企业平时就应该加强对取得凭证的管理，对于不符合规定的凭证，应及时换票，消除涉税风险。

(3) 关联交易应符合市场公平原则。

①案例描述。

乙房地产公司（以下简称乙公司）开发的 C 项目于 2019 年 10 月办理清算申报，经主管税务机关审核，在乙公司申报的开发成本中发现以下疑点：首先，一组团高层住宅与二组团高层住宅分别发包给两家建筑企业施工，但两个组团高层住宅的平均造价有一定差异，其中一组团高层住宅为 3000 元/平方米，二组团高层住宅为 3600 元/平方米。经查询二组团建筑企业丙为乙公司所属集团的子公司，两家公司为关联企业。其次，该公司一次性销售给丁有限公司 20 套商业房产，总价 9000 万元，总面积 4000 平方米，每平方米单价 22500 元，低于非住宅类型平均售价 10% 以下（平均售价为 25000 元），经查询丁公司股权结构，发现与乙公司属于关联企业。对审核人员提出的上述问题，乙公司表示：首先建安价格是由集团定价，不是按照市场价格结算；其次是鉴于剩余 20 套商业房产位置不佳、较难销售，而考虑到丁公司为集团内负责资产运营的公司，因此由丁公司统一购买，价格也是按照市场行情确定。

②风险提示。

关联企业交易应真实发生并按照公允价值和营业常规进行业务往来。

根据国税发〔2009〕91 号文件第三十六条关联方交易行为的审核规定，在审核收入和扣除项目时，应重点关注关联企业交易是否按照公允价值和营业常规进行业务往来。应当关注企业大额应付款余额，审核交易行为是否真实。

对于关联交易，部分省市也作了具体规定，如根据苏地税规〔2012〕1 号文件规定，单位和个人转让房地产，同时要求购房者将所购房地产无偿或低价给转让方或者转让方的关联方使用一段时间，其实质是转让方获取与转让房地产有关的经济利益。对以此方式转让房地产的行为，应将转让房地产的全部价款及有关的经济收益确认为转让收入，依法计征土地增值税。如转让房地产价款以外的有关经济收益无法确认的，应判断其转让价格是否明显偏低。对转让价格明显偏低且无正当理由的,应采用评估或其他合理的方法确定其转让收入,依法计征土地增值税。

根据上述规定,主管税务机关对乙公司的疑点问题作出如下处理:A. 对建筑安装工程费中由关联公司提供的部分,根据市局与住建部门联合发布的《××市2005—2017年度土地增值税清算建筑安装工程费扣除参考标准》,采取核定扣除;B. 委托房地产评估公司,对销售给丁有限公司20套商业房产进行了评估,评估总价为8900万元,低于乙公司申报数,因此不作调整。

③防控建议。

现在很多房地产集团企业都有自己的贸易公司,主要材料进行集中采购,有的集团企业还有自己的建筑公司和装修公司,企业在与关联方发生相关业务时,应按照市场公平原则处理。

税务机关应重点关注企业的关联交易是否符合规定,具体办法可结合前文增值税和企业所得税的防控建议一并应对。

(4) 精装修房的处理。

①案例描述。

甲房地产开发公司(以下简称甲公司)开发的A项目于2019年10月办理清算申报,经主管税务机关审核,在甲公司申报的建筑安装工程费中发现以下疑点:该项目建设的洋房宣传为装修交付,但申报的装修成本单价较低,根据审核人员掌握的当地精装修造价实际成本数据,一般为不高于2500元/平方米,而甲公司申报的扣除金额只有500多元/平方米。税务机关经进一步审核发现,甲公司在交付时与洋房客户签订了空调赠送合同,每户赠送空调柜机一套以及其他电器若干,甲公司将该项支出列入精装修成本中扣除。审核人员查询了房屋销售合同内容,其中并不包含购房同时赠送空调或者精装修标准交付内容,查询房屋交付说明书显示为毛坯交付。后经约谈甲公司,甲公司说明当时为促进销售,特地为洋房客户开展了买房送空调活动,因此在装修成本中申报扣除。审核人员告知甲公司,根据该公司所在省规定,房地产开发企业销售已装修的房屋,对以建筑物或构筑物为载体,移动后会引起性质、形状改变或者功能受损的装修支出，可作为开发成本予以扣除；对可移动的物品（如可移动的家用电器、家具、日用品、装饰用品等），不计收入也不允许扣除相关成本费用。该公司销售房屋为毛坯交付标准，销售价格也为毛坯房售价，赠送空调及其他电器行为属于发生的销售费用，不属于销售装修房产，其成本支出不应在建筑安装工程费中扣除。

②风险提示。

根据国税发〔2006〕187号文件第四条第四款规定，房地产开发企业销售已装修的房屋，其装修费用可以计入房地产开发成本。房地产开发企业的预提费用，除另有规定外，不得扣除。对于装修房，一些省市也做了具体规定，江苏省关于装修支出问题的具体规定如下：房地产开发企业销售已装修的房屋，对以建筑物或构筑物为载体，移动后会引起性质、形状改变或者功能受损的装修支出，可作为开发成本予以扣除。对可移动的物品（如可移动的家用电器、家具、日用品、装饰用品等），不计收入也不允许扣除相关成本费用。

③防控建议。

企业应了解项目所在地相关政策，发生精装修支出的，应区分装修对象，对于已装修房屋销售的，其装修费用可以计入房地产开发成本，对于装修的售楼处等应作为营销费用支出，而不是房地产开发成本。作为主管税务机关，在审核中应关注精装修房屋的收入、成本核算口径是否一致；有无分拆房屋销售收入与装修收入以降低增值额；售楼处、样板房等营销设施装修费用有无计入开发成本虚增扣除金额等情况发生。

(5) 开发项目的质量保证金。

①案例描述。

乙房地产开发公司（以下简称乙公司）开发的A项目分三期，2019年10月办理第一期的土地增值税清算申报，审核人员经审核发现，该公司申报的房地产开发成本中有以下疑问：申报的建筑安装工程费均已取得发票，但列支的总金额中有700万元在应付款中，尚未支付。经约谈乙公司，乙公司说明按照合同约定，在建筑安装费总额中扣留了质量保证金200万元未支付（包含在上述700万元应付款中），但已取得对方开具的发票。

②风险提示。

根据国税函〔2010〕220号文件第二条房地产开发企业未支付的质量保证金，其扣除项目金额的确定问题规定，房地产开发企业在工程竣工验收后，根据合同约定，扣留建筑安装施工企业一定比例的工程款，作为开发项目的质量保证金，在计算土地增值税时，建筑安装施工企业就质量保证金对房地产开发企业开具发票的，按发票所载金额予以扣除；未开具发票的，扣留的质保金不得计算扣除。

根据上述规定，乙公司取得发票的200万元保证金可以扣除，其余500万元不得扣除。

③防控建议。

质量保证金的内容、金额应与合同约定相一致，并按规定取得发票。

3. 基础设施费

基础设施费包括开发小区内道路、供水、供电、供气、排污、排洪、通信、照明、环卫、绿化等工程发生的支出。

（1）案例描述。

甲房地产开发公司开发的D项目于2019年10月办理清算申报，经主管税务机关审核，在该公司申报的基础设施费中发现以下疑点：基础设施费申报金额为3000万元，根据该公司提供的中介机构鉴证工作底稿等资料分析计算，基础设施费中河道整治支出200万元存在疑点。该公司财务人员答复："此项支出是真实发生的，有发票，有支付凭证。"审核人员进而审阅了宗地图，该地块确实东临河道，再查看了《建设用地规划许可证》，并实地查看地块河道位置走向，发现河道在项目红线范围之外。根据有关规定，项目规划范围之外的支出，不得扣除，调减河道整治基础设施费200万元。

（2）风险提示。

根据国税发〔2009〕91号文件第二十一条规定，审核扣除项目是否符合下列要求：

①在土地增值税清算中，计算扣除项目金额时，其实际发生的支出应当取得但未取得合法凭据的不得扣除。

②扣除项目金额中所归集的各项成本和费用，必须是实际发生的。

③扣除项目金额应当准确地在各扣除项目中分别归集，不得混淆。

④扣除项目金额中所归集的各项成本和费用必须是在清算项目开发中直接发生的或应当分摊的。

⑤纳税人分期开发项目或者同时开发多个项目的，或者同一项目中建造不同类型房地产的，应按照受益对象，采用合理的分配方法，分摊共同的成本费用。

⑥对同一类事项，应当采取相同的会计政策或处理方法。会计核算与税务处理规定不一致的，以税务处理规定为准。

根据国税发〔2006〕187号文件第四条第二款规定，房地产开发企业办理土地增值税清算所附送的前期工程费、建筑安装工程费、基础设施费、开发间接费用的凭证或资料不符合清算要求或不实的，税务机关可参照当地建设工程造价管理部门公布的建安造价定额资料，结合房屋结构、用途、区位等因素，核定上述四项开发成本的单位面积金额标准，并据以计算扣除。具体核定方法由省税务机关确定。

根据国税发〔2009〕91号文件第二十三条规定，审核前期工程费、基础设施费时应当重点关注：

①前期工程费、基础设施费是否真实发生，是否存在虚列情形。

②是否将房地产开发费用记入前期工程费、基础设施费。

③多个（或分期）项目共同发生的前期工程费、基础设施费，是否按项目合理分摊。

（3）防控建议。

基础设施费与前期工程费类似，要注意成本与费用的划分，有无将房地产开发费用计入基础设施费，有无明显不合理的支出。另外，要关注绿化工程取得的票据是否真实，有无虚开情况，绿化苗木有无重复种植重复收费的问题。需要说明的是，对于项目规划范围之外的支出，各地政策有所差异。对于"招拍挂"时明确作为土地出让条件的红线外支出,笔者认为可以作为取得土地使用权支付的金额扣除。

4. 公共配套设施费

公共配套设施费:指开发项目内发生的、独立的、非营利性的,且产权属于全体业主的,或无偿赠与地方政府、政府公用事业单位的公共配套设施支出。

(1)公共配套设施费的处理。

①案例描述。

丙房地产开发公司开发的 A 项目共分三期,该项目建设跨期时间较长,前两期已在 2016 年销售完毕并进行土地增值税清算。第三期自 2016 年起建设,2019 年 10 月销售完毕办理清算申报。经税务机关审核发现:三期项目建造有为整个项目配套的幼儿园一家,该幼儿园在前两期清算时并未建设,相关成本也未分摊入前两期,该公司在办理第三期土地增值税清算申报时,将幼儿园建设成本全部纳入公共配套设施费扣除。对此,审核人员认为:根据国税发〔2006〕187 号文件规定,属于多个房地产项目共同的成本费用,应按清算项目可售建筑面积占多个项目可售总建筑面积的比例或其他合理的方法,计算确定清算项目的扣除金额。因此,整个项目的公共配套设施幼儿园的成本费用应在三期之间合理分摊,不应全部在第三期项目清算中申报扣除。该公司对此提出疑义:认为若不能全部作为第三期成本扣除,而应分摊部分进入第一期、第二期成本费用,对前两期应重新办理清算,重新计算增值额和应补退税款,否则幼儿园大部分成本实际无法扣除。对此,主管税务机关进行了会商,认为根据现行政策规定,房地产开发企业的预提费用一般不得扣除,因此,在开展第一期、第二期清算时,未建设的幼儿园支出不得在成本中预估扣除;对第三期清算时,鉴于上述情况,可将幼儿园成本全部列入第三期公共配套设施费扣除,更为合理。

②风险提示。

根据国税发〔2009〕91 号文件第二十四条规定,审核公共配套设施费时应当重点关注：

A. 公共配套设施的界定是否准确，公共配套设施费是否真实发生，有无预提的公共配套设施费情况。

B. 是否将房地产开发费用记入公共配套设施费。

C. 多个（或分期）项目共同发生的公共配套设施费，是否按项目合理分摊。

D. 房地产开发企业开发建造的与清算项目配套的居委会和派出所用房、会所、停车场（库）、物业管理场所、变电站、热力站、水厂、文体场馆、学校、幼儿园、托儿所、医院、邮电通讯等公共设施，按以下原则处理：

一是建成后产权属于全体业主所有的，其成本、费用可以扣除；

二是建成后无偿移交给政府、公用事业单位用于非营利性社会公共事业的，其成本、费用可以扣除；

三是建成后有偿转让的，应计算收入，并准予扣除成本、费用。

③防控建议。

配建的公共配套设施属于整个项目，对于分期开发的项目，分摊方法应合理。人防设施面积的划分、地下停车场所的权属和面积划分，以及由此产生的经济利益和相应分摊成本的确认要合理。对于建成后属于全体业主或无偿移交给政府、共用事业单位用于非营利性公共事业的，应办好移交手续。对于无产权的地下车库的处理尤其要慎重。

需要说明的是，对于分期开发的项目，共同成本如何分摊一直是个难题，部分地区〔如《天津市土地增值税清算管理办法》（天津市地方税务局公告 2015 年第 10 号，已废止）〕曾规定可以按分期清算，最后再按整体项目全部清算，这样公共配套设施费在先期清算时，可按照分摊比例以及前期实际支付成本情况加以扣除，最后整体清算时，可按照最终建造支出情况重新分摊计算。企业应在项目建设之初即熟悉当地相关规定，及早结合税收政策做好开发建设的进度安排。

也建议对分期开发的项目，涉及的共同成本如果在后期建造的，前期土地增值税清算时能够允许企业按合理方法进行预提。

（2）无产权的车库（车位、储藏室）的处理。

①案例描述。

甲房地产开发公司（以下简称甲公司）开发的 A 项目于 2019 年 10 月销售完毕并办理土地增值税清算申报。该项目总建筑面积 15 万平方米，申报的房地产开发总成本 10 亿元，该项目开发的地下车位建筑面积 1 万平方米，因不符合住建部门规定的条件，并未备案销售，也不能在不动产登记部门办理权属登记，在房屋销售时以转让车位永久使用权方式处理，取得收入 3000 万元。该公司认为地下车位均已转让给全体业主，并已开具增值税销售不动产发票，收入 3000 万元计入清算收入，因此相关成本费用可以扣除，申报该项地下车位成本扣除金额计算方法为：地下车位成本扣除金额 = 100000 × 1 ÷ 15 = 6666.67（万元）。

②风险提示。

根据《土地增值税暂行条例》第二条规定，转让国有土地使用权、地上的建筑物及其附着物并取得收入的单位和个人，为土地增值税的纳税义务人，应当依照本条例缴纳土地增值税。

根据国税发〔2006〕187 号文件第四条第三款规定，房地产开发企业开发建造的与清算项目配套的居委会和派出所用房、会所、停车场（库）、物业管理场所、变电站、热力站、水厂、文体场馆、学校、幼儿园、托儿所、医院、邮电通讯等公共设施，按以下原则处理：

A. 建成后产权属于全体业主所有的，其成本、费用可以扣除；

B. 建成后无偿移交给政府、公用事业单位用于非营利性社会公共事业的，其成本、费用可以扣除；

C. 建成后有偿转让的，应计算收入，并准予扣除成本、费用。

根据上述规定，土地增值税的纳税人为转让国有土地使用权、地上的建筑物及其附着物并取得收入的单位和个人，甲公司转让的地下车位不能办理权属登记手续，不属于土地增值税征税范围，因此，在土地增值税核算中，3000 万元收入不计入土地增值税应税收入，也不扣除相关成本费用。另外，对于地下车位成本的计算各地规定也有所不同，例如，有的地方规定，对于可直接归集于各个类型房地产的成本，如房屋精装修等应直接归集，不分摊到地下车位成本中，对于可扣除的公共配套设施费以及基础设施费中的景观绿化、道路、燃气等成本也不分摊到地下车位成本中。根据上述政策计算甲公司A项目不可扣除的地下车位成本如下：

房屋精装修等应直接归集至可售面积的成本20000万元、公共配套设施费5000万元、基础设施费中的景观绿化、道路、燃气成本4000万元，实际不得扣除的无产权地下车位成本＝（100000－20000－5000－4000）×1÷15＝4733.33（万元）。

③防控建议。

土地增值税的纳税义务人为转让国有土地使用权、地上的建筑物及其附着物并取得收入的单位和个人，而不能办理权属登记的地下车库显然不属于土地增值税的征税范围。但因无产权地下车库（车位）造价高，对土地增值税清算结果影响大，一直都是税企关注的焦点，企业应了解项目所在地税务机关的具体政策。例如，苏地税规〔2015〕8号文件规定，关于车库（车位、储藏室等）问题，一是能够办理权属登记手续的车库（车位、储藏室等）单独转让时，房地产开发企业应按"其他类型房产"确认收入并计算成本费用；二是不能办理权属登记手续的车库（车位、储藏室等），按照国税发〔2006〕187号文件第四条第（三）项的规定执行。同时，原江苏省地税局以解读的方式进一步明确：建成转让后不能办理权属登记手续的车库（车位、储藏室），不属于土地增值税征税范围，不计入收入，也不扣除相关成本费用。

对于属于全体业主和无偿移交给政府或公用事业单位的，应办理规范的移交手续。

关于无产权地下车位的延伸探讨：

对于房地产开发项目中无产权地下车库（车位、储藏室）的转让行为，在土地增值税清算中如何处理，各地目前有两种做法：一种是不计入收入，也不扣除相关成本费用，如本案例；另一种对于转让无产权地下车库（车位、储藏室）永久使用权等的，也纳入土地增值税清算范围，并入非住宅类型核算收入和成本费用。对于无产权地下车库

（车位、储藏室）成本如何确定，总的是按照税务总局有关文件中关于成本归集的原则归集，具体来说建议可包括以下内容：一是可直接归集于地下车库（车位、储藏室）的成本；二是土地征用及拆迁补偿费、前期工程费、不可直接归集的建安工程费、开发间接费用四项按照建筑面积比例等方法分摊至地下车库（车位、储藏室）的部分；三是对于基础设施费剔除景观绿化、道路、燃气成本后按照建筑面积比例等方法分摊至地下车库（车位、储藏室）的部分。实践中也有部分地区直接按照房地产开发总成本（仅剔除可直接归集至其他类型房地产的成本）采取建筑面积法分摊确定地下车库（车位、储藏室）的成本。

笔者认为还有第三种方法可以探讨，就是无产权地下车库（车位、储藏室）按"附着物"来处理。理由有如下四点：一是地下车库（车位、储藏室）无论有无产权，均是根据规划要求配建的，是项目的重要组成部分，如不按规定建造将使整个项目通不过验收，也就无法交付使用，因此，它是项目的重要组成部分；二是它的支出是实际发生的；三是它建造于清算项目土地使用权范围之内，根据《物权法》第一百三十六条规定，建设用地使用权可以在土地的地表、地上或者地下分别设立；四是根据《土地增值税暂行条例实施细则》第四条规定，《土地增值税暂行条例》第二条所称的附着物，是指附着于土地上的不能移动，一经移动即遭损坏的物品。

5. 开发间接费用

开发间接费用是指直接组织、管理开发项目发生的费用，包括工资、职工福利费、折旧费、修理费、办公费、水电费、劳动保护费、周转房摊销等。

（1）案例描述。

乙房地产公司开发的A项目于2019年10月办理了清算申报，经主管税务机关审核，发现该公司在开发间接费项目中列支了以下内容：初始登记费、物业管理费、治安管理费、工程决算审计费等费用、行政管理部门人员工资。初始登记费是指县级以上地方人民政府行使房产行政管理职能的部门依法对不动产进行登记，并核发不动产证书时，向房屋所有权人收取的登记费，属于房屋销售环节发生的费用；工程决算审计是企业委托第三方机构对工程的结算价格是否正确合规进行审查评价的行为，应属于企业行政管理部门（总部）为组织和管理生产经营活动而发生的管理费用；前期物业管理是指住宅出售后至业主委员会成立前的物业管理，房地产公司支付给物业管理公司的前期物业管理费发生在房地产交付之后，不属于《土地增值税暂行条例实施细则》中列明的房地产开发成本的各项内容。因此，以上费用不得作为房地产开发成本中的开发间接费用进行扣除，应计入房地产开发费用。

（2）风险提示。

根据国税发〔2009〕91号文件第二十六条规定，审核开发间接费用时应当重点关注：

①是否存在将企业行政管理部门（总部）为组织和管理生产经营活动而发生的管理费用记入开发间接费用的情形。

②开发间接费用是否真实发生，有无预提开发间接费用的情况，取得的凭证是否合法有效。

（3）防控建议。

房地产项目开发多数情况下是取得一块土地就成立一个项目公司，而企业总部的管理人员大多是同一批人，因此，企业应严格区分行政管理部门费用和直接组织、管理开发项目发生的费用，对项目工地所在的直接管理人员及设施的相关费用方可列入开发间接费用，同时，对开发间接费用在不同项目之间也应合理分摊。

（六）房地产开发费用

房地产开发费用是指与房地产开发项目有关的销售费用、管理费用、财务费用。

1. 案例描述

丁公司在某地开发A项目，2019年10月办理了清算申报，经主管税务机关审核，丁公司的房地产开发费用扣除申报采取的是利息费用据实扣除，总利息支出高达1亿元。其他房地产开发费用按照"取得土地使用权所支付的金额"与"房地产开发成本"金额之和的5%扣除的方法。在对利息费用支出审核的过程中，审核人员发现以下疑点：①支付给多家小额贷款公司利息费用1000万元；②通过金融机构委托贷款方式，支付关联企业贷款利息2000万元；③支付给某省信托投资公司利息支出2000万元，贷款年化利率10%，高于同期央行4.75%的贷款基准利率。主管税务机关进一步审核发现，多家小贷公司并未取得银保监会发放的金融机构许可证，根据《土地增值税暂行条例实施细则》第七条及该省有关规定，对该项利息支出1000万元不予扣除；对委托贷款利息支出2000万元不得扣除；某省信托投资公司取得了金融机构许可证，但经对比同期该公司支付给商业银行的7%的年化利率水平，仍明显偏高，因此，对超过部分600万元利息支出不予扣除。上述合计调整减少利息费用扣除金额3600万元。

2. 风险提示

（1）根据《土地增值税暂行条例实施细则》第七条第三款规定，财务费用中的利息支出，凡能够按转让房地产项目计算分摊并提供金融机构证明的，允许据实扣除，但最高不能超过按商业银行同类同期贷款利率计算的金额。其他房地产开发费用，在按照"取得土地使用权所支付的金额"与"房地产开发成本"金额之和的5%以内计算扣除。凡不能按转让房地产项目计算分摊利息支出或不能提供金融机构证明的，房地产开发费用在按"取得土地使用权所支付的金额"与"房地产开发成本"金额之和的10%以内计算扣除。上述计算扣除的具体比例，由各省、自治区、直辖市人民政府规定。

（2）根据国税发〔2009〕91号文件第二十七条规定，审核利息支出时应当重点关注：

①是否将利息支出从房地产开发成本中调整至开发费用。

②分期开发项目或者同时开发多个项目的，其取得的一般性贷款的

利息支出，是否按照项目合理分摊。

③利用闲置专项借款对外投资取得收益，其收益是否冲减利息支出。

（3）根据国税函〔2010〕220号文件第三条规定，房地产开发费用的扣除按如下方式处理：

①财务费用中的利息支出，凡能够按转让房地产项目计算分摊并提供金融机构证明的，允许据实扣除，但最高不能超过按商业银行同类同期贷款利率计算的金额。其他房地产开发费用，在按照"取得土地使用权所支付的金额"与"房地产开发成本"金额之和的5%以内计算扣除。

②凡不能按转让房地产项目计算分摊利息支出或不能提供金融机构证明的，房地产开发费用在按"取得土地使用权所支付的金额"与"房地产开发成本"金额之和的10%以内计算扣除。全部使用自有资金，没有利息支出的，按照以上方法扣除。上述具体适用的比例按省级人民政府此前规定的比例执行。

③房地产开发企业既向金融机构借款，又有其他借款的，其房地产开发费用计算扣除时不能同时适用上述①、②项所述两种办法。

④土地增值税清算时，已经计入房地产开发成本的利息支出，应调整至财务费用中计算扣除。

（4）根据财税字〔1995〕48号文件第八条规定，关于扣除项目金额中的利息支出如何计算的问题处理如下：

①利息的上浮幅度按国家的有关规定执行，超过上浮幅度的部分不允许扣除；

②对于超过贷款期限的利息部分和加罚的利息不允许扣除。

3. 防控建议

对于利息支出计入房地产开发成本中的、企业支付的资金占用费、顾问费以及不符合资本化条件的利息支出应调整至开发费用；据实扣除利息支出的项目，财务费用应取得合法有效票据；分期开发项目或者同时开发多个项目的,其取得的一般性贷款的利息支出,应按照项目合理分摊;利用闲置专项借款对外投资取得收益,其收益应冲减利息支出。

关于其他房地产开发费用按照"取得土地使用权所支付的金额"与"房地产开发成本"金额之和的5%以内计算扣除,以及房地产开发费用在按"取得土地使用权所支付的金额"与"房地产开发成本"金额之和的10%以内计算扣除,这两个扣除比例授权各省级政府确定。全国大多数地区都是采取顶格规定的做法,即规定扣除比例就等于5%、10%。也有少数地方有不同的规定,例如《四川省关于贯彻〈中华人民共和国土地增值税暂行条例实施细则〉的补充规定》(川财税〔2010〕12号)规定,财务费用中的利息支出,凡能够转让房地产项目计算分摊并提供金融机构证明的,允许据实扣除,但最高不能超过按商业银行同类同期贷款利率计算的金额;其他房地产开发费用,按《土地增值税暂行条例实施细则》第七条第(一)项、第(二)项规定计算的金额之和的4%计算扣除。

(七)与转让房地产有关的税金

与转让房地产有关的税金是指在转让房地产时缴纳的城市维护建设税、印花税。因转让房地产缴纳的教育费附加,也可视同税金予以扣除。

1. 案例描述

甲公司在某地开发A项目,2019年10月办理清算申报,该项目为营改增跨期项目,适用了增值税简易计税方法,营改增前销售收入为5000万元,营改增后含税销售收入为1.05亿元。经主管税务机关审核,该公司申报的"与转让房地产有关的税金" = 5000×5% + (5000×5% + 10500÷(1+5%)×5%)×(7%+3%+2%) = 340(万元)。审核人员进一步核对甲公司实际申报缴纳的营业税、城市维护建设税、教育费附加、地方教育附加,发现均已申报入库,对该扣除项目予以认可。(当地适用的城市维护建设税税率为7%,教育费附加3%,另有该省征收的地方教育附加2%,该省规定可以扣除。)

2. 风险提示

根据国家税务总局公告 2016 年第 70 号第三条规定，关于与转让房地产有关的税金扣除问题处理如下：

（1）营改增后，计算土地增值税增值额的扣除项目中"与转让房地产有关的税金"不包括增值税。

（2）营改增后，房地产开发企业实际缴纳的城市维护建设税、教育费附加，凡能够按清算项目准确计算的，允许据实扣除。凡不能按清算项目准确计算的，则按该清算项目预缴增值税时实际缴纳的城市维护建设税、教育费附加扣除。

其他转让房地产行为的城市维护建设税、教育费附加扣除比照上述规定执行。

根据财税字〔1995〕48 号文件第九条规定，允许扣除的印花税，是指在转让房地产时缴纳的印花税。房地产开发企业按照《施工、房地产开发企业财务制度》的有关规定，其缴纳的印花税列入管理费用，已相应予以扣除，因此在"与转让房地产有关的税金"项目中不再另行扣除。其他的土地增值税纳税义务人在计算土地增值税时允许扣除在转让时缴纳的印花税。但根据财政部发布的财会〔2016〕22 号文件规定，全面试行营业税改征增值税后，"营业税金及附加"科目名称调整为"税金及附加"科目，该科目核算企业经营活动发生的消费税、城市维护建设税、资源税、教育费附加及房产税、城镇土地使用税、车船税、印花税等相关税费；利润表中的"营业税金及附加"项目调整为"税金及附加"项目，也就是说印花税从之前的管理费用调整到"税金及附加"科目，因此，对于房地产开发企业缴纳的转让房地产的印花税，财税字〔1995〕48 号文件第九条规定依据的内容（房地产开发企业财务制度对印花税处理的规定）已经变化，建议尽快重新明确印花税可以单独扣除。

3. 防控建议

企业应区分不属于清算范围或者不属于转让房地产时发生，以及非本项目税金和非项目税金；营改增之前分期开发的项目实际缴纳的营业税、城市维护建设税、教育费附加应准确划分。主管税务机关在审核中应核对申报扣除税金的入库情况，审核营改增后增值税有无包括在内，有无按项目准确计算实际缴纳的城市维护建设税和教育费附加，防范税金在项目之间混淆。

（八）财政部规定的其他扣除项目

1. 案例描述

乙房地产开发公司（以下简称乙公司）开发的 D 项目于 2019 年 1 月办理了清算申报，经主管税务机关审核，发现该项目情况较为特殊：该项目原为拆迁安置房小区，土地为划拨土地，由当地政府所属丙公司于 2012 年启动建设，2014 年竣工交付，总建筑面积 30 万平方米，交付后至 2016 年 4 月，尚剩余安置房源 200 套，其中 3 幢（150 套，建筑面积 15000 平方米）为整幢未安置房源，尚未办理不动产登记。2016 年 7 月，为盘活资产，经政府批准，将 3 幢整幢未安置房源所占土地转性为国有建设用地，并由国有土地管理部门挂牌出让，该地块土地出让金起始价 4000 万元（出让公告同时注明不包含地上建筑物建设成本 5000 万元）。最终乙公司以 5800 万元竞得该项出让国有土使用权。土地出让完成后，乙公司、丙公司签订了建筑物收购合同，3 幢整幢未安置房源以公告金额 5000 万元转让给乙公司，丙公司开具销售不动产发票给乙公司。上述事项完成后，乙公司即经住建部门批准取得预（销）售许可证，注明许可销售的商品房建筑面积 15000 平方米，使用性质为住宅。2018 年该房源销售完毕，共取得销售收入 15000 万元，符合土地增值税应清算条件。

该公司提交的清算申报表中，申报的加计扣除金额 =（5800 + 5000）× 20% = 2160（万元）。主管税务机关审核人员对此提出了疑义，认为：根据《土地增值税暂行条例》及其实施细则规定，对从事房地产开发的纳税人可按取得土地使用权支付金额和房地产开发成本金额之和，加计 20% 的扣除，该项政策出发点是鼓励从事房地产开发建设并取得适当回报，适用该项政策的前提条件是房地产项目实际是由纳税人开发建设的项目。而该公司 D 项目接手时，已由丙公司开发建设完成并已竣工交付，因此并不符合加计扣除的规定条件，申报的加计扣除金额 2160 万元不得扣除。

2. 风险提示

根据相关规定，对从事房地产开发的纳税人可按"取得土地使用权所支付的金额""房地产开发成本"两项规定计算的金额之和，加计 20% 的扣除。但对于房地产企业收购房地产开发项目继续销售的，能否加计 20% 扣除一直存在争议，如遇到这种情况，企业应事先与主管税务机关加强沟通，了解当地税收政策，提前做好安排，避免涉税风险。

3. 防控建议

扣除项目中"取得土地使用权所支付的金额"和"房地产开发成本"内容多、情况复杂，易发生税务风险，企业应在平时的核算即加强内部控制，清算申报前，根据要求逐项排查，消除风险隐患。主管税务机关在审核中需要注意：一是加计扣除金额要随同"取得土地使用权所支付的金额""房地产开发成本"两项扣除金额的调整而调整；二是部分地区规定有些成本费用可以扣除但是不得计算加计扣除，例如，根据苏地税规〔2012〕1 号文件规定，市政公用基础设施配套费、人防工程异地建设费不得加计扣除，也不作为房地产开发费用扣除的计算基数，在审核中要准确计算加计基数。

（九）纳税人建造普通标准住宅出售，增值额未超过扣除项目金额 20% 的免征土地增值税

1. 案例描述

甲房地产开发公司（以下简称甲公司）为一般纳税人，开发的 A 项目属于普通住宅（当地普通住宅政策为容积率不低于 1、面积不超过

144平方米，价格不超过周边同类产品的1.44倍），采用一般计税方法，总可售面积8.5万平方米，A项目于2018年6月竣工交付，至12月累计销售7.5万平方米，销售比例为88.24%。2019年1月，甲公司收到主管税务机关送达的A项目土地增值税清算通知书，3月底，甲公司完成了A项目土地增值税清算申报工作，申报收入总额125000万元，扣除项目金额之和为104800万元，增值额20200万元，占扣除项目金额之和的19.27%，已预缴土地增值税2200万元，甲公司根据"建造普通标准住宅出售，增值额未超过扣除项目金额20%的免征土地增值税"的规定，申请退还预缴的土地增值税2200万元。主管税务机关受理清算资料后，在审核中发现如下问题并进行调整：以低于市场价销售给关联方房屋调增收入7600万元；建筑安装工程费专业分包虚开发票金额500万元从扣除项目中剔除、购买钢筋虚增数量从扣除项目中剔除430万元；房地产开发费用中支付行政管理人员工资200万元从扣除项目中剔除。（以上收入均为扣除增值税销项税额后的金额，以上1130万元剔除金额包括未售面积部分。）

调增后收入 = 125000 + 7600 = 132600（万元）

调整后扣除项目 = 104800 -（500 + 430 + 200）× 88.24% = 103802.89（万元）

增值额 = 132600 - 103802.89 = 28797.11（万元）

增值额超过扣除项目合计金额 = 28797.11 ÷ 103802.89 × 100% = 27.74%

应补缴土地增值税 = 28797.11 × 30% - 2200 = 6439.13（万元）

2. 风险提示

根据相关规定，纳税人建造普通标准住宅出售，增值额未超过《土地增值税暂行条例实施细则》第七条第（一）项、第（二）项、第（三）项、第（五）项、第（六）项扣除项目金额之和20%的，免征土地增值税；增值额超过扣除项目金额之和20%的，应就其全部增值额按规定计税。

普通标准住宅，是指按所在地一般民用住宅标准建造的居住用住宅。高级公寓、别墅、度假村等不属于普通标准住宅。普通标准住宅与其他住宅的具体划分界限由各省、自治区、直辖市人民政府规定。

3. 防控建议

关于普通标准住宅，是征纳双方关注的焦点问题，也是现实中的难点问题，根据相关规定，增值额低于20%免征土地增值税，增值额超过20%则就其全部增值额征收，这就有可能造成上述案例中的情况，增值额20%上下实际相差金额并不大，但其补退税结果却相差非常大，这给企业和基层税务干部都带来了操作和管理上的难度。建议土地增值税立法能够充分考虑这个问题，做出合理、操作性强的政策安排，例如，对项目整体均为普通标准住宅项目才可以适用优惠政策，对增值额超过20%的只就超出部分征税等。

七、核定征收

（一）案例描述

乙公司在某地开发的"××商业广场"项目于2015年5月开工，2017年1月竣工，可销售面积30000平方米，已销售面积30000平方米，至2019年3月已全部售完，符合土地增值税应清算条件。但由于该公司2015—2018年的账簿及记账凭证于2019年4月在乙公司办公地点发生的火灾中全部烧毁，故此项目无法进行土地增值税按实清算。主管税务机关经与公安机关核实情况属实后，认为上述情况符合国税发〔2006〕187号文件关于核定征收土地增值税情形之一："虽设置账簿，但账目混乱或者成本资料、收入凭证、费用凭证残缺不全，难以确定转让收入或扣除项目金额的"，决定对该项目实行核定征收。通过核查，税负测算情况如下：

1. 房地产转让收入

通过查询住建部门备案合同信息，与征管信息系统内发票开具信息，对所有可售建筑面积按照合同备案价格与发票开具价格孰高原则核定计税收入，共计核定计税收入6亿元（不含税价）。

2. 扣除项目

（1）土地成本，经至国土部门调取土地出让合同等资料，确定支付土地出让金及契税合计15000万元。

（2）房地产开发成本：按照税务机关与住建部门联合发布的《××市2005—2017年度土地增值税房地产开发成本扣除参考标准》，核定房地产开发成本 = 4000×30000 = 12000（万元）。

（3）房地产开发费用：按照（1）、（2）两项合计金额的10%核定，即核定金额为 =（15000+12000）×10% = 2700（万元）。

（4）加计扣除：按照（1）、（2）两项合计金额的20%核定，即核定金额 =（15000+12000）×20% = 5400（万元）。

（5）税金：由于该公司只开发这一个项目，因此参照征管系统已申报的营业税、城市维护建设税及教育费附加核定，核定金额300万元。

扣除项目金额合计 = 35400（万元）

3. 核定征收率计算

增值额 = 60000 − 35400 = 24600（万元）

增值率 = 24600÷35400×100% = 69.49%

土地增值税 = 24600×40% − 35400×5% = 8070（万元）

税负率 = 8070÷60000×100% = 13.45%

根据测算结果，主管税务机关确定该项目的核定征收率为13.45%，并向乙公司发放了《土地增值税核定征收通知书》。

（二）风险提示

根据国税发〔2006〕187号文件规定，房地产开发企业有下列情形之一的，税务机关可以参照与其开发规模和收入水平相近的当地企业的土地增值税税负情况，按不低于预征率的征收率核定征收土地增值税：

（1）依照法律、行政法规的规定应当设置但未设置账簿的；

（2）擅自销毁账簿或者拒不提供纳税资料的；

（3）虽设置账簿，但账目混乱或者成本资料、收入凭证、费用凭证残缺不全，难以确定转让收入或扣除项目金额的；

（4）符合土地增值税清算条件，企业未按照规定的期限办理清算手续，经税务机关责令限期清算，逾期仍不清算的；

（5）申报的计税依据明显偏低，又无正当理由的。

符合上述核定征收条件的，由主管税务机关发出核定征收的税务事项告知书后，税务人员对房地产项目开展土地增值税核定征收核查，经主管税务机关审核合议，通知纳税人申报缴纳应补缴税款或办理退税。对于分期开发的房地产项目，各期清算的方式应保持一致。

（三）防控建议

在实务中，以往很多企业为了减少清算及以后的麻烦，都倾向于采用核定征收的方式清算土地增值税，税务总局于2010年下发国税发〔2010〕53号文件强调："规范核定征收，堵塞税收征管漏洞"，并规定核定征收必须严格依照税收法律法规规定的条件进行，任何单位和个人不得擅自扩大核定征收范围，严禁在清算中出现"以核定为主、一核了之""求快图省"的做法。凡擅自将核定征收作为本地区土地增值税清算主要方式的，必须立即纠正。对确需核定征收的，要严格按照税收法律法规的要求，从严、从高确定核定征收率。为了规范核定工作，核定征收率原则上不得低于5%，各省级税务机关要结合本地实际，区分不同房地产类型制定核定征收率。

在税务总局核定征收率原则上不得低于5%规定的基础上，各省级税务机关分别制定了具体的核定办法或者核定率。有的直接规定了不同类型房产的核定征收率，有的要求采取核查和测算的方式按项目确定核定征收率，有的对旧房转让明确了不同的核定率。

例如，《河南省地方税务局关于调整土地增值税预征率、核定征收率的公告》（河南省地方税务局公告2017年第3号）规定：①房地产开发企业转让房地产项目的，对同一清算项目的同类房地产平均价格在20000元/平方米（含）至30000元/平方米的，核定征收率为12%；②房地产开发企业转让房地产项目的，对同一清算项目的同类房地产平均价格在30000元/平方米（含）以上的，核定征收率为15%；③有擅自销毁账簿或账目混乱，造成收入、扣除项目无法准确等四种行为之一的，核定征收率调整为15%。

江苏省于2011年下发了《江苏省地方税务局关于加强土地增值税征管工作的通知》（苏地税发〔2011〕53号），根据税务总局要求对核定征收方式进行了从严要求和明确：

（1）对符合国税发〔2009〕91号文件第三十四条规定应按核定征收方式对房地产项目进行清算的，主管税务机关要事先进行核查，并出具报告，报省辖市税务局备案后执行。

（2）实行核定征收方式进行清算的房地产项目，主管税务机关应根据其房地产单位售价、单位土地成本、当地建设工程造价管理部门公布的单位平均造价等指标测算其增值率，确定核定征收率，报省辖市税务局备案。同一期清算项目中包含的普通标准住宅、普通住宅、非普通住宅或其他类型房地产，应当分别测算增值率，并分别确定核定征收率。

《国家税务总局厦门市税务局关于土地增值税预征和核定征收有关事项的公告》（国家税务总局厦门市税务局公告2018年第10号）规定，普通住宅核定征收率不得低于5%、非普通住宅核定征收率不得低于5.5%、非住宅核定征收率不得低于6%。个人转让非住房等存量房的，按转让收入全额的5%核定征收土地增值税。

关于核定征收，笔者认为首先应将房地产开发企业新房的核定征收与旧房转让的核定征收区分开来。税务总局关于核定征收率不得低于5%的规定，从国税发〔2010〕53号文件的本意来看，主要是防止土地增值税清算中的一律核定等不妥做法，而清算这个概念是针对房地产开发项目而言，旧房的土地增值税没有预征所以是计算税款而不是清算税款。在实践中，各地基本上是新房、旧房不低于5%的规定同步执行，对此笔者认为不够科学合理。实际上对于旧房，除了重置评估以及发票扣除两种计算办法，再比照增值税差额扣除的规定，增加契税凭证以及法院判决书等作为土地增值税成本扣除凭证，是统一各税种政策口径、简便可行、有利于纳税人的做法。

八、土地增值税清算后补缴税款的滞纳金问题

（一）风险提示

根据国税函〔2010〕220号文件第八条规定，纳税人按规定预缴土地增值税后，清算补缴的土地增值税，在主管税务机关规定的期限内补缴的，不加收滞纳金。

（二）防控建议

企业应把握两点：一是清算前按规定方法和期限预缴土地增值税；二是清算后需要补税的，应在税务机关规定的期限内补缴。主管税务机关对于纳税人超过税务机关规定的期限补缴的，应按规定加收滞纳金。

九、按规定做好尾盘销售申报

（一）案例描述

丙公司开发的A项目已清算完毕，清算时该项目的扣除项目总金额为10000万元，其中：税金及附加800万元，清算的总建筑面积为

50000平方米；清算后尾盘首月转让含税收入105万元，转让面积200平方米，该项目为简易计税方法。

本次转让收入 = 105 - 105 ÷ （1 + 5%） × 5% = 100（万元）

缴纳的城市维护建设税税金及附加合计 = 100 × 5% × （7% + 3% + 2%） = 0.6（万元）

单位建筑面积成本费用 = （10000 - 800） ÷ 50000 = 0.184（万元）

本次尾盘扣除成本金额 = 0.184 × 200 = 36.8（万元）

本次扣除项目总额 = 36.8 + 0.6 = 37.4（万元）

本次增值额 = 100 - 37.4 = 62.6（万元）

本次销售增值率 = 62.6 ÷ 37.4 × 100% = 166.76%

增值额超过扣除项目金额100%，未超过200%的部分税率50%，速算扣除系数15%，计算公式为：

应申报土地增值税 = 增值额 × 50% - 扣除项目金额 × 15%

本次应申报土地增值税 = 62.6 × 50% - 37.4 × 15% = 25.69（万元）

（当地适用的城市维护建设税税率为7%，教育费附加3%，另有该省征收的地方教育附加2%，该省规定可以扣除。）

（二）风险提示

根据国税发〔2006〕187号文件第八条规定，在土地增值税清算时未转让的房地产，清算后销售或有偿转让的，纳税人应按规定进行土地增值税的纳税申报，扣除项目金额按清算时的单位建筑面积成本费用乘以销售或转让面积计算。

单位建筑面积成本费用 = 清算时的扣除项目总金额 ÷ 清算的总建筑面积

需要说明的是，上述为国税发〔2006〕187号文件规定的做法，其中，把清算时的税金也纳入单位建筑面积的成本费用的做法不够合理。为此，部分地区有更为明确的规定，如国家税务总局深圳市税务局公告2019年第8号规定，清算后尾盘申报时，扣除项目金额按清算时的单位建筑面积成本费用（不含与转让房地产有关的税金）乘以清算后转让的面积再加上清算后转让时缴纳的与转让房地产有关的税金计算。

单位建筑面积成本费用（不含与转让房地产有关的税金）=房地产开发项目总扣除项目金额（不含与转让房地产有关的税金）÷房地产开发项目的总可售建筑面积

即实际操作中是剔除清算时扣除的税金计算单位成本费用，在尾盘申报时再予以计入本次税金，本案例就是这样。

此外，目前尾盘申报计算税款，各地有两种做法：一种是按月申报、按月计算，即当月只计算本月的收入、扣除额和增值额，当月有增值额须缴税、增值额为负数则零申报；另一种是按月申报，但是将收入、扣除额、增值额累积计算，在尾盘销售完毕后，如果累计无增值额还可以申请退还已经缴纳的尾盘税款。企业在进行土地增值税申报时需了解当地规定与具体操作。

（三）防控建议

土地增值税清算经税务机关审核后，其单位建筑面积成本费用应是固定的。在清算审核结论通知书送达之前，可暂按纳税人清算申报表计算的"单位建筑面积成本费用"填报；待清算审核结论通知书送达之后，按照主管税务机关审核确定的"单位建筑面积成本费用"填报；清算后尾盘销售比例达到100%，或该比例虽未达到100%，但剩余的开发产品已全部作为固定资产或投资性房地产处理时，纳税人可申请退还尾盘销售多缴纳的税款。

第三节 企业所得税

土地增值税清算后，由于土地增值税原因导致的项目开发各年度多缴企业所得税税款，可申请退税。

一、案例描述

甲房地产开发公司（以下简称甲公司）开发的 A 项目用途为商业、居住用房。该项目总占地面积 30000 平方米，总建筑面积 50000 平方米，其中：普通住宅 34000 平方米，其他类型住宅 3000 平方米，非住宅类 7000 平方米，公建配套面积计 6000 平方米。

该项目自 2013 年 6 月开工建设，2014 年 1 月开始预销售，2017 年 12 月竣工并交付使用，2018 年全部售罄并办理了土地增值税清算申报，经主管税务机关审核应缴纳土地增值税 13861570.92 元（其中：普通住宅为零、非普通住宅为零、其他类型房产 13861570.92 元），已预缴土地增值税 13765716.39 元，应补缴土地增值税 95854.53 元。2018 年度甲公司企业所得税汇算清缴应纳税所得额为 -9746430.81 元，没有后续开发项目。

2014—2018 年甲公司的销售收入（不包含增值额未超过扣除项目金额 20% 的普通标准住宅的销售收入，包含销售未完工产品及完工产品收入）、扣除土地增值税金额及企业所得税纳税调整后情况见表 7-2。

表7-2　　　　　2014—2018年甲公司基本数据情况

年度	销售收入（元）	扣除土地增值税金额（元）	应纳税所得额（元）
2014	9460000	1203039.99	-179883.90
2015	33591900	1932050.19	-381249.60
2016	50886182	4345043.92	32798175.31
2017	7982328	1750946.91	2772699.15
2018	13280000	4534635.38	-9746430.81
合计	115200410	13765716.39	25263310.15

二、风险提示

企业按规定对开发项目进行土地增值税清算后，当年企业所得税汇算清缴出现亏损应按《国家税务总局关于房地产开发企业土地增值税清算涉及企业所得税退税有关问题的公告》（国家税务总局公告2016年第81号）规定处理。

（1）国家税务总局公告2016年第81号规定，根据《企业所得税法》及其实施条例、《税收征收管理法》及其实施细则的相关规定，现就房地产开发企业（以下简称企业）由于土地增值税清算，导致多缴企业所得税的退税问题处理如下：

①企业按规定对开发项目进行土地增值税清算后，当年企业所得税汇算清缴出现亏损，且有其他后续开发项目的，该亏损应按照税法规定向以后年度结转，用以后年度所得弥补。后续开发项目，是指正在开发以及中标的项目。

②企业按规定对开发项目进行土地增值税清算后，当年企业所得税汇算清缴出现亏损，且没有后续开发项目的，可以按照以下方法，计算出该项目由于土地增值税原因导致的项目开发各年度多缴企业所得税税款，并申请退税：

A. 该项目缴纳的土地增值税总额，应按照该项目开发各年度实现的项目销售收入占整个项目销售收入总额的比例，在项目开发各年度进行分摊，具体按以下公式计算：

各年度应分摊的土地增值税＝土地增值税总额×（项目年度销售收入÷整个项目销售收入总额）

销售收入包括视同销售房地产的收入，但不包括企业销售的增值额未超过扣除项目金额20%的普通标准住宅的销售收入。

B. 该项目开发各年度应分摊的土地增值税减去该年度已经在企业所得税税前扣除的土地增值税后，余额属于当年应补充扣除的土地增值税；企业应调整当年度的应纳税所得额，并按规定计算当年度应退的企业所得税税款；当年度已缴纳的企业所得税税款不足退税的，应作为亏损向以后年度结转，并调整以后年度的应纳税所得额。

C. 按照上述方法进行土地增值税分摊调整后，导致相应年度应纳税所得额出现正数的，应按规定计算缴纳企业所得税。

D. 企业按上述方法计算的累计退税额，不得超过其在该项目开发各年度累计实际缴纳的企业所得税；超过部分作为项目清算年度产生的亏损，向以后年度结转。

③企业在申请退税时，应向主管税务机关提供书面材料说明应退企业所得税款的计算过程，包括该项目缴纳的土地增值税总额、项目销售收入总额、项目年度销售收入额、各年度应分摊的土地增值税和已经税前扣除的土地增值税、各年度的适用税率，以及是否存在后续开发项目等情况。

（2）根据上述规定，计算甲公司各年度应补（退）企业所得税。

①计算2014—2018年甲公司应分摊的土地增值税

2014年应分摊的土地增值税＝13861570.92×（9460000.00÷115200410.00）=1138281.20（元）

2015年应分摊的土地增值税＝13861570.92×（33591900.00÷115200410.00）=4041969.16（元）

2016年应分摊的土地增值税＝13861570.92×（50886182.00÷115200410.00）=6122915.89（元）

2017年应分摊的土地增值税＝13861570.92×（7982328.00÷

115200410.00）= 960479.27（元）

2018年应分摊的土地增值税 = 13861570.92 ×（13280000.00 ÷ 115200410.00）= 1597925.41（元）

②根据各年度应补充扣除的土地增值税，调整当年度的应纳税所得额（见表7-3）。

表7-3　　　　　　　应纳税所得额调整表　　　　　　　单位：元

年度	应纳税所得额 A	原已扣除土地增值税 B	现应扣除土地增值税 C	应补充扣除的土地增值税 D = C - B	调整后应纳税所得额 E = A - D
2014	-179883.90	1203039.99	1138281.20	-64758.79	-115125.11
2015	-381249.60	1932050.19	4041969.16	2109918.97	-2491168.57
2016	32798175.31	4345043.92	6122915.89	1777871.97	31020303.34
2017	2772699.15	1750946.91	960479.27	-790467.64	3563166.79
2018	-9746430.81	4534635.38	1597925.41	-2936709.97	-6809720.84

③根据上述结果分析每个年度应补、退企业所得税税额：

A. 2014年、2015年调整前后应纳税所得额均小于零，不涉及应纳税额的调整；

B. 2016年度纳税调整后所得及以前年度的可弥补亏损额均发生较大变化，会产生退税金额，计算过程如下：

以前年度增加可弥补亏损额 = -64758.79 + 2109918.97 = 2045160.18（元）

本年度纳税调整后所得减少额 = 1777871.97（元）

总计减少应纳税所得额 = 2045160.18 + 1777871.97 = 3823032.15（元）

应退企业所得税 = 3823032.15 × 25% = 955757.79（元）

C. 2017年度纳税调整后所得增加790467.64元，由于以前年度亏损已于2016年弥补完毕，所以本年度涉及补缴企业所得税 = 790467.64 ×

25% =197616.91（元）；

D. 2018年度调整前后应纳税所得额均为负数，不涉及企业所得税的补退金额调整。

三、防控建议

对于因土地增值税清算而申请企业所得税退税的企业，前提条件是清算当年企业所得税汇算清缴出现亏损，且没有后续开发项目。在计算各年应扣除土地增值税时，销售收入包含视同销售房地产的收入但不包括增值额未超过扣除项目金额20%的普通标准住宅的销售收入。

税务机关应关注企业土地增值税进行清算后是否有后续开发项目，申请退税日仍存在尚未弥补的因土地增值税清算导致的亏损；企业按销售收入分配计算时是否把销售的增值额未超过扣除项目金额20%的普通标准住宅的销售收入作为分摊土地增值税的收入；是否按照应缴纳土地增值税总额作为土地增值税分摊的依据；已实际扣除和应分摊的土地增值税调整计算是否准确。

第四节　财务核算

财务核算采用"第三节　企业所得税"案例相关数据。

1. 2018年甲公司开发项目土地增值税清算后应补缴土地增值税

借：税金及附加　　　　　　　　　　　　95854.53
　　贷：应交税费——应交土地增值税　　　　95854.53
借：应交税费——应交土地增值税　　　　95854.53
　　贷：银行存款　　　　　　　　　　　　95854.53

2. 根据国家税务总局公告2016年第81号规定调整各年度应纳税所得额

（1）2016年度调整应纳税所得额后需办理企业所得税退税。

借：应交税费——应交企业所得税　　　　955757.79
　　贷：以前年度损益调整　　　　　　　　955757.79
借：银行存款　　　　　　　　　　　　　955757.79
　　贷：应交税费——应交企业所得税　　　955757.79
借：以前年度损益调整　　　　　　　　　955757.79
　　贷：未分配利润　　　　　　　　　　　955757.79

（2）2017年度调整应纳税所得额后需补缴企业所得税。

借：以前年度损益调整　　　　　　　　　197616.91
　　贷：应交税费——应交企业所得税　　　197616.91
借：应交税费——应交企业所得税　　　　197616.91
　　贷：银行存款　　　　　　　　　　　　197616.91

借：未分配利润　　　　　　　　　　　　　　197616.91
　　贷：以前年度损益调整　　　　　　　　　　197616.91

3. 土地增值税清算后经主管税务机关审核需退税的处理

国家税务总局公告 2016 年第 81 号就房地产开发企业由于土地增值税清算，导致多缴企业所得税的退税问题进行了明确。但对由于土地增值税清算税务机关退还多预缴的土地增值税，是否也需调整以前年度企业所得税应纳税所得额并未作明确。根据一般理解，这种情况也应同样在项目开发各年度进行分摊，调整各年度应纳税所得额，涉及补税的应按规定补缴企业所得税，会计处理应通过"以前年度损益调整"科目处理。

第八章

项目公司注销

这一环节主要是项目公司办理注销手续，清理各项资产和负债，并收回投资。受各种因素影响，房地产企业项目公司办理注销的并不多，这里仅就一些普遍性的涉税事项进行梳理，供读者参考。

第一节　增值税

一、资产处置

（一）风险提示

企业清算，进行资产处置时，应按规定申报缴纳增值税。

（二）防控建议

注销前应关注"营业外收入""固定资产清理"等科目，发现处置资产未按规定申报增值税的，应及时办理纳税申报，消除风险。

二、留抵进项税额的处理

（一）风险提示

企业注销前相关存货、资产应处置完毕。

（二）防控建议

企业在登记《增值税税控系统专用设备注销发行登记表》时，应核查最后一期增值税申报表及留抵进项税额产生当期的增值税申报表。

如为少确认收入的，应及时办理纳税申报，补缴税款。

如不存在少确认收入，且符合税法规定允许退回留抵税额的，建议向主管税务机关申请退税后办理注销手续。

三、预缴税款留存的处理

（一）风险提示

企业注销前，预缴税款一般应抵减完毕。未抵减完毕，可能为多缴税款；也可能存在未正确申报增值税或少申报增值税的风险。

（二）防控建议

企业在登记《增值税税控系统专用设备注销发行登记表》时，应核查最后一期增值税申报表附表四是否有未抵减完毕的预缴税款。

如申报错误，留存预缴税款使用完毕后仍少缴税款的，应及时补缴税款；多缴纳税款，对留存的预缴税款按规定申请退税。

四、发票的处理

（一）风险提示

企业注销前应按规定做好发票处理工作。

（二）防控建议

（1）已购领未开具的各类增值税发票，剪角作废处理。

（2）依法注销税务登记，终止纳税义务，注销增值税专用发票防伪税控系统。

（3）缴销所有发票后，仍需要申报增值税或开具发票，向主管税务机关申请代开发票并申报缴税。

第二节 城市维护建设税及教育费附加

一、风险提示

清算期间补缴的增值税应按规定申报缴纳城市维护建设税及教育费附加、地方教育附加。

二、防控建议

清算期间补缴增值税的同时应申报缴纳城市维护建设税及教育费附加、地方教育附加。

第三节 土地增值税

一、准确核算已售面积

(一) 风险提示

纳税人申请注销税务登记的,应当在办理注销登记前进行土地增值税清算。

土地增值税清算时的已售面积和清算后再销售面积合计与项目总可销售面积存在差异,可能存在部分已售面积未按规定申报土地增值税的风险。如差异部分为自用面积,则自用面积转让时也应按规定计算申报土地增值税税款。

(二) 防控建议

核实清算时可售面积、已售面积以及清算后再销售申报的已售面积是否填报准确,如存在差异,应当按准确的数据重新计算应纳土地增值税金额,及时补(退)土地增值税。如将部分可售面积作为自用的,满足旧房条件的房地产清理时,要按照旧房转让政策计算土地增值税。

二、公建配套项目移交或出售情况

(一) 风险提示

清算时认定的公建配套项目应按规定移交完毕。清算时未计入可售面积的公建配套项目，在清算时实际未移交，在清算后出售并取得收入应按规定缴纳土地增值税。

(二) 防控建议

公共配套设施费用在清算申报时已全额（或按销售比例）计入房地产项目成本扣除；如果公建配套项目发生销售，应对原清算时认定成本进行调整，重新计算扣除成本费用，并按《税收征管法》有关规定处理。

第四节 印花税

一、风险提示

清算期间发生资产处置行为并签订合同,应按规定缴纳印花税。

二、防控建议

应重点关注清算期间处理、处置存货、固定资产并签订合同或签订其他应税合同的有无按规定申报印花税。

第五节 企业所得税

一、注销当年度的企业所得税申报

（一）风险提示

企业注销时，应按规定报送当年度的企业所得税年度纳税申报表。

（二）防控建议

注销当年1月1日至停止生产经营活动日，应作为一个纳税年度进行企业所得税年度纳税申报。

二、剩余开发产品处置时计税成本的确认

（一）风险提示

企业在清算期处置剩余开发产品的，应按照计税成本税前扣除，而不是按照会计成本一次性税前扣除。企业应特别关注地下停车场所成本的财务和税务处理是否符合规定。

（二）防控建议

核对以前年度企业所得税纳税申报表及附表，关注各成本对象的计税成本是否与注销当年度企业所得税申报时的计税成本一致，金额变化

较大的,可能存在风险,应及时消除。

三、资产、负债的清算处置

(一)风险提示

(1)注销前资产及负债应全部清算处置完毕;
(2)清算中处理资产的售价应合理;
(3)清算中通过关联交易等方式处置资产、转移负债,应符合公平交易原则。

(二)防控建议

企业清算注销,资产与负债都应按规定进行处理,避免涉税风险发生。

四、清算税金及附加

(一)风险提示

清算期税金及附加应准确计算并填列企业清算所得申报表。

(二)防控建议

核对注销当年度企业所得税申报表是否申报了除增值税、企业所得税及个人所得税以外的其他税种,与清算申报表的清算税金及附加比对,避免涉税风险。

五、清算费用

(一)风险提示

清算费用包括清算组人员报酬以及处置债权债务过程中发生的费用

等。清算费用应为实际发生并取得规范票据。

（二）防控建议

（1）逐笔核对清算费用，是否取得发票并实际支付。

（2）按照《公司法》《中华人民共和国破产法》等法律法规，核对应由企业承担的社会责任及清算费用是否已依法依规完整发生。

六、清算弥补以前年度亏损

（一）风险提示

企业清算申报时应准确填写弥补以前年度亏损金额。

（二）防控建议

核对以前年度企业所得税纳税申报表及附表，清算申报表弥补以前年度亏损金额栏次与实际金额应相符。

七、清算后剩余财产分配

（一）风险提示

（1）股东分配剩余财产后产生的损益金额，与企业注销时计算的股东清算损益金额应相符。

（2）个人股东分配剩余财产后产生的收益，应申报个人所得税。

（二）防控建议

企业注销产生较大清算损益的，应提醒股东方核实相关情况并按规定进行财务和税务处理，避免涉税风险。

企业注销涉及个人股东，清算收益为正数的，清算企业应代扣代缴个人所得税。

第六节　个人所得税

一、支付补偿金涉及个人所得税

（一）风险提示

企业注销时，与职工解除劳动关系支付的一次性补偿金（包括发放的经济补偿金、生活补助费和其他补助费），超出上年职工平均工资3倍部分应申报缴纳个人所得税。

（二）防控建议

核对注销时因解除劳动关系支付给职工的一次性补偿金（包括发放的经济补偿金、生活补助费和其他补助费）情况，核实发放名单、金额等相关资料，与申报情况进行比对，及时按规定代扣代缴，避免涉税风险。

二、自然人股东涉及股息、红利个人所得税

（一）风险提示

企业清算后进行剩余资产分配时，相当于被清算企业累计未分配利润和累计盈余公积中按该股东所占股份比例计算的部分，应确认为股息所得；剩余资产减除股息所得后的余额，超过或低于股东投资成本的部

分，应确认为股东的投资转让所得或损失。

（二）防控建议

核对注销时清算所得税申报表及剩余资产分配情况，计算清算时自然人股东应缴个人所得税是否与个人所得税申报表一致，发现问题及时按规定处理，避免涉税风险。

第七节 综合案例

一、案例描述

甲房地产开发公司（以下简称甲公司）为一般纳税人，于2016年1月通过出让方式获取A号地块国有建设用地使用权，土地价款6亿元。该地块的开发项目于2016年6月开工，9月预售，可售面积50000平方米。2017年12月该项目竣工备案，2018年9月办理项目土地增值税清算手续，清算时已售面积48000平方米，500平方米商业用房当月转为自用，甲公司列入固定资产管理，入账原值780万元。2019年5月，剩余1500平方米全部销售完毕，留抵进项税和预缴增值税已经抵扣完毕。2019年9月甲公司开始办理该公司的清算注销，自用的500平方米商业用房转让给乙公司，合同价款950万元，当月办理了过户手续，该房产已计提折旧37.05万元。当月无其他涉税业务发生。主管税务机关委托评估机构对该房产进行了计税价格评估，评估总价1000万元（不含税价）；该房产清算时按照占地面积法分摊的土地成本600万元，经委托评估建筑物重置成本价200万元，成新度为9.5成新。（根据该省增值税、土地增值税政策规定，房地产开发企业建造的商品房列入固定资产使用的，转让时按照旧房相关政策执行；当地适用的城市维护建设税税率为7%，教育费附加为3%，地方教育附加为2%；自用房产残值率按5%计算。）

二、产权转移书据印花税

（一）风险提示

甲公司签订房屋转让合同应申报缴纳产权转移书据印花税。

根据有关规定，产权转移书据印花税以书据中所载的金额为计税依据，在合同签订时纳税义务即发生。合同中所载金额和增值税分开注明的，按不含增值税的合同金额确定计税依据，未分开注明的，以合同所载金额为计税依据。由于本案例转移对象为不动产，根据《国家税务总局关于实施房地产税收一体化管理若干具体问题的通知》（国税发〔2005〕156号）规定，对房地产交易价格的认定，保持相关税种计税依据或计税价格的一致性。存量房交易原则上按照评估价格与合同价格孰高的原则确定计税依据。

（二）防控建议

企业注销环节应税凭证应做好台账，按规定申报缴纳印花税。

税务机关在关注企业申报印花税的计税依据是否准确的同时，还应注意合同所载金额是否与增值税分开注明。

（三）税款计算

甲公司转让自用商业用房，应纳产权转移书据印花税 = 1000 × 5‰ = 0.5（万元）。

（四）财务核算

借：固定资产清理　　　　　　　　　　　　　　7429500
　　累计折旧　　　　　　　　　　　　　　　　 370500
　　贷：固定资产　　　　　　　　　　　　　　7800000
借：固定资产清理　　　　　　　　　　　　　　 5000

贷：银行存款　　　　　　　　　　　　　　　　　　5000

三、增值税

（一）风险提示

甲公司转让自用商业用房应按规定申报缴纳增值税。根据相关规定，存量房转让时，按照评估价格与合同价格孰高的原则确定计税价格，涉及税种计税依据应保持一致。

（二）防控建议

对于甲公司处置列入固定资产管理的商品房是应按照《纳税人转让不动产增值税征收管理暂行办法》（国家税务总局公告2016年第14号）执行，还是按照国家税务总局公告2016年第18号执行，各方有不同意见。一种观点认为，甲公司自用的商品房无论是否列入固定资产管理，均不改变其属于自行开发的房地产项目的性质，不应由于企业管理不同而造成同一批建造的商品房最终出现两种不同的计算方法，应都按照国家税务总局公告2016年第18号规定执行。另一种观点认为，甲公司自用的商业用房已列入固定资产管理，不再是开发产品，因此，转让时应按照国家税务总局公告2016年第14号执行。在实务中，企业应多与当地税务机关沟通，及时了解相关政策，避免涉税风险。

（三）税款计算

由于当月无其他涉税业务，无进项、留抵税额，甲公司转让自用商业用房应纳增值税=1000×9%=90（万元）。

（四）财务核算

借：银行存款　　　　　　　　　　　　　　　　　9500000
　　贷：固定资产清理　　　　　　　　　　　　　　8600000

应交税费——应交增值税（销项税额）　　　900000

四、城市维护建设税及教育费附加、地方教育附加

（一）风险提示

甲公司缴纳增值税同时应申报缴纳城市维护建设税及教育费附加、地方教育附加。

（二）防控建议

城市维护建设税、教育费附加和地方教育附加以纳税人实际缴纳的增值税税额为计税依据，应与增值税同时申报缴纳。

（三）税款计算

应纳城市维护建设税 = 90 × 7% = 6.3（万元）
应纳教育费附加 = 90 × 3% = 2.7（万元）
应纳地方教育附加 = 90 × 2% = 1.8（万元）

（四）财务核算

借：固定资产清理　　　　　　　　　　108000
　　贷：银行存款　　　　　　　　　　　　108000

五、土地增值税

（一）风险提示

甲公司转让自用商业用房应按规定申报缴纳土地增值税。
根据财税字〔1995〕48号文件第七条"关于新建房与旧房的界定问题"规定，新建房是指建成后未使用的房产，凡是已使用一定时间

或达到一定磨损程度的房产均属旧房。使用时间和磨损程度标准可由各省、自治区、直辖市财政厅（局）和地方税务局具体规定。转让旧房的，应按房屋及建筑物的评估价格、取得土地使用权所支付的地价款和按国家统一规定交纳的有关费用以及在转让环节缴纳的税金作为扣除项目金额计征土地增值税。

该省土地增值税政策规定，房地产开发企业建造的商品房列入固定资产使用的，应按照旧房相关政策计算土地增值税。

（二）防控建议

根据国家税务总局公告2016年第70号规定，营改增后，房地产开发企业实际缴纳的城市维护建设税、教育费附加，凡能够按清算项目准确计算的，允许据实扣除。凡不能按清算项目准确计算的，则按该清算项目预缴增值税时实际缴纳的城市维护建设税、教育费附加扣除。其他转让房地产行为的城市维护建设税、教育费附加扣除比照上述规定执行。上述案例由于无其他应税事项发生，因此可以准确计算本次转让行为相关城市维护建设税及附加。在企业正常生产经营情况下，日常涉税业务多，一般无法对应计算某次不动产转让有关城市维护建设税及附加，因此，一般按照增值税5%预征率预缴税款计算的城市维护建设税及附加作为"转让环节缴纳的税金"项目扣除。

（三）税款计算

甲公司处置的商业用房评估总价1000万元（不含税价），清算时按照占地面积法分摊的土地成本600万元，经委托评估建筑物重置成本价200万元，成新度为9.5成新。应缴土地增值税计算过程如下：

计税收入 = 1000（万元）

扣除项目金额合计801.3（万元），其中：

地价款 = 600（万元）

建筑物重置成本评估价格 = 200 × 95% = 190（万元）

城市维护建设税及附加 = 10.8（万元）

印花税 = 0.5（万元）

增值额 = 1000 - 801.3 = 198.7（万元）

增值率 = 198.7 ÷ 801.3 × 100% = 24.8%

应纳土地增值税 = 198.7 × 30% = 59.61（万元）

（四）财务核算

清算损益 = 8600000 - 7429500 - 5000 - 108000 - 596100 = 461400（元）

借：固定资产清理　　　　　　　　　　　　596100
　　贷：银行存款　　　　　　　　　　　　　　596100
借：固定资产清理　　　　　　　　　　　　461400
　　贷：清算损益　　　　　　　　　　　　　　461400

附录

房地产行业税收政策

附录 1 房地产行业主要税种税率

本书中涉及的房地产行业主要税种税率一览表

序号	税种	征税范围	计税依据	税率	纳税计算公式	纳税期限	参考文件	其他说明
1	增值税	境内销售货物或者加工、修理修配劳务、销售服务、无形资产、不动产，以及进口货物	1. 适用一般计税方法计税的：按照取得的全部价款和价外费用－当期允许扣除的土地价款 2. 适用简易方法计税的：取得的全部价款和价外费用	2018年5月1日起11%下调至10%；2019年4月1日起，10%下调至9%（预征率为3%）	根据财税〔2016〕36号文件、国家税务总局2016年第18号公告相关规定计算当期应纳税额，抵减已预缴税款后，向主管税务机关申报纳税	按月申报	《增值税暂行条例》及其实施细则，财税〔2016〕36号，国家税务总局2016年第18号公告及其他现行相关文件	1. 一般纳税人采取预收款方式销售开发的房地产项目，应在收到预收款时按照3%的预征率预缴增值税。应预缴税款＝预收款÷（1＋适用税率或征收率）×3% 2. 未抵减完的预缴税款可以结转下期继续抵减
2	城市维护建设税	以纳税人实际缴纳的增值税、消费税、营业税依法计征	以纳税人实际缴纳的增值税、消费税、营业税税依据	市区7%，县城和镇5%，其他1%	应纳税额＝实缴增值税、消费税、营业税×适用税率	按月申报	《城市维护建设税暂行条例》及其他现行相关文件	自2010年12月1日起，对外商投资企业、外国企业及外籍个人征收城市维护建设税
3	教育费附加	以纳税人实际缴纳的增值税、消费税、营业税依法计征	以纳税人实际缴纳的增值税、消费税、营业税计费依据	3%	应纳税额＝实缴增值税、消费税、营业税×适用税率	按月申报	《征收教育费附加的暂行规定》及其他现行相关文件	

续表

序号	税种	征税范围	计税依据	税率	纳税计算公式	纳税期限	参考文件	其他说明
4	地方教育附加	以纳税人实际缴纳的流转税依法计征	以纳税人实际缴纳的增值税、消费税、营业税税额为计税费依据	2%	应纳税额＝实缴增值税、消费税、营业税×适用费率	按月申报	《江苏省教育费附加和地方教育附加征收使用管理办法》及其他现行相关文件	
5	土地增值税	转让国有土地使用权、地上的建筑物及其附着物并取得收入	转让房地产取得的收入，减除法定扣除项目金额后的增值额作为计税依据	预征率2%，税率四级超率累进税率。特定情况预征率按照苏地税规〔2016〕2号	应纳税额＝适用税率×扣除项目金额－扣除项目金额×速算扣除系数	按月预缴，达到清算条件清算	《土地增值税暂行条例》，国税发〔2009〕91号，国家税务总局公告2016年第70号，国税函〔2010〕220号，苏地税规〔2012〕1号，苏地税规〔2015〕8号，苏地税规〔2016〕2号，苏地税规〔2016〕7号及其他现行相关文件	1. 预售方式：土地增值税预征的计征依据＝预收款－应预征的增值税税款，预缴土地增值税＝预征计征依据×预征率 2. 纳税人按规定预缴土地增值税后，清算补缴的土地增值税，在主管税务机关规定的期限内补缴的，不加收滞纳金

续表

序号	税种	征税范围	计税依据	税率	纳税计算公式	纳税期限	参考文件	其他说明
6	印花税	《印花税暂行条例》列举的凭证	凭证所载金额与增值税合同金额分开注明的,按不含增值税合同金额确定）或者按计税数量	比例税率、定额税率两种	应纳税额＝计税金额×适用税率 或 ＝凭证数量×单位税额	按月申报（汇总申报缴纳）；书立或领受应税凭证之日起15日内贴花（未汇总申报缴纳）	《印花税暂行条例》及其施行细则等及其他现行相关文件	1.在规定情形下,税务机关可以核定征收印花税 2.纳税人记载资金的账簿按年缴税后,"实收资本"和"资本公积"的合计数较已缴税两个科目合计数当年的第一个季度内缴纳税款（苏地税规〔2013〕6号）
7	城镇土地使用税	城市、县城、建制镇和工矿区内的土地	实际占用的土地面积	分级适用税额标准	应纳税额＝计税土地面积（平方米）×适用税额	按年征收,分期缴纳;企业按季申报（江苏）	《城镇土地使用税暂行条例》及其他现行相关文件	出让或转让方式有偿取得土地使用权的,应由受让方从合同约定交付土地时间次月起缴纳城镇土地使用税；合同未约定交付土地时间的,由受让方从合同签订的次月起缴纳

续表

序号	税种	征税范围	计税依据	税率	纳税计算公式	纳税期限	参考文件	其他说明
8	房产税	城市、县城、建制镇和工矿区的房产	以房产为征税对象，房产计税余值或租金收入为计税依据	房产计税余值的，税率为1.2%，房产租金收入计税的，税率为12%	应纳税额=房产原值×(1-减除比率)×1.2%；应纳税额=房产租金收入×12%	按年征收，分期缴纳，企业按季申报（江苏）	《房产税暂行条例》及其他现行相关文件	1. 对房地产开发企业建造的商品房，在出售前不征收房产税。但对未售先使用、出租、出借的商品房应按规定缴纳房产税 2. 样板房、售楼处应缴纳房产税
9	契税	国有土地使用权出让；土地使用权转让，包括出售、赠与和交换；房屋买卖、赠与、交换	依据不含增值税成交价格或评估价格对计税基础	3%	应纳税额 = 计税依据×税率	契税征收机关核定的期限内（《契税暂行条例》规定）	《契税暂行条例》及其实施细则、现行其他相关文件	1. 应注意计税价格是为取得该土地使用权而支付的全部经济利益 2. 依法办理土地、房屋权属登记手续前申报缴纳（新颁布的契税法规定）
10	环境保护税	直接向环境排放应税污染物；房地产行业主要是指扬尘	应税大气污染物按照污染物排放当量数确定	税法规定的幅度税额内，由各省、自治区、直辖市决定	应纳税额=大气污染物当量数×大气污染物适用税额；污染物当量数=污染物排放量÷（一般性粉尘当量值：4千克）	按季申报	《中华人民共和国环境保护法》（中华人民共和国主席令第六十一号）、国家税务总局江苏省税务局公告2018年第21号及其他相关文件	排放的扬尘、工业粉尘等颗粒物，除可以确定为烟尘、石棉尘、玻璃棉尘、炭黑尘的以外，按照环境保护税粉尘征收一般性粉尘税

续表

序号	税种	征税范围	计税依据	税率	纳税计算公式	纳税期限	参考文件	其他说明
11	个人所得税	居民个人从中国境内和境外取得的所得，非居民个人从中国境内取得的所得	1.《个人所得税法》第二条第一项至第五项：居民个人按纳税年度合并计算；非居民个人按月或者按次分项计算。2.《个人所得税法》第二条第五项至第九项，依照规定分别计算个人所得税	1. 综合所得，适用3%～45%超额累进税率。2. 利息、股息、红利所得、财产租赁所得、财产转让所得和偶然所得，适用20%比例税率	适用超额累进税率的所得：应纳税额=应纳税所得额×适用税率－速算扣除数；适用比例税率的所得：应纳税额=应纳税所得额×比例税率	1. 居民个人取得综合所得，按年计算个人所得税。2. 非居民个人由扣缴义务人按月或按次代扣代缴税款，不办理汇算清缴。3. 纳税人取得利息、股息、红利、财产租赁、财产转让所得和偶然所得，按月或按次计算	《个人所得税法》及其实施条例、其他现行相关文件	1. 综合所得有扣缴义务人的，由扣缴义务人按月或按次预扣预缴税款；需要办理汇算清缴的，在取得所得的次年3月1日至6月30日办理汇算清缴。2. 利息、股息、红利等有扣缴义务人的，由扣缴义务人按次扣代缴税款

续表

序号	税种	征税范围	计税依据	税率	纳税计算公式	纳税期限	参考文件	其他说明
12	企业所得税	居民企业应当就其来源于中国境内、境外的所得缴纳企业所得税	企业每一纳税年度的收入总额，减除不征税收入、免税收入、各项扣除及允许弥补的以前年度亏损后的余额，为应纳税所得额	25%	应纳税额＝应纳税所得额×适用税率－减免税额－抵免税额 应纳税所得额＝收入总额－不征税收入－免税收入－各项扣除－允许弥补以前年度亏损	分（月）季预缴，按年汇算清缴	《企业所得税法》及其实施条例，国税发[2009]31号，国家税务总局公告2014年第35号，其他现行相关文件	企业销售未完工开发产品取得的收入，应先按预计计税毛利率分季（月）计算出预计毛利额，计入当期应纳税所得额。开发产品完工后，企业应及时结算其计税成本并计算此前销售收入的实际毛利额，同时将其实际毛利额与其对应的预计毛利额之间的差额，计入当年度企业本项目与其他项目合并计算的应纳税所得额

附录2 本书涉及税收政策文件目录

一、增值税

1.《中华人民共和国增值税暂行条例》(国务院令第691号)

2.《中华人民共和国增值税暂行条例实施细则》(财政部令第65号)

3.《中华人民共和国发票管理办法》(国务院令第709号)

4.《中华人民共和国发票管理办法实施细则》(国家税务总局令第48号)

5.《财政部 国家税务总局关于增值税若干政策的通知》(财税〔2005〕165号)

6.《国家税务总局关于逾期增值税扣税凭证抵扣问题的公告》(国家税务总局公告2011年第50号)

7.《国家税务总局关于未按期申报抵扣增值税扣税凭证有关问题的公告》(国家税务总局公告2011年第78号)

8.《财政部 国家税务总局关于在部分行业试行农产品增值税进项税额核定扣除办法的通知》(财税〔2012〕38号)

9.《财政部 国家税务总局关于扩大农产品增值税进项税额核定扣除试点行业范围的通知》(财税〔2013〕57号)

10.《财政部 国家税务总局关于全面推开营业税改征增值税试点的通知》(财税〔2016〕36号)(附件1、附件2、附件3)

11.《财政部 国家税务总局关于进一步明确全面推开营改增试点有关劳务派遣服务、收费公路通行费抵扣等政策的通知》(财税〔2016〕47号)

12.《财政部 国家税务总局关于进一步明确全面推开营改增试点有关再保险、不动产租赁和非学历教育等政策的通知》(财税〔2016〕68号)

13.《国家税务总局关于发布〈纳税人转让不动产增值税征收管理暂行办法〉的公告》(国家税务总局公告2016年第14号)

14.《房地产开发企业销售自行开发的房地产项目增值税征收管理暂行办法》(国家税务总局公告 2016 年第 18 号)

15.《国家税务总局关于全面推开营业税改征增值税试点有关税收征收管理事项的公告》(国家税务总局公告 2016 年第 23 号)

16.《国家税务总局关于营改增试点若干征管问题的公告》(国家税务总局公告 2016 年第 53 号)

17.《国家税务总局关于土地价款扣除时间等增值税征管问题的公告》(国家税务总局公告 2016 年第 86 号)

18.《财政部 国家税务总局关于明确金融 房地产开发 教育辅助服务等增值税政策的通知》(财税〔2016〕140 号)

19.《国家税务总局关于增值税发票开具有关问题的公告》(国家税务总局公告 2017 年第 16 号)

20.《财政部 税务总局关于简并增值税税率有关政策的通知》(财税〔2017〕37 号)

21.《财政部 税务总局关于建筑服务等营改增试点政策的通知》(财税〔2017〕58 号)

22.《国家税务总局货物和劳务税司关于做好增值税发票使用宣传辅导有关工作的通知》(税总货便函〔2017〕127 号)

23.《增值税一般纳税人登记管理办法》(国家税务总局令第 43 号)

24.《国家税务总局关于增值税一般纳税人登记管理若干事项的公告》(国家税务总局公告 2018 年第 6 号)

25.《财政部 税务总局关于调整增值税税率的通知》(财税〔2018〕32 号)

26.《财政部 税务总局关于统一增值税小规模纳税人标准的通知》(财税〔2018〕33 号)

27.《国家税务总局关于新办纳税人首次申领增值税发票有关事项的公告》(国家税务总局公告 2018 年第 29 号)

28.《财政部 税务总局关于明确养老机构免征增值税等政策的通知》(财税〔2019〕20 号)

29.《国家税务总局关于办理增值税期末留抵税额退税有关事项的公告》(国家税务总局公告 2019 年第 20 号)

30.《财政部　税务总局　海关总署关于深化增值税改革有关政策的公告》(财政部　税务总局　海关总署公告 2019 年第 39 号)

31.《国家税务总局关于取消增值税扣税凭证认证确认期限等增值税征管问题的公告》(国家税务总局公告 2019 年第 45 号)

32.《河北省国家税务局关于发布〈河北省国家税务局关于全面推开营改增有关政策问题的解答(之八)〉的通知》

二、个人所得税

1.《中华人民共和国个人所得税法》(中华人民共和国主席令第 9 号)

2.《中华人民共和国个人所得税法实施条例》(国务院令第 707 号)

3.《财政部　国家税务总局关于企业促销展业赠送礼品有关个人所得税问题的通知》(财税〔2011〕50 号)

4.《国家税务总局关于发布〈个人所得税专项附加扣除操作办法(试行)〉的公告》(国家税务总局公告 2018 年第 60 号)

5.《国家税务总局关于发布〈个人所得税扣缴申报管理办法(试行)〉的公告》(国家税务总局公告 2018 年第 61 号)

6.《财政部　税务总局关于个人取得有关收入适用个人所得税应税所得项目的公告》(财政部　税务总局公告 2019 年第 74 号)

三、企业所得税

1.《中华人民共和国企业所得税法》(中华人民共和国主席令第二十三号)

2.《中华人民共和国企业所得税法实施条例》(国务院令第 714 号)

3.《国家税务总局关于母子公司间提供服务支付费用有关企业所得税处理问题的通知》(国税发〔2008〕86 号)

4. 《财政部 国家税务总局关于企业关联方利息支出税前扣除标准有关税收政策问题的通知》（财税〔2008〕121号）

5. 《国家税务总局关于企业工资薪金及职工福利费扣除问题的通知》（国税函〔2009〕3号）

6. 《国家税务总局关于印发〈房地产开发经营业务企业所得税处理办法〉的通知》（国税发〔2009〕31号）

7. 《国家税务总局关于企业所得税若干税务事项衔接问题的通知》（国税函〔2009〕98号）

8. 《国家税务总局关于加强企业所得税预缴工作的通知》（国税函〔2009〕34号）

9. 《国家税务总局关于贯彻落实企业所得税法若干税收问题的通知》（国税函〔2010〕79号）

10. 《国家税务总局关于房地产开发企业开发产品完工条件确认问题的通知》（国税函〔2010〕201号）

11. 《财政部 国家税务总局关于专项用途财政性资金有关企业所得税处理问题的通知》（财税〔2011〕70号）

12. 《国家税务总局关于企业所得税应纳税所得额若干税务处理问题的公告》（国家税务总局公告2012年第15号）

13. 《国家税务总局关于房地产开发企业成本对象管理问题的公告》（国家税务总局公告2014年第35号）

14. 《财政部 国家税务总局关于非货币性资产投资企业所得税政策问题的通知》（财税〔2014〕116号）

15. 《国家税务总局关于非货币性资产投资企业所得税有关征管问题的公告》（国家税务总局公告2015年第33号）

16. 《国家税务总局关于房地产开发企业土地增值税清算涉及企业所得税退税有关问题的公告》（国家税务总局公告2016年第81号）

17. 《国家税务总局关于发布〈中华人民共和国企业所得税年度纳税申报表（A类，2017年版）〉的公告》（国家税务总局公告2017年第54号）

18.《国家税务总局关于发布〈企业所得税税前扣除凭证管理办法〉的公告》（国家税务总局公告 2018 年第 28 号）

四、土地增值税

1.《中华人民共和国土地增值税暂行条例》（国务院令第 138 号）

2.《中华人民共和国土地增值税暂行条例实施细则》（财法字〔1995〕6 号）

3.《国家税务总局关于印发〈土地增值税宣传提纲〉的通知》（国税函发〔1995〕110 号）

4.《财政部　国家税务总局关于土地增值税一些具体问题规定的通知》（财税字〔1995〕48 号）

5.《财政部　国家税务总局关于土地增值税普通标准住宅有关政策的通知》（财税〔2006〕141 号）

6.《国家税务总局关于房地产开发企业土地增值税清算管理有关问题的通知》（国税发〔2006〕187 号）

7.《国家税务总局关于印发〈土地增值税清算管理规程〉的通知》（国税发〔2009〕91 号）

8.《国家税务总局关于加强土地增值税征管工作的通知》（国税发〔2010〕53 号）

9.《国家税务总局关于土地增值税清算有关问题的通知》（国税函〔2010〕220 号）

10.《财政部　国家税务总局关于营改增后契税房产税　土地增值税　个人所得税计税依据问题的通知》（财税〔2016〕43 号）

11.《国家税务总局关于营改增后土地增值税若干征管规定的公告》（国家税务总局公告 2016 年第 70 号）

12.《国家税务总局关于房地产开发企业土地增值税清算涉及企业所得税退税有关问题的公告》（国家税务总局公告 2016 年第 81 号）

13.《国家税务总局关于修订土地增值税纳税申报表的通知》（税

总函〔2016〕309号）

14.《财政部 税务总局关于继续实施企业改制重组有关土地增值税政策的通知》（财税〔2018〕57号）

15.《江苏省地方税务局关于加强土地增值税征管工作的通知》（苏地税发〔2011〕53号）

16.《江苏省地方税务局关于土地增值税有关业务问题的公告》（苏地税规〔2012〕1号）

17.《江苏省地方税务局关于土地增值税若干问题的公告》（苏地税规〔2015〕8号）

18.《宁波市地方税务局关于进一步加强房地产开发项目土地增值税清算工作的通知》（甬地税二〔2009〕104号）

19.《宁波市地方税务局关于土地增值税若干政策问题的公告》（宁波市地方税务局公告2015年第1号）

20.《安徽省地方税务局关于若干税收政策问题的公告》（安徽省地方税务局公告2012年第2号）

21.《天津市地方税务局关于发布〈天津市土地增值税清算管理办法〉的公告》（天津市地方税务局公告2016年第24号）

22.《天津市地方税务局关于土地增值税清算有关问题的公告》（天津市地方税务局公告2016年第25号）

23.《四川省关于贯彻〈中华人民共和国土地增值税暂行条例实施细则〉的补充规定》（川财税〔2010〕12号）

24.《四川省地方税务局关于土地增值税清算单位等有关问题的公告》（四川省地方税务局公告2015年第5号）

25.《重庆市地方税务局关于土地增值税若干政策执行问题的公告》（重庆市地方税务局公告2014年第9号）

26.《青岛市地方税务局关于发布〈房地产开发项目土地增值税管理办法〉的公告》（青岛市地税局公告2016年第1号）

27.《河南省地方税务局关于调整土地增值税预征率、核定征收率的公告》（河南省地方税务局公告2017年第3号）

28.《山东省地方税务局关于修订〈山东省地方税务局土地增值税"三控一促"管理办法〉的公告》（山东省地方税务局公告 2017 年第 5 号）

29.《国家税务总局厦门市税务局关于土地增值税预征和核定征收有关事项的公告》（国家税务总局厦门市税务局公告 2018 年第 10 号）

30.《国家税务总局广东省税务局关于发布〈国家税务总局广东省税务局土地增值税清算管理规程〉的公告》（国家税务总局广东省税务局公告 2019 年第 5 号）

31.《国家税务总局深圳市税务局关于发布〈土地增值税征管工作规程〉的公告》（国家税务总局深圳市税务局公告 2019 年第 8 号）

五、房产税

1.《中华人民共和国房产税暂行条例》（国发〔1986〕90 号）

2.《江苏省房产税暂行条例施行细则》（苏政发〔1986〕172 号）

3.《财政部 税务总局关于检发〈关于房产税若干具体问题的解释和暂行规定〉的通知》〔(86) 财税地字第 8 号〕

4.《财政部 税务总局关于房产税和车船使用税几个业务问题的解释与规定》〔(1987) 财税地字第 3 号〕

5.《国家税务总局关于房产税、城镇土地使用税有关政策规定的通知》（国税发〔2003〕89 号）

6.《国家税务总局关于进一步明确房屋附属设备和配套设施计征房产税有关问题的通知》（国税发〔2005〕173 号）

7.《财政部 国家税务总局关于房产税、城镇土地使用税有关问题的通知》（财税〔2008〕152 号）

8.《财政部 国家税务总局关于安置残疾人就业单位城镇土地使用税等政策的通知》（财税〔2010〕121 号）

9.《厦门市地方税务局关于调整房产税及城镇土地使用税纳税申报期限的公告》（厦门市地方税务局公告 2016 年第 3 号）

10.《东莞市地方税务局关于调整房产税和城镇土地使用税纳税期

限的公告》（东莞市地方税务局公告 2017 年第 2 号）

11.《江苏省地方税务局关于明确部分税种纳税期限有关事项的公告》（苏地税规〔2013〕6 号）

六、城镇土地使用税

1.《中华人民共和国城镇土地使用税暂行条例》（国务院令第 17 号）

2.《国务院关于修改〈中华人民共和国城镇土地使用税暂行条例〉的决定》（国务院令第 483 号）

3.《财政部　国家税务总局关于房产税、城镇土地使用税有关政策的通知》（财税〔2006〕186 号）

4.《财政部　国家税务总局关于房产税、城镇土地使用税有关问题的通知》（财税〔2009〕128 号）

5.《财政部　税务总局关于承租集体土地城镇土地使用税有关政策的通知》（财税〔2017〕29 号）

6.《重庆市地方税务局关于明确房地产开发企业城镇土地使用税纳税义务终止有关问题的公告》（重庆市地方税务局公告 2012 第 6 号）

七、契税

1.《中华人民共和国契税暂行条例》（国务院令第 709 号）

2.《中华人民共和国契税暂行条例细则》（财法字〔1997〕52 号）

3.《财政部　国家税务总局关于国有土地使用权出让等有关契税问题的通知》（财税〔2004〕134 号）

4.《国家税务总局关于改变国有土地使用权出让方式征收契税的批复》（国税函〔2008〕662 号）

5.《国家税务总局关于明确国有土地使用权出让契税计税依据的批复》（国税函〔2009〕603 号）

6.《财政部　国家税务总局关于企业以售后回租方式进行融资等

有关契税政策的通知》(财税〔2012〕82号)

7.《宁波市地方税务局关于契税缴纳期限的公告》(宁波市地方税务局公告2012年第1号)

8.《江苏省地方税务局关于契税纳税期限的公告》(苏地税规〔2015〕3号)

八、城市维护建设税及教育费附加

1.《中华人民共和国城市维护建设税暂行条例》(国发〔1985〕19号)

2.《国务院关于发布〈征收教育费附加的暂行规定〉的通知》(国发〔1986〕50号)

3.《国务院关于修改〈征收教育费附加的暂行规定〉的决定》(国务院令第448号)

九、印花税

1.《中华人民共和国印花税暂行条例》(国务院令第588号)

2.《中华人民共和国印花税暂行条例施行细则》〔(1988)财税字第255号〕

3.《国家税务局关于印花税若干具体问题的规定》〔(1988)国税地字第25号〕

4.《国家税务局关于对借款合同贴花问题的具体规定》〔(1988)国税地字第30号〕

5.《国家税务总局关于资金账簿印花税问题的通知》(国税发〔1994〕25号)

6.《国家税务总局关于进一步加强印花税征收管理有关问题的通知》(国税函〔2004〕150号)

7.《国家税务总局关于实施房地产税收一体化管理若干具体问题

的通知》（国税发〔2005〕156号）

8.《财政部　国家税务总局关于印花税若干政策的通知》（财税〔2006〕162号）

9.《国家税务总局关于发布〈印花税管理规程（试行）〉的公告》（国家税务总局公告2016年第77号）

10.《财政部　税务总局关于对营业账簿减免印花税的通知》（财税〔2018〕50号）

十、环境保护税

1.《中华人民共和国环境保护税法》（中华人民共和国主席令第十六号）

2.《中华人民共和国环境保护税法实施条例》（国务院令第693号）

3.《国家税务总局关于发布〈环境保护税纳税申报表〉的公告》（国家税务总局公告2018年第7号）

4.《财政部　税务总局　生态环境部关于环境保护税有关问题的通知》（财税〔2018〕23号）

5.《财政部　税务总局　生态环境部关于明确环境保护税应税污染物适用等有关问题的通知》（财税〔2018〕117号）

6.《江苏省环境保护厅关于发布部分行业环境保护税应税污染物排放量抽样测算特征值系数的通告》（苏环规〔2018〕1号）

7.《国家税务总局江苏省税务局　江苏省生态环境厅关于部分行业环境保护税应纳税额计算方法的公告》（国家税务总局江苏省税务局公告2018年第21号）

十一、其他

1.《中华人民共和国税收征收管理法》（中华人民共和国主席令第四十九号）

2.《中华人民共和国税收征收管理法实施细则》（国务院令第666号）

3.《国家计委 财政部关于全面整顿住房建设收费取消部分收费项目的通知》（计价格〔2001〕585号）

4.《国务院办公厅转发建设部等部门关于做好稳定住房价格工作意见的通知》（国办发〔2005〕26号）

5.《国家税务总局关于推行新办纳税人"套餐式"服务的通知》（税总函〔2017〕564号）

6.《国家市场监督管理总局关于做好取消企业集团核准登记等4项行政许可等事项衔接工作的通知》（国市监企注〔2018〕139号）

附录3 本书涉及房地产行业相关法律法规目录

一、法律

1.《中华人民共和国城市房地产管理法》（中华人民共和国主席令第三十二号）

2.《中华人民共和国土地管理法》（中华人民共和国主席令第三十二号）

3.《中华人民共和国城乡规划法》（中华人民共和国主席令第二十九号）

4.《中华人民共和国建筑法》（中华人民共和国主席令第二十九号）

5.《中华人民共和国人民防空法》（中华人民共和国主席令第七十八号）

6.《中华人民共和国环境影响评价法》（中华人民共和国主席令第二十四号）

7.《中华人民共和国消防法》（中华人民共和国主席令第二十九号）

8.《中华人民共和国防震减灾法》（中华人民共和国主席令第七号）

9.《中华人民共和国物权法》（中华人民共和国主席令第六十二号）

二、行政法规

1. 《中华人民共和国土地管理法实施条例》（国务院令第 653 号）
2. 《城市房地产开发经营管理条例》（国务院令第 726 号）
3. 《国有土地上房屋征收与补偿条例》（国务院令第 590 号）
4. 《中华人民共和国城镇国有土地使用权出让和转让暂行条例》（国务院令第 55 号）
5. 《住房公积金管理条例》（国务院令第 710 号）
6. 《建设工程质量管理条例》（国务院令第 714 号）
7. 《物业管理条例》（国务院令第 698 号）
8. 《地震安全性评价管理条例》（国务院令第 709 号）
9. 《不动产登记暂行条例》（国务院令第 656 号）

三、规章、规范性文件

1. 《房地产开发企业资质管理规定》（住房和城乡建设部令第 45 号）
2. 《城市商品房预售管理办法》（建设部令第 131 号）
3. 《商品房销售管理办法》（建设部令第 88 号）
4. 《商品房屋租赁管理办法》（住房和城乡建设部令第 6 号）
5. 《城市房地产抵押管理办法》（建设部令第 98 号）
6. 《闲置土地处置办法》（国土资源部令第 53 号）
7. 《房产测绘管理办法》（建设部、国家测绘局令第 83 号）
8. 《城市房地产权属档案管理办法》（建设部令第 101 号）
9. 《国有土地上房屋征收评估办法》（建房〔2011〕77 号）
10. 《已购公有住房和经济适用房上市出售管理暂行办法》（建设部令第 69 号）
11. 《房屋建筑和市政基础设施工程竣工验收规定》（建质〔2013〕171 号）

12.《房屋建筑和市政基础设施工程竣工验收备案管理办法》(住房和城乡建设部令第 2 号)

13.《建筑工程施工许可管理办法》(住房和城乡建设部令第 42 号)

14.《不动产登记暂行条例实施细则》(自然资源部令第 5 号)

15.《建设项目用地预审管理办法》(国土资源部令第 68 号)

16.《人民防空工程质量监督管理规定》(国人防〔2010〕288 号)

17.《江苏省人民防空工程建设使用规定》(江苏省人民政府令第 129 号)

四、地方性法规

1.《江苏省实施〈中华人民共和国人民防空法〉办法》(江苏省第十届人民代表大会常务委员会公告第 3 号)

2.《江苏省物业管理条例》(江苏省人大常委会公告第 2 号)

后 记

历练成文 积淀成书

一分耕耘，一分收获。在本书定稿的时候，我对这八个字有了更深的体会。

编写的过程是愉快的。翻看这些年的工作笔记，梳理遇到的典型案例，查阅房地产行业税收的相关资料，思考与企业交流的各种观点，既让我对本书的思路愈发清晰，也让一些早年的记忆鲜活地浮现在脑海，恍如昨日。

2000年，我从武警消防部队转业到税务局，最初被分配在稽查部门工作。作为一个"门外汉"，每天面对看不懂的词语、听不懂的语言，我内心感到一种"本领恐慌"。因此，我下定决心要成为税收工作的行家里手。经过不懈努力，我于2004年通过注册税务师所有科目考试。现在回想起来，这对我后续工作大有裨益。

2006年初，我开始从事房地产行业税收管理，对房地产行业税收问题进行了持续关注和研究。2009年，在时任分管局长王琦和科长张敏慧的带领下，我们总结实践经验，形成"房地产项目开发环节管理"理念，开始变被动为主动，这为房地产行业税收服务与管理打下了良好的工作基础。在之后的工作中，我不断积累经验，并撰写了一些房地产行业的税收分析、问题建议等，对房地产行业税收工作的理解也更深刻、更全面，业务能力逐渐得到领导、同事和企业的认可。

2014年，在所在单位任东飙局长的要求下，我开始研究"土地增值税清算"审核工作。这在当时是一项全国税务机关都面临的难点工作，没有成功经验可以借鉴，我既感到压力，也感到责任重大，更激起斗志。我带领夏星、王晓艳等同志经过不断的探索实践和论证验证，最终制作完成了《土地增值税清算审核指引》，有力地推动了清算审核工作标准化和规范化开展。

2018年国税地税机构合并，为房地产行业全流程全税种管理提供了有利契机。我也再次思考如何结合当前实际，总结已有经验，在新形势下更好地提供精准服务，实施有效治理。经过两个月的思考、调研，最终形成了以开发环节和过程为主线、梳理全流程涉税事项，聚焦风险防范和预警提示，进而对内提供参考、对外提供服务的工作思路。

2019年初，在张敖芳和张叶军两位分局长的关心和支持下，我将想法付诸于行动，负责成立了专项工作组，主导编写了《房地产行业税收服务和管理工作手册》（以下简称《手册》）和《房地产行业税收遵从指引》（以下简称《指引》）。《手册》和《指引》一经发布便受到各方的广泛好评。

为了使个人经验能够得到更广范围的交流和分享，也为了不留遗憾，我逐渐萌生出一本书的想法。于是，从2019年6月开始，我着手思考方案、整理案例、编写此书。9月，我根据部分研究成果撰写的"留心！房企税收风险的三大高发环节"在《中国税务报》整版刊发后，再次引起各方面关注，不少房地产企业、中介机构、兄弟单位都来电来函咨询了解，在当时着实"火"了一把……这也进一步坚定了我编写此书的信心。

当然，编写的过程中也有苦恼。由于不是科班出身，又是"半路出家"，税收专业基础知识不够扎实，尤其是涉及增值税的内容，以前接触少，编写案例难度就更大，所以需要翻阅、学习大量资料，边消化边编写。有时为了编好一个案例，常常需要耗费数天的时间。面对困难，也曾萌生退意。这时，家人和朋友的支持给了我继续前行的动力。在这里，我要特别感谢贤妻和孩子一直以来给予我的莫大鼓励和支持。

2019年末，得知好友王晓东也有编写《土地增值税清算审核指引》的想法，遂邀请他共同编写此书。很高兴的是，王晓东欣然同意这一提议。他是财产行为税的专家，在房地产税收方面也拥有丰富的经验，他的加入无疑使本书内容更加专业、丰富和高效。也许是共同的情怀，我们在一遍又一遍的修改、补充、调整、完善过程中，始终相互勉励、相互督促，毫不气馁、毫无怨言。在每一个难点问题的观点的碰撞中，都绝无保留，通过字字推敲，去芜存菁。本书的编写虽然是由我主导，但书中内容凝聚着我们二人共同的智慧和心血。

本书得以出版，我们要特别感谢无锡市税务局领导严郓的鼓励和大力支持。还要感谢杨玮冰、丁超其、龚韵等同事、好友的关心、帮助。同时，我们还要特别感谢中国税务报社主任张剀对本书内容的充分认可和极力推荐，特别感谢中国税务出版社编辑为本书付出的大量心血。感谢一路走来始终支持我的各位亲人和朋友们。正是因为你们，让这本书有了更加完美的呈现。

坚持数年，必有厚益。本书的出版让我更加深刻地体会到专注的价值和坚守的意义。未来，我们会继续在这一领域开展研究，也希望领导、同事和朋友们多多关心和支持。

武 亮

2020 年 6 月 30 日